はじめての
メディア研究
〔第2版〕

「基礎知識」から「テーマの見つけ方」まで

浪田陽子・福間良明 編

世界思想社

はじめに

　現代の私たちの日常生活には，メディアがあふれています。人とコミュニケーションをとったり，情報を得たり，あるいはエンターテインメントとして楽しむ際に，私たちはさまざまなメディアを活用しています。生活そのものとメディアが密接に結びついている現代社会では，個人や社会におけるものの考え方や価値観，好み，アイデンティティに至るまで，多かれ少なかれメディアの影響を受けています。しかしながら，私たちがメディアについてじっくり学ぶ機会はなかなかありません。メディア研究とは具体的にどのような学びをする学問なのか，その一例をわかりやすく伝えたいという思いから，この本は生まれました。

　本書の第一版は，2012年に出されています。しかし，その後，メディアや社会の状況は大きく変わりました。SNSや動画配信サービスの普及が一気に進み，身の周りのコミュニケーションばかりではなく，広告や放送のあり方も著しく変化しています。2020年には新型コロナウイルス感染症（COVID-19）の流行に見舞われましたが，それに伴い在宅勤務やオンライン授業が広がりを見せました。それも情報技術の支えがあってのことではありましたが，裏を返せば，私的なやりとりから趣味・娯楽，仕事，教育に至るまで，私たちの日常は情報技術と切り離せないものとなっています。

　しかし，そのような新しい動向を見ているだけでは，私たちとメディアの関わりを理解することはできません。インターネットが生まれる以前のメディア環境を知ることは，現代メディアの可能性ばかりではなく問題点をも浮かび上がらせてくれるものです。また，これまでメディアや社会について，さまざまな理論が積み重ねられてきましたが，その系譜を理解することで，いま「当たり前」だと思っている状況を見直すことができるでしょう。ジェンダーやナショナリズム，グローバル化等々も，私たちを取り巻くコミュニケーションやメディアと不可分に結びついています。これらを考慮しながら，

取り上げる内容を再考し，リニューアルしたのが，第二版の本書です。

　本書は，メディア学を専攻する大学1，2年生の導入科目，あるいは関連する一般教養のテキストとして使用されることを想定しています。メディア研究の基本的な事柄を押さえたうえで，具体的な研究例も幅広く紹介しているので，初めてメディアについて学ぶ人はもちろんのこと，3，4年生時のゼミナールや卒業論文の研究テーマを探している人にとっても，さまざまなヒントが見つかることでしょう。

　本書は，第Ⅰ部「メディア研究の基礎知識」と第Ⅱ部「研究テーマの見つけ方」で構成されています。第Ⅰ部の6つの章では，メディア研究の基礎をまとめています。メディアと私たち個人そして社会とのつながりを探究するにあたってベースとなるのが，メディア・リテラシーです（第1章）。メディアをどのように捉え，どう付き合っていくのかを考える手がかりとして，メディア・リテラシーというアプローチを紹介しています。本書全体のベースとなっていますので，この章はぜひ最初に読むことをお勧めします。

　第2章から第6章では，メディア研究の基礎を5つの分野に分けて解説しています。現代は，インターネットの普及で個人による情報発信が可能になった時代ではありますが，世の中で起きていることのうち個人が体験することはごくわずかです。刻一刻と変化する国内外の情報の多くは，ジャーナリズムに支えられていることに変わりはありません。ジャーナリズムの歴史や現状・課題を知ることも，私たちとメディアのつながりを考えるうえで大切です（第2章）。また，スマートフォンの普及にともなって，SNSやTwitter，動画共有サイト，ネット広告など比較的新しいメディアに興味をもつ人も多いと思いますが，こうした情報社会化の「進展」によって何が可能になり，逆に何が困難になっているのか——こうした点を考えるためには，まずは近現代のメディア史を押さえておく必要があります（第3章）。さらに，政治，経済，文化といった社会におけるさまざまな分野とメディアがどのような関わりをもっているのかを概観し，これまでのメディア研究やその基本的な理論について知っておくことも，メディア研究を進めるうえでは重要なことです。これらの理解を促すために，メディアと現代社会の関わり（第4章）やそれを深く読み解くための社会学理論（第5章）・文化理論（第6章）をわかりやすく解説します。

第 II 部「研究テーマの見つけ方」では，より具体的な研究の実践例を載せています。メディアについて学びたいと思ったものの，「具体的に何をテーマとして選び，どのように調べていけばいいのかがわからない」という声を，学生のみなさんからよく聞きます。この第 II 部では，計 12 の研究テーマを「ジャーナリズムと広報・広告」(Part 1) と「ポピュラー・カルチャーを読み解く」(Part 2) に分けて，取り上げています。音声メディアや広告から，国際報道，ジャーナリズム，戦争の記憶，そして，SNS やアート，観光に至るまで，さまざまなテーマを異なったアングル・手法で分析した研究例を紹介していますので，みなさん自身がメディア研究を進めていくうえでの手がかりとして，活用してもらえればと思います。同時にメディア研究の奥深さ，おもしろさも実感してもらえると幸いです。またコラムでは，本書の各章・節で掲載できなかったトピックスを取り上げています。興味・関心に応じて好きな箇所から読み進めてみてください。

　各章・節の末尾には，「引用・参照文献」とともに「おすすめ文献」を挙げています。より詳しく学びたい方は，これらもぜひ参考にしてください。なお，本書は，メディア研究の手引きとして基礎知識と研究例を扱っていますので，個別具体的なメディア分析の手法を詳述するものではありません。調査・分析の方法については，それに詳しい文献にあたってください。

　本書は，立命館大学産業社会学部のメディア社会専攻に所属する 15 名の専任教員一同で執筆しました。各教員のバックグラウンドもさまざまですし，研究分野やテーマ，研究方法も多岐にわたっています。その多様なメディア研究の「おもしろさ」を，本書を通じて感じ取っていただければと思っています。

　前にも述べたように，2012 年の本書の第一版から，内容も大きく刷新しました。メディアを多角的に読み解き，研究を進めるための手がかりとして，本書を活用していただければ幸いです。

　2021 年 1 月

編　者

目　　次

I

メディア研究の基礎知識

第1章　メディア・リテラシー

浪田陽子

1　メディアを学ぶということ

メディアとは何か

　メディアを学びたい，研究したいと思って本書を手にしたあなたが興味を
もっている「メディア」は何だろうか。スマートフォンやタブレットからい
つでもアクセスできる Twitter や Instagram などのソーシャルメディア，
YouTube などの動画共有サイトを挙げる人が多いだろうか。日ごろからこ
れらのコンテンツを閲覧したり発信したりするなかで，このようなニューメ
ディアが社会に及ぼす影響に関心をもつ人はいるだろう。あるいは，イン
ターネットが普及する前から存在するオールドメディアの新聞，雑誌，テレ
ビ，ラジオ（これらを合わせて4大マスメディアと呼ぶ）を挙げる人もいるかもし
れない。マンガや音楽，映画などの鑑賞やテレビ／オンラインゲームをプレ
イするのが趣味の人もいるだろう。

　そもそも「メディア」とは何だろうか。日常的に使われる言葉でありなが
ら，あらためてその定義を聞かれると案外答えられない人が多い。英語の
「メディア (media)」は，「中間」あるいは「媒体・手段」の意味をもつ
「ミディアム (medium)」という単語の複数形である（もとは「中間の」という
意味のラテン語に由来する）。つまり，何らかの情報やメッセージを人に伝える
際に用いる，さまざまな媒体や手段を指す。

　メディアの最も基本的かつ普遍的な形態は，人と人とのコミュニケーショ
ンである。AさんとBさんの2人が，目の前にいる相手に互いに何かを伝
えたい時，どのような媒体や手段を使うだろうか。2人が共通の言語を話す
のであれば，おそらく言葉を使って伝えようとするだろう。言葉の意味もさ

ることながら，声の大きさや抑揚，口調などにも話し手の気持ちや感情が表れる。さらに身ぶり・手ぶり，表情・態度といったボディ・ランゲージも，互いが考えていることを相手に伝える（あるいは読み取る）手段として大いに活用される。同じ言語を話すことができなくても人とコミュニケーションがとれるのは，このように言葉以外の「メディア」から相手のいわんとするところを読み取ることができるからだ。またＡさんとＢさんが同じ場所にいない場合であっても，現代ではデジタルメディアを使うことによって，音声や映像，文字を介しながらまるで同じ空間に一緒にいるかのように意思疎通をはかることができる。

　メディアテクノロジーが普及する以前においても，人類はさまざまな「メディア」を使って別の場所にいる人とコミュニケーションをとってきた。例えば「のろし」は，物を燃やして煙を上げ，離れた場所にいる人に合図を送ることで情報を伝達していた。パーソナルな伝達手段として長い間活用されてきた媒体としては，「手紙」がある。文字や絵などを記したものを送ることで，遠方に住む人にもメッセージを送ることができる。紙に書くという近代の媒体以外にも，何らかの手段で書き記された文字や絵は，個々人の間のコミュニケーションのみならず，直接には知らない人にも時代を超えて情報を伝達してきた。洞窟に描かれた壁画，パピルスに書かれた絵や文字，木簡などは，その当時の人々が互いに情報を共有する方法であったのはもちろんのこと，後世の私たちにとっても，はるか昔に生きた人々からのメッセージとして読み取ることができる。

　こうして見ると，情報やメッセージは文字や絵，音声，映像などいろいろな方法で表現され（＝記号化），それを運ぶ手段も印刷媒体から電子媒体までさまざまである。また「情報を伝えるための手段」という，さらに広い意味でメディアをとらえるならば，「ヒト」やありとあらゆる「モノ」も「メディア」であるということになる。冒頭で挙げた例以外にも，書籍，写真，看板，チラシ，回覧板，点字ブロック，サイレン，広告付きポケットティッシュ，店名やロゴ入りのショップバッグ，電車やバスのラッピング広告など，身の周りのメディアを挙げると枚挙にいとまがない。と同時に，どこからどこまでが「メディア」なのか，つまり何が「メディア」に含まれて何は含まれないのか，その境界線を見つけるのが難しいことも実感できる。

　では，これまで見てきた「メディア」の概念をまとめてみよう。私たちが

「メディア」という言葉で指し示すものは多岐にわたるが、メディアを研究するにあたっては、図1-1のように大きく3つに分けて考えることができる。

1つ目のカテゴリーである「媒体」には、人と人がコミュニケーションをとる際のさまざ

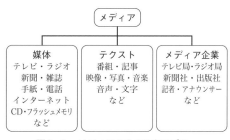

図1-1　メディアの3つのカテゴリー

まな伝達手段のほかに、情報やデータを保存する記録媒体（CDやフラッシュメモリ、Blu-rayディスクなど）も含まれる。しかし「媒体」とは、コンテンツが入っている透明な入れ物ではない。それぞれの特徴や性質に応じて使われ方も異なり、また同じ内容を伝える場合でも媒体の違いによって情報の受け取られ方に違いが出ることもある。さらに、媒体の使われ方や役割は時代や社会の変遷とともに変化するものでもある。メディアを学ぶ際に、メディア史が重要な要素の1つになるのは、さまざまな媒体の歴史や社会におけるその役割に目を向けることが、現代のメディアについて考える際にも有用だからである（第3章を参照のこと）。

2つ目のカテゴリーは「**テクスト**」である。これは1つ目のカテゴリー（媒体）によって伝達される中身（コンテンツ）のことだ。メディアのコンテンツを読み解く（＝テクスト分析を行う）際には、さまざまな媒体によって送り出されるコンテンツを扱う。テレビを例に考えてみよう。テレビは一昔前までは四角いボックス、現代では薄型のスクリーンの形をした、音声や文字とともに映像を伝達する装置であるが、実際に電源をオンにして番組が流れてくることで初めて、私たちにとって意味のある媒体となる。テレビが映し出すコンテンツには、ニュース、ドラマ、ドキュメンタリー、教育番組、アニメーション、コマーシャルなどさまざまなジャンルがあり、テレビ装置に映し出されるすべてが、「テクスト」なのだ。新聞や雑誌の記事、多種多様な形態の広告、ウェブサイトやブログの内容、ツイートの1つ1つ、テレビゲームなども、同様にテクストとしてのメディアである。これらのテクストは、文字や写真、映像、音声、BGMなどの要素が組み合わさってできており、メディアのテクストとはこれらの要素が記号化された表現であるといえる（第6章を参照のこと）。

3つ目のカテゴリーは，主にマスメディアのコンテンツの作り手である「メディア企業」である。日本語では，「マスコミ」という言葉が使われることも多いが，不特定多数の人々に向けて一括して大量の情報やメッセージを伝達することを目的としている組織のことである。「メディアが世論を形成する」という表現の場合は，記事や番組内容のコンテンツはもちろんのこと，それを発信しているメディア企業やその企業でコンテンツを作り出す仕事をしている人たちを指すことも多い。インターネットの普及で個人が多くの人に向けて容易に情報発信することが可能になった現代では，コンテンツを作り出すのは既存のマスメディアだけではない。しかし，私たちが自らの知識や体験をもとに発信できる内容は限られており，ニュース報道やエンターテインメントは依然としてマスメディアによる部分が大きい（第4章を参照のこと）。ゆえに，メディアについて考える時，コンテンツの送り手は誰なのか，どのような仕組みのもとで情報が作られ，社会に向けて発信されているのかという点に目を向けることが重要になってくる。

　本章ではメディアという言葉が幅広い意味で用いられていることをわかりやすく示すために，また後述の「メディア・リテラシー」の定義を理解しやすいように，「媒体」「テクスト」「メディア企業」の3つに分けている。しかし，メディアの概念を考える際には他の分類方法もある。マスメディアとパーソナル・メディアという分け方や，**マーシャル・マクルーハン**（Marshall McLuhan, 1911-1980）によるホットとクールといった分類もある。本書全体を読み進めるなかで，また読者がそれぞれメディア研究を行っていくなかで，メディアが日々の生活のなかでどのような役割を果たしているのか考察を深め，メディアの概念を自分なりに見つけてほしい。

リテラシーとは何か

　「リテラシー（literacy）」は，日本語で「識字」と訳され，一般的には「読み書き能力」のことを指す。話し言葉のように日常生活のなかで自然に身につくのではなく，訓練によって習得することができる能力とされる。この定義で考えると，現代の日本社会において大多数の人は基礎的な文字の読み書きができるので，機能的な意味においてはほとんどの人が日本語のリテラシーを身につけているといえる（ただし，文字が読めても実際に内容をどれだけ理解できているかは別問題なので，次項のメディア・リテラシーのテクスト分析を参照のこ

と）。近年ではこの「リテラシー」を，文字の読み書き以外の文脈でも用いるケースが多く見られるようになった。「メディア・リテラシー」をはじめ，「コンピュータ・リテラシー」「情報リテラシー」「デジタル・リテラシー」など，メディアテクノロジーの発展とともに登場した比較的新しい分野の用語と組み合わせて使われている。さらに「環境リテラシー」や「金融リテラシー」など，異なる分野において使われるケースもある。「リテラシー」という言葉は，ある言語の文字の読み書きができることという狭い意味ではなく，特定の分野に関する知識をもっていること，あるいはその知識を活用する能力という意味で使われるようになっている。

メディア・リテラシーとは何か

　上記の「メディア」と「リテラシー」の定義をもとに考えると，「**メディア・リテラシー**」とはメディアの読み書きができること，つまり媒体やテクスト，メディア企業など多岐にわたるメディアに関する幅広い知識をもち，自らも活用できる力ということになる。大まかな意味としてはこれでも通じるが，もう少し丁寧にメディア・リテラシーの内容について見ていきたい。メディア・リテラシーはメディア研究を行う際の1つのアプローチという側面もあるが，教育学や記号論，**カルチュラル・スタディーズ**，リテラシー論などさまざまな分野とかかわりながら発展してきた学際的な領域である。したがって，メディア・リテラシーが取り上げられる文脈や，誰が何の目的で推奨しているのかといった立場の違いによって多様な意味合いをもつ。そうした複雑性・多様性をもち合わせながらも，メディア・リテラシーを考える際に基本となる学びの要素にはたいてい以下の3つが含まれる。

(1)　メディアの仕組みや特徴，社会における役割を理解すること
(2)　メディアのテクストを**クリティカル**に分析すること
(3)　各種メディアを用いて情報の編成・発信の試みをすること

クリティカル（critical）　日本ではしばしば「批判的に」と訳されているが，「非難する」といったネガティブな意味にとらえられる傾向が強いので，あえて英語のまま残している。英語では，とりわけ critical analysis や critical thinking という表現で用いられる場合には，熟考して吟味するという意味合いも含まれ，必ずしもマイナスの点ばかりを探して意見するというニュアンスではない。

つまり，メディア・リテラシーとは，高度に情報化されたメディア社会で生きていくうえで私たちが必要とする上記3つの学びの要素（＝力）のことであり，また同時にこれらの力を身につけるための学びのプロセスのことをも指している。以下，1つずつ詳しく見ていくことにしよう。

(1)　メディアの仕組みや特徴，社会における役割を理解すること

　メディア・リテラシーの1つ目の学びの要素を考えるにあたり，前述の「メディア」の3つのカテゴリーと，「リテラシー」の意味を照らし合わせながら考えてみよう。メディアの1つ目のカテゴリーである媒体には，図1-1に見られるようなテレビ，新聞，雑誌，インターネットなど多様な種類がある。これら1つ1つの媒体が，いつの時代に発明され，どのような場面でどのように人々の間で使われ，普及してきたのかといった仕組みや役割を知り，また現代社会のなかでどのような働きをしているのかを理解することが，メディア・リテラシーの1つ目の学びに当てはまる。例えばテレビの場合，街頭に設置され通りがかりの見知らぬ人々がともに番組を見た初期のころと，数々のメディアイベントを契機に各家庭に1台ずつ普及した時期，そして現在のように「テレビ受像機」がなくても，代わりにスマホやタブレットなど別のデバイスから動画配信サービスなどを利用していつでもどこでもテレビ番組が見られるようになった時代では，「テレビ」という媒体がもつ社会的意味や役割が大きく異なる。

　また，メディアの3つ目のカテゴリーとして挙げた「メディア企業」について知ることも，社会におけるメディアの役割を考えるうえでは重要な要素だ。個人が自由に発信することを可能にしたインターネットを中心とするデジタルメディアが普及する一方で，マスメディアが大勢の人々に向けて発信するニュースや情報，エンターテインメントも依然として私たちの生活と密接につながっている。コンテンツの作り手であるメディア企業とはどのような組織で，またどのようなシステム（仕組み）やプロセスのなかでコンテンツを作って発信しているのかを知ることによって，テクストの内容をより深く理解・分析し，そこにどのような意味があるのかを考えることができる（COLUMN 1を参照のこと）。

⑵ メディアのテクストをクリティカルに分析すること

　テクストとは，すでにメディアの定義の 2 番目のカテゴリーのところで見たように，媒体が伝える内容（コンテンツ）のことである。番組や記事，音楽など文字や映像，音声から成るさまざまなコンテンツが何を伝えようとしているのか，その意味するところを読み解こうとするのがテクスト分析だ。ニュース報道を例に考えてみよう。新聞でもテレビでも，報道メディアは取材をもとに（少なくともタテマエ上は）「客観的に」事実を伝えようとしている。しかし，仮にどれだけ客観的な立場を保とうと努力し，入念な取材のもとにニュースを作ったとしても，1 つのニュースが出来上がるまでにはさまざまな過程において多くの人々による選択や決定がなされており，事実を「ありのまま」に中立な立場で公平に伝えるということは元から不可能である。記事を書く場合には，記者や報道機関の主観や意見を完全に取り除くことはできないし，現場からカメラで撮影して生中継をしたり，写真におさめたとしても，やはり撮影した人の判断によって選ばれたカメラの「枠」におさまる範囲内でしか映像や音声を伝えることができず，現実の一部を切り取って伝えていることに変わりはない。新聞記事や報道番組にはスペースや文字数，時間の制約もあるうえ，報道機関やスポンサーの価値観が報道内容に影響を与える。そもそもニュースとは，日々絶え間なく起きている膨大な出来事のなかから，何が報道に値するか，多くの人に知らされるべきかという判断のもとに選ばれた，ごく一部の現実にすぎない。何がニュースとなり，何がニュースにならなかったかという取捨選択がなされた時点で，すでに現実世界の一部が切り取られ，そのニュースが多くの人々に共有されることによって「現実」となっていくのだ。メディアのテクストは，それがフィクションであろうと報道のように実際の出来事を伝えるものであろうと，人の手が何重にも加えられて加工された「表現」なのである。

　ここで注意したいのは，メディア・リテラシーのテクスト分析とは，決してコンテンツの「批判」をすることが目的ではないということだ。例えば，ある新聞記事に，記者や新聞社のバイアスが多少かかった記事があったからといって，新聞社や記事を批判することがクリティカルなのではない（倫理に反するような報道や権力との癒着によって，本来果たすべきマスメディアとしての役割を担っていない場合など，批判すべき場合もあるが）。人が介在して情報を伝えている以上，意見が含まれていたり，社としての論説が書かれることは当然だ。

むしろ，そのように意見を添えて報道することが，新聞の役割であり面白みでもある。情報はどのように収集され，編集され，そして発信されているのか，メディア・リテラシーの学びの(1)の要素を知識としてもちながらテクストの意味を吟味することが，テクスト分析なのである。いつ，どこで，どのような形で誰に向けて発信されたのか，そこには何が表現されているのか，また何が「あえて」表現されなかったのか，そしてそれはなぜなのか。このような問いかけをしながらテクストの内容を理解しようとするなかで，社会あるいは自分にとってそのテクストはどのような意味をもちうるのかを1人1人が考えることこそが，メディア・リテラシーの学びである。これは報道に限ったことではなく，広告やエンターテインメントなどあらゆるテクストにおいても同様である。

(3) 各種メディアを用いて情報の編成・発信の試みをすること

この3番目の要素は，(1)と(2)を踏まえたうえで自らも情報を収集・編集し発信しようとする試みである。ソーシャルメディアで誰もが自由に簡単に発信できるようになった今，ネットにおける発信がこれに当たると考える人もいるかもしれないが，ここでいう情報の編成や発信は少し意味が異なる。単にデジタルデバイスを使いこなして自分の気の向くままに発信するのではなく，もっと意識的にメディア・リテラシーの(1)と(2)を学んだうえでそれを実践することが当てはまる。例えば，小・中学校で多くの人が経験したであろう学級新聞や壁新聞の制作も，授業展開の方法によっては，実はれっきとしたメディア・リテラシーの学びになりうる。自ら情報を収集し，限られた紙面のスペースのなかで何をどのように記述するのか（または省略するのか）を判断して記事を書くという過程を経験することで，自分が読み手でしかなかった時には気づかなかった多くのことを発見できる。教室という限られた空間においてのみの発信であったとしても，自分が書いた記事をクラスのみんな＝読み手はどのように受け止めたのかを知ることで，何かを人に伝えることの楽しさや難しさも体験できる。自分が思っている以上に，人は自分が伝えたいと思っていた内容を理解していないことに驚きを感じることもあるだろう。映像制作も同様である。例えばテレビ・コマーシャルの15秒や30秒は，見ている者にとっては短く感じられる。しかし実際に自分で映像を撮影し，ナレーションやBGM，テロップを加えて編集してコマーシャ

ルを制作するとなると，限られた時空間と技術で自分の伝えたいことを表現するためにはどうしたらいいのか，完成するまでに実に多くの作業を行い，長時間にわたって試行錯誤することになる。

　このように，自らが作り手の立場に立ってみることで，これまで情報の受け手でしかなかった時には気づかなかった情報発信の仕組みや各媒体の特徴を知ることができる。この過程を経ることで，メディア・リテラシーの(1)と(2)の学びに深みが増すのである。学校教育のなかで行われるメディア・リテラシーの取り組みにおいてメディア制作を扱うかどうかは，実は議論の分かれるところである。とりわけ映像制作の場合は，教師がメディア制作のための十分な知識や技術をもっているか否かといった制約もあるため，必ずしも積極的でない場合も多い。しかし，スマホやパソコンがあれば写真や動画の撮影・編集が簡単にできるようになった今，その垣根は低くなりつつある。一般的なメディア・リテラシーの学びにおけるメディア制作は，ジャーナリストになるための職業訓練ではないし，クオリティの高いコンテンツを作り出すことが目的でもない。上述したように，作り手の側に立つことで，情報がどのように編成され発信されるのか身をもって経験し，テクスト分析の際によりさまざまな観点から考察ができるようになること，それがねらいである。

なぜメディア・リテラシーを学ぶのか

　日本では，「メディアにだまされないために」「メディアからの情報をうのみにせず，真偽を見きわめるために」という文脈でメディア・リテラシーが引き合いに出されることが多い。とりわけ，テレビ番組の「やらせ」問題が発覚するたびに，制作側への批判やメディア不信とともに語られるのが，視聴者のメディア・リテラシー向上の勧めである。また**「フェイクニュース」**やネット上での「炎上」が話題になる際についても同様である。ソーシャルメディアの発展とともに，誰もが簡単に情報を発信することが可能となっただけでなく，発信された情報が瞬時に拡散され，時には混乱を招いたり世論に影響を与えたりする時代となってきた。単なるデマや「悪ふざけ」の場合もあれば，**プロパガンダ**の拡散やヘイト目的のもの，マスメディアの報道への批判として使われるケースなど，「フェイク」と一口にいってもさまざまであるが，いずれにせよメディア・リテラシー力をつけることで，これらの

偽の情報に惑わされることがなくなるとして，引き合いに出されることが多い。

　「メディアにだまされない（情報操作されない）ためには，メディア・リテラシーを身につけるべきだ」という言説は，一見もっともらしくわかりやすいようでいて，しかし実のところはメディア・リテラシーの根本的な目的や意義を誤解している。第1に，「メディア・リテラシー」を学んだからといって，メディアが伝える内容が「真実」なのか，あるいは創作・脚色されたものなのかを，瞬時にぴたりといい当てる魔法のような力が備わるわけではない。次節のメディア・リテラシーの基本概念①で詳しく述べるように，「現実」とメディアの表現とは初めから異なるものである。ゆえに，メディア（なかでも特にニュース報道やドキュメンタリーなどのノンフィクションと呼ばれるジャンル）は真実を述べているはずだ，あるいはそうあるべきだという視聴者の意識こそが問い直されなければならない。ましてや，誰がどのような意図や根拠で発信したのかわからないような情報を容易に信用したり，偽情報の拡散に加担したりするような行為は，メディア・リテラシー以前の問題である。第2に，メディア・リテラシーとは決してメディア・バッシングを目的とするものではない。メディアのテクストに，あるいはメディア企業のあり方に対して時には批判的な意見をもつことはありうるが，それはメディア（特にマスメディア）を真っ向から非難することと同じではない。マスメディア批判に特化することは，しばしば情報の送り手にのみ責任を転嫁するだけの，ある意味簡単な「作業」で終わってしまい，受け手のメディアとの接し方や受け手自身の責任，そしてメディアのメッセージの意味を構築する際に受け手の果たす役割（次節の基本概念③で詳しく説明する）についての議論や，メディアの仕組みそのものへの理解にまで話が至らないことも多い。私たちにとって利便性や娯楽という要素をもつメディアを，批判・非難するだけで終わることは不毛である。では，メディア・リテラシーを身につけることでいったい何が見えてくるのだろうか。ここでは，メディアについて学ぶ必要性とメディア・リテラシーの目的を考えてみたい。

　本章の冒頭でも見たように，私たちはありとあらゆる種類のメディアに囲まれて暮らしており，メディアに接している時間はメディア（媒体）の発明・普及とともに増加してきた。例えば，ある調査によるとマスメディア4媒体（テレビ・ラジオ・新聞・雑誌）とインターネット3媒体（パソコン，タブ

レット端末，携帯電話／スマートフォン）を合わせた1日のメディア接触総時間（週平均）は2019年に初めて400分を超え2020年も同様に400分台を維持している［博報堂DYメディアパートナーズメディア環境研究所］。1日の4分の1強もの時間をメディアに費やしている計算になるが，そのほかにも道路や駅，電車・バスなど日常生活を送るなかで見かける宣伝・広告なども含めると，メディアに触れる時間はさらに多くなる。当然のことながら，それにともなって私たちが受け取る情報量も過去と比べて著しく増加した。人と人が直接話をすることが主な（あるいは唯一の）コミュニケーション手段であった時代と比べると，私たちは膨大な情報をメディアから得ることとなった。個人が一生の間に知りうる情報量は，**ヨハネス・グーテンベルク**（Johannes Gutenberg, 1400頃-1468）による活版印刷技術が実用化された15世紀半ば以降，印刷メディアが普及することで急激に増え，映画やテレビなどの映像メディアの出現，さらに1990年代以降のインターネットの普及により爆発的に増加した。メディアからの情報量が増える一方，私たちがもつ情報や知識のなかで個人の実体験に基づいたものの割合は格段に減少した。私たちが知っていると思っていること，自分の考えだと思っていることは，実はその大半がメディアからの情報に基づいている。私たちの考え方や価値観，好み，アイデンティティにいたるまで，多かれ少なかれメディアの影響を受けている部分があるということだ。

　このように高度に情報化されたメディア社会においては，さまざまなメディアから情報やメッセージを受け取ったり送ったりすることによって私たちの生活が成り立っており，もはや何らかのメディアに接することなくしては，日常生活を送ることは難しい。これほど社会におけるメディアの役割が大きいにもかかわらず，不思議なことに私たちがメディアについて学ぶ機会はほとんどないのが現状だ。学校教育では何年もかけて文字の読み書きを学習するが，それに比べてメディアについての系統立った学習はあまり実践されていない。文字の読み書きがある程度できるようになったからといって，すぐに十分な識字力が身につくわけではなく，複雑な文章の意味を読み解いたり，あるいは自分で言葉にして表現するには，さらに訓練を積む必要があることは，誰しも学校教育のなかで実感してきたことだろう。私たちの生活のなかで日常化しているメディアについても，同じことがいえる。社会におけるメディアの仕組みや役割を理解し，メディアのメッセージの意味をクリ

ティカルに読み解き，さらに自分で発信する力も習得する（＝メディア・リテラシーを身につける）ためには，その訓練を行う学びの場と時間（練習量）が必要であるはずだ。大部分の情報をメディアから得るようになった現代において，活字のみならずあらゆるメディアについての教育を受けることは，必然だといえる。

　メディア・リテラシーを学ぶということは，私たちとメディアとのつき合い方，さらには社会のあり方や私たちの生き方について再考することでもある。私たちの情報や知識の大半がメディアに由来するものであることはすでに述べた。政治，経済，文化など社会のありとあらゆる物事や人々のありようは，メディアによって私たちに伝えられるということだ。メディアに描かれるこれらの事象をクリティカルに読み解くということは，メディアの仕組みやテクストの内容を理解することであると同時に，社会そのもののあり方について知り，考察することにほかならない。なぜ特定の出来事や論調が多く取り上げられるのか，それは誰の意見なのか，取り上げられない出来事や価値観は何かなど，情報がどのようにして作られ広まっていくのか（つまりメディアと世の中のつながり）を見ていくなかで，これまで当たり前だと思っていたことが，実は必ずしもそうではなかったことに気づく。当たり前だと多くの人が思っていることも，メディアが「自然に」かつ「あたかも当然であるかのように」見せている場合が多々あるからだ。空気のように日常化しているがゆえに，意識することの少ないメディアを学びの対象とすることで，これまでは当然のこととして深く考えてこなかったさまざまな事柄に疑問をもち，そしてその問いに自ら答えようと熟考すること，それがメディア・リテラシーの目指すところである。

　日々の生活において私たちはメディアからの情報やエンターテインメント，広告などを深く考えることなく受け取る（＝消費する）ことに慣れきっている。メディア・リテラシーを学ぶことで，消費者・利用者としての受動的な立場から脱却し，各自がメディアを解釈し，選び，また使って発信していく参加者として，より積極的な立場へと接し方を変えていくことができる。メディア・リテラシーは，私たちが能動的にメディアと，そして社会とかかわることができるようになるためのツールであり，きっかけでもあるのだ。

2　メディア・リテラシーの基本概念

　前節では，メディア・リテラシーの3つの要素を概説したが，ここではより具体的な学びのポイントを5つの概念に分けて見ていくことにしよう。メディア・リテラシーの幅広い学びを系統立ったものにするためには，理論的枠組みが必要であり，ここで紹介する基本概念はその指標として用いることができる。この基本概念は学校教育におけるメディア・リテラシーの取り組みが世界でもっとも進んでいる国の1つであるとされているカナダにおいて，もともと「**8つの基本概念**」[Ontario Ministry of Education 1989＝カナダ・オンタリオ州教育省編 1992] としてまとめられたものであり，日本をはじめとする世界各国で活用されてきた。これらの基本概念を5つに整理しまとめ直したものが，同じくオンタリオ州の教育省から出されているので，これをもとにメディア・リテラシーを学ぶ際の重要な論点を見ていこう [Ontario Ministry of Education 2007]。

①メディアはすべて構成されたものである

　メディア・リテラシーを学ぶうえで，もっとも根本的かつ重要な考え方がこの1つ目の概念に集約されている。「すべて構成されたもの」とは，メディアは現実をそのまま映し出したものではなく，人の手が加えられて作られたものだということである。「メディアは世界への窓」という表現もあるように，私たちはメディアを通して世の中のさまざまな事柄を知る。しかし，メディアは透明な窓ガラスのように，窓の向こう側で起きている出来事をそのまま私たちに見せてくれているわけではない。前節のメディア・リテラシーの学びの要素(2)でも述べたように，初めからフィクションとして制作されているコンテンツはいうまでもなく，ニュースやドキュメンタリーと

8つの基本概念　オンタリオ州の教員が中心となってまとめた教員のためのメディア・リテラシーのリソースガイドには，基本的な概念として次の8つが提示されている。(1)メディアはすべて構成されたものである，(2)メディアは現実を構成する，(3)オーディエンスがメディアから意味を読み取る，(4)メディアは商業的意味をもつ，(5)メディアはものの考え方（イデオロギー）と価値観を伝えている，(6)メディアは社会的・政治的意味をもつ，(7)メディアの様式と内容は密接に関係している，(8)メディアはそれぞれ独自の芸術様式をもっている[カナダ・オンタリオ州教育省編 1992]。カナダの文学者であり独自のメディア論を展開したマクルーハンや，イギリスのメディア教育の第一人者であるレン・マスターマン（Len Masterman, 生年不明 -）の理論が色濃く反映されている。

いった一見すると「現実」がそのまま描かれていると思いがちなものであっても，実は人の手によって注意深く入念に作られたもの（＝リプレゼンテーション）なのである。

　では，メディアはすべて「構成されたもの」であるから，現実とはまったく異なるのかというとまた一概にそうともいえない。というのも，メディアに表象された出来事や考え方などが多くの人々に共有されるようになると，もともとの事実（出来事そのもの）ではなくメディアによって作られた表象が「現実」として定着することも多いからだ。つまり，誰かの判断や価値観をもとに選び取られた事柄や考え方が，人々にとっての「現実」として認識されるようになるのだ。実のところ，私たちのもつ知識や世界観は実際に自分が直接見たり聞いたりすることで得たものはごくわずかで，ほとんどは「メディア」（「ヒト」も含む）から間接的に知ったことばかりである。つまり，私たちの知識や世界観の多くはどこかで誰かによって作られた表象から成り立っており，**ウォルター・リップマン**（Walter Lippmann, 1889-1974）が著書『世論』で指摘した「擬似環境」のなかで私たちは生きている。ゆえに，メディアのテクストをクリティカルに分析し，またテクストを生み出すメディアの仕組みや社会における役割を理解することが必要となってくるのである。

実践！メディア・リテラシー①　スパゲッティーは木に生える？

　メディアが構成されたものであることを実感し，メディアのテクスト分析の練習を行うのに適している映像を1つ紹介しよう。これは，しばしばメディア・リテラシーの授業やワークショップで教材として使われるもので，BBC（イギリス放送協会）が1957年4月1日に放送した2分半ほどのドキュメンタリー形式の映像である。子どもから大人まで年齢を問わずこの映像を通して，いかにメディアが人の手で作られているのか，そしてその「作り物」である情報を多くの人が無意識のうちに「事実」として受け止めているかに気づくことができる。以下の問いをテクスト分析の際のヒントとして用いながら，メディア・リテラシーの学びを進めてみよう。

リプレゼンテーション（representation）　語義は，「表象，表現，描写，代理，代表制」などであるが，ここでは言葉や映像を用いて表現することにより，意味を構築することをいう。初めから存在している意味を単に表象しているのではなく，表象されることによってそこに意味が生まれる，そのプロセスや仕組みを指す。

(1)ここで紹介されているスパゲッティーの作り方が，実際に行われている方法
　であるかのように思えるのはなぜだろうか。この映像にこらされている細か
　な工夫を見つけてみよう（ヒント：ナレーション，BGM，出演者の様子などに注
　意を払ってみよう）。

(2)もしこの作品が映像のみでナレーションやBGMがなかったら，あるいはラ
　ジオのように映像がなく音声のみであったら，または活字のみで映像も音声
　もなかったら，私たちは同じように内容を理解し，受け止めただろうか。
　個々の媒体の特徴や役割を考えてみよう。

(3)この白黒映像は，現代の私たちにとってどのような意味をもつだろうか。当
　時の視聴者が見た時と現在とでは，どのような意味の違いが生まれたか考え
　てみよう。

(4)ドキュメンタリーとは何だろうか。どのような特徴をもっていると思うか。
　現実を忠実に表現（再現）したノンフィクションだろうか，それとも，フィク
　ションだろうか。ドキュメンタリーを視聴する際に私たちは現実として見て
　いるだろうか，それとも演出だと思っているだろうか。

(5)ナレーターが中年の男性ではなく若年・高齢の男性，あるいは女性であって
　も，視聴者は同じように内容に信頼をよせただろうか。ニュース報道におけ
　る，ジェンダーの表象や役割とその変せんについて考えてみよう。

(6)BBCと同様に公共放送である日本のNHK（日本放送協会）で，この映像は放
　映されるだろうか。国や国民性の違いとメディアの特徴や役割について考え
　てみよう。

　映像を楽しみながらも，上記のような問いを立てあらためて考えてみることで，
テクストの内容をより深く理解することができる。また同時に，私たち自身のメ
ディアへの接し方についても気づくことができる。

　なおオリジナルの映像は，BBCのウェブサイトから視聴することができる
(http://news.bbc.co.uk/onthisday/hi/dates/stories/april/1/newsid_2819000/2819261.
stm)。また日本語吹き替え版は，メディア・リテラシーのための映像教材の1つ
として収録されている（「スキャニング・テレビジョン日本語版」，イメージサイエン
ス）。

---

②メディアにはものの考え方や価値観が含まれている

　前節のメディア・リテラシーの学びの要素(2)でも概説したように，メ
ディアのテクストには必ず送り手の判断に基づいた何らかの考え方や価値観
が含まれる。上記の基本概念①で見たように，メディアはすべて構成されて
いるのであるから，当然といえば当然のことである。しかし，私たちはさま
ざまなメディアから，知らず知らずのうちに価値観や考え方まで受け取って
いることに気づかないことも多い。広告を例に考えてみよう。ある企業の特
定の商品を宣伝している広告は，当然のことながらその商品をより多くの人

に知ってもらい，購買してもらうことを目的としている。しかし，私たちがその広告から読み取っている情報は，果たして商品の説明のみだろうか。たいていの広告は，有名人が商品を使っていたり，何らかの背景やストーリーなどの舞台設定のもとに商品を位置づけて宣伝している。大量消費社会となった現代では，商品そのものの用途や価値よりも，むしろそこに付随するイメージによって消費者は購買するかどうか決めているといってもよい。つまり，広告に起用されている有名人がもつイメージ，あるいはその商品が使用されている舞台設定が作り出す雰囲気が，そのまま商品のイメージや意味として定着していく。そこでは，家族の幸せとは何か，男性（あるいは女性）はどのようにふるまうべきなのか，どのようなライフスタイルが望ましいのかといったさまざまな価値観が，あたかも当然であるかのように語られている。これは広告に限ったことではなく，あらゆる形態のメディアにおいても同様である。ものの見方や考え方を伝達しているという意味において，広告のみならずすべてのメディアは「宣伝・広告」であるといえる。

　メディアにおいて価値観や考え方が描かれる際に，しばしば用いられるのが**ステレオタイプ**である。ステレオタイプとは，人や物事を単純化したいくつかの特徴によって類型化したイメージであり，多くの場合は自然に備わっているものとしてとらえられる。ステレオタイプは必ずしもネガティブなイメージばかりではないが，偏見や差別を含むこともある。私たちは「区別」することによって意味を構築し（「差別」ではないことに注意），人とのコミュニケーションをはかっているので，メディアにおけるステレオタイプの使用は円滑なコミュニケーションには必要だと考えることもできる。しかし，偏見や差別を含むステレオタイプの表象は，しばしば権力関係を内包しており，力の強い者が，弱い者を特定のステレオタイプのもとに描くことが多い。ゆえに，テクスト分析を行うことによって，誰の，どのような価値観が描かれているのか，描いている者と描かれている人・モノとの間にはどのような関係性があるのかといった社会の構図も見えてくる。

③メディア・テクストの解釈は，オーディエンスによって個人差がある

　メディア研究では，長い間メディアの送り手の意図したとおりのメッセージがそのまま**オーディエンス**に伝わるはずであると考えられ，正しくメッセージが伝わったか（＝効果が得られたか）どうかという点に焦点が当てられ

てきた（第4章を参照のこと）。つまり受け手であるオーディエンスは，送り手が**コード化**したメッセージをそのままの意味で受け取る受け身の存在としてとらえられ，テクストはオーディエンスに

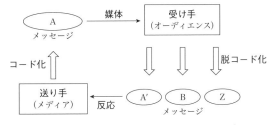

図1-2　意味構築における送り手と受け手の関係

絶大なる影響を与えるとされていた。しかし，メディア・リテラシーでは，オーディエンスはそのような受動的な存在ではなく，むしろ積極的にテクストを解釈する（＝意味を構築する）という点で能動的である（＝アクティブ・オーディエンス）とする。

　オーディエンスのあり方の理解に変化をもたらしたのは，カルチュラル・スタディーズの中心的人物であるイギリスの学者**スチュアート・ホール**（Stuart Hall, 1932-2014）の示した「**エンコーディング／デコーディング論**」［Hall 1973/1994］であった。ホールは，送り手がメッセージを制作し，送信したからといって，受け手がそのまま送り手の意図と同じ意味でメッセージを受け取るわけではないと指摘した。図1-2は，メディアのメッセージが送り手から発信され，受け手によって解釈される仕組みを図解したものである。

　図にあるように，送り手が受け手に何らかのメッセージを伝えようとする場合，まず映像や音声，文字や言葉などのさまざまな記号によってテクストが構築される（＝コード化）。コード化のプロセスにおいては，作り手の考え方や価値基準も含まれ，さらに用いられる媒体の特性によって表現の方法も変わってくる。送り手によって作られたメッセージは，メディア（媒体）を通してオーディエンスに伝達されるが，その時に1人1人の受け手がそのメッセージに見出す意味は，送り手が受け手に伝えたいと思ったメッセージとは異なる場合もある。つまり，メッセージAを送信したからといって，

オーディエンス（audience）　辞書的な意味では，「視聴者」と訳されることが多いが，あらゆるメディアにアクセスし情報を得て，その意味を構築する主体の総称である。具体的にはテレビの視聴者，ラジオのリスナー，新聞・雑誌・書籍等の読者，劇場や講演会などの観客・聴衆などの集合体を指す。
コード化（encoding）　エンコード，あるいは符号化ともいう。逆の作用は，脱コード化，デコード，あるいは復号化。

そのままＡとして伝わる保証はなく，解釈によってはもとのＡとかなり近い意味の「Ａ´」あるいはＡと近いが少し異なる「Ｂ」というメッセージとして受け取られることもある。ときには，もとのメッセージＡとは似ても似つかない「Ｚ」として受け止められることもある。もとのメッセージと異なるのは，受け手であるオーディエンスが，自らの背景や資質（年齢，性別，文化的・社会的背景，エスニシティ，メッセージの内容に関する知識，体験，道徳観，価値観，信条など）をもとに，それぞれ独自に解釈してメッセージの意味を再構築するからである。オーディエンスが能動的に意味を見出すこのプロセスを，脱コード化と呼んでいる。

　しかし，個々のオーディエンスがそれぞれまったく異なる解釈をしてしまったとしたら，そのメディアのテクストは１人１人にとって違う意味をもつことになり，メディアは送り手と受け手の間におけるコミュニケーションの手段として機能していないことになる。現実社会において，そのようなカオスに陥らないのは，メッセージの脱コード化のプロセスが完全にオーディエンスの自由な解釈に任されているわけではないからだ。ホールは，意味の解釈はたった１つ（送り手の意図したもの）ではないが，解釈にはある程度の制約もあるとしたうえで，オーディエンスの読みを(1)支配的（優先的）読み，(2)交渉的読み，(3)対抗的読みの３つに分類した。支配的（優先的）読みとは，送り手がコード化したテクストの意味をそのまま同じように理解する読みである。送り手と受け手は社会的・文化的価値観を共有しており，それを利用して送り手がコード化するため，受け手は当たり前のこととして，無意識のうちにほぼ同じ読みをすることになる（図１-２の「Ａ」や「Ａ´」）。２つ目の交渉的読みは，(1)の支配的読みと，受け手がもち込む個人の背景や資質によって脱コード化する際に生まれる固有の読みの両方が混ざっている。つまり，社会における支配的な読みは理解しつつも，細かい点については受け手独自の別の解釈ももちあわせる（図１-２の「Ｂ」）。(3)の対抗的読みは，送り手がコード化した優先的読みに賛成や共感をせず，まったく別の立場や考え方をとる読みである（図１-２の「Ｚ」）。この場合，送り手が意図した反応とはまったく異なる（時には正反対の）読みや行動がとられることもある。

　ホールのエンコーディング／デコーディング理論は，オーディエンスが主体的に意味の構築にかかわり，送り手とは異なる読みをする可能性を指摘した一方，その読みは完全に自由ではないとしており，一見矛盾しているよう

にも見える。しかし，社会におけるメディアの役割やテクストに意味が付与されるプロセスを考察すると，オーディエンスが合わせもつ自由と制約のメカニズムが見えてくる。

実践！メディア・リテラシー②　対立候補は核兵器を使用する？
　　　　　　　　　　　　　　米大統領選のネガティブキャンペーン

　オーディエンスの3つの読みを理解するのに適した事例を1つ紹介しよう。1964年のアメリカ大統領選挙は，ジョン・F・ケネディ大統領（John F. Kennedy, 1917-1963）が暗殺されたために選挙前年に副大統領から大統領職に就いた民主党の現職リンドン・ジョンソン（Lyndon B. Johnson, 1908-1973）と共和党の米上院議員バリー・ゴールドウォーター（Barry Goldwater, 1909-1998）の一騎打ちであった。選挙結果は，現職のジョンソンの大勝利であったが，そこに一役買ったといわれているのが，ジョンソン陣営が制作したテレビの選挙広告である。
　「デイジー・アド（Daisy Ad）」と呼ばれるこの広告は，少女が野原でデイジー（ヒナギク）の花びらを1，2，3……と1枚ずつ数えながらちぎっているシーンから始まる。途中から，男性の声で10, 9, 8……とカウントダウンが始まり少女の顔がクローズアップされていく。0と同時に原子力爆弾が爆発し，アップになった少女の瞳にはきのこ雲が映る。神の子がみな生きる世となるか，暗黒の世となるかがかかっている。平和を愛するか，そうでなければ我々は皆死ぬ。投票日に選挙に行かなければ（あなたが投票しないがために，ゴールドウォーターが勝利すれば）再び戦争の世の中になるかもしれないのだから，そんな大きな賭けには出られないだろう（選挙日には投票に行き，ジョンソンに入れましょう），という内容のナレーションが入る。これは，ゴールドウォーターを核兵器の使用も辞さない右派であると人々に印象づけるイメージ広告で，れっきとした根拠があったわけではないが，人々のゴールドウォーターへの不安をあおるには十分な効果があった。
　このテレビ広告を，ホールのいうオーディエンスの3つの読みに当てはめて考えてみよう。(1)の支配的読みは，ジョンソン陣営が意図するメッセージをそのまま読み取るものであり，つまりゴールドウォーターは戦争を勃発させかねない危険な候補であり，大統領にふさわしいのはジョンソンであるからジョンソンに投票せよ，というメッセージだ。(2)はホールがもっとも数的には多いと指摘している交渉的読みで，これはジョンソン陣営のメッセージは理解しつつも，本当にゴールドウォーターは核兵器を使用するだろうか，ゴールドウォーターはそこまで右派の政策を掲げているのだろうか，など広告から読み解いたメッセージと他に自分がもちあわせている知識等を融合させて思考するものだ。では，(3)の対抗的読みはどうだろうか。この広告は対立候補のゴールドウォーターのイメージを語るものではあっても，当の本人であるジョンソンの政策や考え方，人物像につ

いては何も述べていない。大統領候補（かつ現職大統領）でありながら，相手を貶めるネガティブキャンペーンを展開し，自分のことは何も語らないような人物には，大統領は任せられない，このような人には投票できない，というようにジョンソン陣営が意図したのとは，全く反対の考えをこの広告によってもった人もいるだろう。選挙結果を見る限りは，この広告は大成功をおさめ，(3)の対抗的読みをした人は少なかったのかもしれない（ただし，広告の読み解きと投票行動が確実に結びつくわけではないので，あくまでも想像の域を越えない）。しかし，オーディエンスの読みの3つの立場を理解するうえでは，非常にわかりやすい例である。なお，この選挙広告はYouTubeで「daisy ad 1964」と検索すると見ることができる。

④メディアには商業的，イデオロギー的，政治的な意味合いが含まれる

　私たちは，日々さまざまなメディアを「消費」しているにもかかわらず，しばしばメディアのメッセージの送り手（特にマスメディア）の商業的な側面を忘れがちである。しかし，公共放送など一部のメディアをのぞいて，メディアの制作はつねにビジネスとして行われており，ゆえに利益を追求している。このように産業として確立しているからこそ，大がかりなコンテンツ制作が可能であったり，消費者が手ごろな価格で購入できるという利点もある。しかしその一方で，商売であるからこそ，商品であるコンテンツは確実に利潤を生み出すものでなければならない。より多くの顧客を獲得するために，メディアは**ターゲット・オーディエンス**（商品の消費者として送り手〔売り手〕が想定したオーディエンスの層）を設定し，広告の戦略を立てたり，ターゲット・オーディエンスに合わせたコンテンツ作りを行ったりする。またコンテンツは，制作のうえでかかるコストを負担しているメディア企業やスポンサーが納得する内容でなければならないという「しばり」も生じる。賛否両論があるような問題の報道であった場合，そのメディア企業やスポンサーにとって都合のよい立場だけが紹介される状況も起こり，本来のジャーナリズムの機能を果たさないこともある。ゆえに，誰（どの企業）がメディアを所有し，コンテンツをコントロールする力をもっているのか，オーディエンスの私たちは注意を払う必要があるのだ。日本のマスメディアの系列やクロスオーナーシップの実態，さらにグローバルな規模で展開されている巨大メディア複合企業（メディア・コングロマリット）についての知識をもつことは，メディアのテクスト分析の際の1つの指標としても有用であるだけでなく，社会におけるメディアの仕組みや役割を知るうえでも重要である（COLUMN 1を参照のこと）。

メディアがイデオロギー的，政治的な意味合いを含むというのは，すでに見た②の概念とも密接につながっている。メディア・リテラシーでは，テクストに含有されているものの考え方や価値観がどのような仕組みのもとにコード化され，オーディエンスや社会にどのような影響を与えうるのかを意識化することが，学びの重要な側面の1つである。オーディエンスは単なる受け身の存在ではないが，しかしメディアが取り上げる政治問題や社会問題，頻繁に「当然のこととして」描かれるイデオロギーが，私たちの世界観を形成していることも確かである。メディアが商業的な側面をもっていることもまた，特定のイデオロギーや政治問題を大きく取り上げる要因の1つとなっている。ゆえに，社会的な制度としてのメディアの役割を知ることもまた，メディア・リテラシーの重要な学びの1つなのだ。

⑤メディア媒体は，それぞれ独自の語法，スタイル，形式，技法，慣習，美的特徴をもつ

メディアのリプレゼンテーションにおいて意味が付与（＝コード化）される際には，媒体によってそれぞれ方法が異なる。つまり，各媒体の特性にのっとりながら独自の「メディア文法」に基づいて表現されているということだ。同じ内容のニュースであっても，テレビで見るのと新聞で読むのとでは，あるいはラジオを聞くのとでは，印象が大きく異なるのはそのためだ。1960年のアメリカ大統領選挙（民主党のジョン・F・ケネディ対共和党のリチャード・ニクソン）において初めてテレビという媒体が使われた時のように，媒体の特徴が選挙結果を決定的なものにしてしまうほど，メディアは私たちに与える印象を異なったものとすることもある（ラジオではニクソン候補の方が話し方や内容がわかりやすく人気があったが，テレビ討論会が開催されたことによって若くてテレビ映りが良いケネディ候補が視聴者の人気を獲得し選挙に勝利したといわれている）。さらに，メディアはオーディエンスの興味を引いたり，楽しませたりする技法や美的特徴（aesthetics）も備えている。マクルーハンは「メディアはメッセージ」という表現を用いて，メディアのメッセージ（コンテンツ）そのものよりも，どのメディア（媒体）を用いているかという点のほうが人々に影響を与えると述べている［マクルーハン 1987=1962］。 コンテンツを制作する際に，どのような形式や慣習，技法が用いられているのかを知ることで，オーディエンスがメディアのテクストをより楽しむことができる。この5つ目の基本概

念は，メディア・リテラシーを学ぶことは，単にメディアの知識を積み重ね
テクスト分析をするというだけではなく，オーディエンスがメディアのテク
ストをより楽しむことができるようになるという側面も示している。

3　メディア・リテラシーの普及を目指して

メディア・リテラシーを促進する取り組みとしてのメディア教育

　前節まではメディア・リテラシーの具体的な学びについて概観してきたが，
本節ではメディア・リテラシーの力を身につけるための取り組みについて考
えてみたい。メディア・リテラシーを普及させる1つの方法（場）として，
メディア教育（media education）がある。メディア教育とは，メディア・リ
テラシーの力を身につけるための学びを，主に小学校から高等学校の正規の
学校教育のなかで実践していく取り組みである。

　メディア教育という用語は，日本ではしばしば別の形態の教育実践と混同
されることがある。例えば，映像などの視聴覚教材を教室で用いることに
よって，学習内容の理解促進をはかる授業（＝視聴覚教育）と同様に考えられ
ているケースである。「メディア」を教材として教室で使用するという点に
おいてはメディア・リテラシーと共通しているが，視聴覚教育の場合は歴史
であれ理科であれ，その授業内容について児童・生徒の理解がより深まるよ
うに，映像資料が補助教材として用いられるのみである。つまり，メディア
は「道具」としてとらえられている。したがって，その映像教材が誰によっ
て，どのように作られたのか，またその教材には描かれていない出来事や考
え方はあるのかといった，内容の分析や作り手についての学びは通常は行わ
れない。その点が，メディアそのものを学びの対象としているメディア・リ
テラシーとは根本的に異なる。

　もう1つ，メディア・リテラシーと頻繁に混同されがちなのは，コン
ピュータやソフトウェアの使い方を学ぶことに重点をおいた情報教育やICT
教育である。確かに，パソコンやソフトの使い方を知っていると，メディ
ア・リテラシーの学びの3つ目の要素であるメディア制作に役立つこともあ
るだろうし，インターネット上の情報にどのようにアクセスし，取捨選択す
るかといった力を身につけることは，メディア・リテラシーと相反するもの

ではない。しかし，すでに見てきたようにメディア・リテラシーで扱う「メディア」にはデジタルメディア以外の多様な媒体やコンテンツが含まれ，クリティカルな視点をもってテクスト分析をしたり，メディアの仕組みや役割を知るなど，より広い範囲をカバーしている。したがって，両者は重なる部分もあるが，同じではない。デビッド・バッキンガム（David Buckingham, 1954-）は，メディアテクノロジーによって子どもの学習がより効率よく効果的になるという技術決定論的な考え方から，イギリスの学校教育においてパソコンやタブレットなどのメディア機器が積極的に導入されてきた点を指摘しているが［Buckingham 2019］，これは日本にも当てはまる。テレビやパソコン，電子黒板，タブレットなどを学校に完備することが積極的に進められ，また 2020 年度から開始された小学校におけるプログラミング教育の必修化にも見られるように，日本の学校教育で扱われるメディアとは，視聴覚教育や ICT 教育が中心的である。

　メディア教育は，メディア・リテラシーを身につけるための 1 つの方法であると述べたが，必ずしも学校に通う年齢の子どもたちだけではなく，高等教育や幅広い年代の大人も含む成人教育・生涯教育のコンテクストのなかで実践されることもある。近年では，日本の大学にも学科や専攻名に「メディア」や「コミュニケーション」という言葉を冠したところも多く，メディア・リテラシーの講義も多数開講されている。高度に情報化されたメディア社会では，誰もがメディア・リテラシーを学ぶ機会を得ることが望ましいのはいうまでもないが，より多くの人々に等しく提供するのに効果的かつ効率的なのは初等・中等教育である。そのため，小・中・高等学校の間に徐々に段階を踏んで子どもにメディア教育の機会を提供することが重要であるとの認識が，20 世紀半ば以降ユネスコをはじめとする国際教育機関や教育関係者の間で共有されるようになり，世界各国で取り組みが進められている。本節では，メディア教育がどのように始まったのか，その歴史的流れを概観し，あらためて現代の私たちにとってのメディア・リテラシーの意義を考えてみたい。

メディア・リテラシーの始まり

　メディア・リテラシーというオーディエンスの主体的かつクリティカルなメディアとのかかわり方や，メディア・リテラシーを身につけるためのメ

ディア教育は，比較的新しい取り組みだと考えられることが多い。確かに，メディア・リテラシーという言葉が広く日本において知られるようになったのは 1990 年代後半以降のことであるし，世界的な流れを見ても，学校教育のなかにメディア・リテラシーを取り入れようという動きが本格化したのは 20 世紀後半である。しかし，メディアが人々（特に子どもたち）に及ぼす影響についての議論や取り組みという観点で見てみると，似たような論争が長い間繰り返されてきたことがわかる。

　記録に残っているなかで，メディアが子どもに与える影響について論じているもっとも古いものは，古代ギリシャの哲学者プラトンが記した『国家』であるといわれている［Buckingham 1991, 1993］。プラトンは詩人が若者の精神・人格形成に悪影響を与えるのではないかと憂慮していた。当時は「メディア」といっても主に口承によるものであったが，若者が詩人の歌う創造的な物語を聴くことで，誤った考え方や道徳観を身につけてしまうのではないかと心配したのだ。そのような詩の悪影響から若者を守るためには，詩人によって語られる物語の内容を大人が監督し，若者に適していると思うものだけを選んで聴かせるべきだという対策もプラトンは述べている。メディアが子どもに悪影響を及ぼすことへの懸念は，その後も新しい媒体が登場するたびに繰り返し議論されてきた。19 世紀の大衆文学や 1920 年代・30 年代の映画，1950 年代のコミックス，1960 年代・70 年代のテレビなど，新しいメディアが普及するたびに，大人たちは同じような危惧を抱いてきたのだ。こうして見ると，テレビゲームや近年のインターネット，SNS の危険性や悪影響に関する議論も，人類の歴史において何度も繰り返されてきた一連の動きのなかに位置づけられることが見えてくる。

　メディアが子どもに悪影響を及ぼすという前提のもとで，それに対処するために学校で子どもたちに教育を施そうという試みは近代に入ってから始まった。英語圏でいち早くメディアに関する学校教育を始めたのはイギリスであった。1933 年には F・R・リーヴィス（Frank Raymond Leavis, 1895-1978）と D・トンプソン（Denys Thompson, 1907-1988）による *Culture and Environment: The Training of Critical Awareness* と題する本が出版され，これは少なくとも英語圏においてはメディアに関する初めての体系立った教科書だといわれている［Buckingham 2003］。ここでは，映画やラジオ，小説などの大衆化された商業メディアは低俗であり，ダンテやシェイクスピアな

どの文学に代表されるような高級文化こそが真の文化であるという認識が根底にある。そして，表面的な楽しみだけを追求する商業メディアの広まりは，価値の高い優れた芸術や文学を衰退させるとして憂慮したのだ。ゆえに，高級文化を享受し後世に伝えていくためには，商業メディアを差別し抵抗する（discriminate and resist）方法を子どもたちに教える必要があるとし，メディア教育の必要性を唱えたのだった。このように，もともとメディア教育は子どもにメディアの善悪（「高級文化＝善」「大衆（低俗）文化＝商業メディア＝悪」）を身につけさせようというスタンスで始まった。現代のメディア教育のめざすところとは異なるが，学校という場でマスメディアが学習や議論の題材として扱われることになったという点においては，画期的なことであったといえる［Masterman 1985=2010］。

メディア教育の発展

1950年代終わりごろから60年代のはじめには，カルチュラル・スタディーズの創始者である**レイモンド・ウィリアムズ**（Raymond Williams, 1921-1988）や**リチャード・ホガート**（Richard Hoggart, 1918-2014）によって文化を高級・低俗（大衆）と区別することへの批判がなされ，それを受けてマスメディアが提供するポピュラー・カルチャーを読み解こうという動きが始まる。さまざまなメディアの分析が行われるようになった点では進歩が見られるが，依然としてリーヴィスとトンプソンの時代と似通っているところもあった。すべてのメディアを「悪」とはみなさなくなったものの，映画は芸術的価値があり「善」であるが，テレビ番組は「悪」，あるいは映画のなかでもイギリスまたはヨーロッパの映画は「善」であるが，アメリカのハリウッド映画のような商業的なものは「悪」であるというように，メディアの種類によって「善悪」を区別していたからだ。

メディアの悪影響を懸念するがゆえに，メディア教育を推進するという流れは，現在世界でもっともメディア教育が進んでいる国の1つであるカナダにおいても当初は同じであった。カナダのメディア教育は1960年代後半にイギリスから輸入したスクリーン教育に由来する。映画やテレビ番組に関する授業を学校教育に導入しようとしたのは，(1)映画やテレビを芸術としてとらえ，その審美眼を養うこと，そして(2)性や暴力の過激なシーンが子どもに悪影響を与えるのではないか，さらに(3)アメリカのメディアが大量に

カナダに流入することで，カナダ人のアイデンティティが失われるのではないかという危惧のもと，メディアの悪影響を軽減するための手段として有用だと考えられたからだ［浪田 2010］。このように，メディア教育はメディアに描かれる好ましくない表象を批判し，その悪影響から身を守るために必要な力を身につける場として進められてきた側面がある。

　この保護主義的な流れが変化したのは，1980 年代以降のことである。マスメディア（特にテレビ）がめずらしいものではなくなり，またインターネットが登場していっそう高度にメディア化された社会へと変貌をとげたことにより，メディアを批判あるいは排除するのではなく，むしろその仕組みや社会における役割を理解したうえで，うまくつき合っていくことが必要ではないかという発想へと転換したのである。その過程で，国語教育（リテラシー）は従来のように文字の読み書きだけを扱うのではなく，多様なメディアへと広げていくことが必要ではないかと唱えられるようになった。学校のカリキュラムにメディア教育を取り入れ，メディア・リテラシーの学習を推進する動きは世界各国で進んでいる。例えばカナダでは，メディア・リテラシーを現代社会で生きるために子どもたちが身につけるべき重要な力の 1 つと位置づけ，2000 年より小学校 1 年から高等学校 3 年までの 12 年間すべての学年のカリキュラムに取り入れている［浪田 2010］。

ソーシャルメディア時代のメディア・リテラシー

　メディアの悪影響から（特に子どもの）身を守るためという保護主義的なメディア・リテラシーのとらえ方を脱却し，子どもから大人まで，メディアに接するオーディエンス誰もが主体的にメディアのテクストを読み解く力（とそれに必要なメディアの知識や発信力）を身につけようという，メディアとの関係性を従来よりもポジティブにとらえた新しいメディア・リテラシーのあり方は，ソーシャルメディア時代を迎え再び変化している。インターネット，とりわけ近年のソーシャルメディアの普及によって，誰もが自由に情報にアクセスし，発信する力も得たことにより，主体的なオーディエンス（アクティブ・オーディエンス）という概念そのものがすでに時代遅れだという考え方もある一方で［Watson and Hill 2015］，手放しでオーディエンスが力をつけたとはいえない現実もある。インターネットがメディアの送り手と受け手のこれまでの力関係を解消し，コミュニケーションのあり方が根本的に民主化

されるといったテクノユートピア的な考え方は実現していないといわざるを
えない数多くの問題が浮上しているからだ［Buckingham, 2019］。フェイク
ニュースやディープフェイクの拡散，個人情報の流出や誹謗中傷の書き込み，
ネットいじめ（cyberbullying）といったソーシャルメディアにまつわる問題
が取り上げられるたびに，それは人々がこの新しいツールの使い方やルール
を知らないから，つまりメディア・リテラシーが身についていないからだと
結論づけられる。メディア・リテラシーは，いわば手っ取り早い解決策
（quick fix）として再び注目されている。

　しかし，このような解決策としてのメディア・リテラシーは，たいてい
ルールやきまりごとを教える（学ぶ）という点ばかりが強調され，同時にそ
のようなルールを人々が遵守できないのであれば，法による規制も致し方が
ないという言論をも誘導・容認する。その先には，メディアによってもたら
されるはずの民主的な社会の実現はない。ソーシャルメディアの普及によっ
て，私たち自身がどのようにメディアとかかわっていくのかが試されている
のと同時に，メディア・リテラシーの意義とあり方が今再び問われている。

　ネット上で流れたデマが社会を混乱させたり，匿名で無数に書き込まれた
誹謗中傷によって人の命が失われるというような事件が取り上げられるたび
に，思い出したように社会ではメディア・リテラシーが必要だと唱えられる。
メディアを学ぶ学生も，そのような内容をレポートに書くことが多い。しか
し，ここで今一度，本章で取り上げたメディア・リテラシーの学びの要素や
基本概念を振り返ってほしい。メディア・リテラシーは単なるルールを学ぶ
だけの簡単な作業ではない。ニューメディアのみならず，マスメディアをは
じめとするオールドメディアが社会でいつどのように生まれ，発展し，現在
においても日々の私たちの生活に影響を与えているのかをじっくり学ぶとい
う，むしろ時間と労力をかけないと身に付けることができない「面倒な」作
業である。

　世の中の出来事を知るにはネットを見ればいい，だから紙に印刷された新
聞も新聞社もいらないという前に，オンライン上のニュースがどこから来て
いるのかを考えてみよう。オンラインでクリックするのは一見便利で早いう
え，無料であることも多いが，本当に紙の新聞はいらないのだろうか。自分
が知らない間に検索・閲覧履歴から割り出された情報だけが出てきて，フィ
ルターバブルにおおわれていることに気づいているだろうか。その背後には，

GAFA（Google, Apple, Facebook, Amazon）など少数のプラットフォーマーが
膨大な個人情報を収集していて，民主化どころかインターネットの普及に
よってますます一部の既得権をもつ企業が力を強めている現状を知ることも，
このデジタルメディア時代を生きる私たちには必須だ。社会における格差が
いっこうに縮まらない，ジェンダーや人種・民族による差別が世の中でなく
ならないのはなぜかと思うのなら，メディアがそれらの問題をこれまでどの
ように描いてきたのか，じっくり分析してみよう。私たちが生きている社会
の日々の出来事や世の中のあり方は，メディアと深くかかわっており，メ
ディア・リテラシーはそれに気づくきっかけになる。メディア・リテラシー
は決まり事でもなければ，メッセージをどのように読み解くかというスキル
でもない。ここまで学べばよいという知識量や「正しい」答えが初めから決
まっている問いでもない。メディアを通して世の中の仕組みを知り，自分は
これからどのようにメディアと接していくのか，1人1人が自分自身で答え
を見つける長いプロセスである。そしてそれは，自分たちが生きるこの社会
をどうしたら今よりも少しでも良いものにできるのか，自分自身の生き方を
もが問われる作業でもある。

　本書のなかで，メディア・リテラシーという言葉をタイトルに冠している
のは本章だけであるが，ここでメディア・リテラシーの学びが終わるのでは
ない。メディア・リテラシーの学びの具体例として，あるいは主体的にメ
ディアとかかわるための方法や力を身につけるうえでのヒントとして，以下
の章を読み進めてほしい。

引用・参照文献

カナダ・オンタリオ州教育省編／FCT（市民のテレビの会）訳『メディア・リテラシー──マスメ
　ディアを読み解く』リベルタ出版，1992 年（＝ Ontario Ministry of Education, *Media
　Literacy Resource Guide: Intermediate and Senior Divisions, 1989*, Ontario Ministry of
　Education, 1989.）
ターナー，グレアム／溝上由紀・毛利嘉孝ほか訳『カルチュラル・スタディーズ入門──理論と英
　国での発展』作品社，1999 年
浪田陽子「カナダのメディア・リテラシー──世界の最先端をゆくメディア教育」飯野正子・竹中
　豊編『現代カナダを知るための 57 章』明石書店，2010 年
博報堂 DY メディアパートナーズメディア環境研究所「2019 年メディア定点調査」「2020 年メディ
　ア定点調査」https://mekanken.com/mediasurveys/（2020 年 9 月 9 日閲覧）
マクルーハン，マーシャル／栗原裕・河本仲聖訳『メディア論──人間の拡張の諸相』みすず書房，
　1987 年（原書 1962 年）
リップマン，ウォルター／掛川トミ子訳『世論』（上・下）岩波文庫，1987 年（原書 1922）
Buckingham, D., "Teaching about the Media," In D. Lusted (ed.), *The Media Studies Book*,
　Routledge, 1991.

─────────"Introduction: Young People and the Media," In D. Buckingham (ed.), *Reading Audiences: Young People and the Media*, Manchester University Press, 1993.

─────────*Media Education: Literacy, Learning and Contemporary Culture*, Polity Press, 2003.

─────────*The Media Education Manifesto*, Polity Press, 2019.

Hall, S., "Encoding/decoding," In D. Graddol and O.Boyd-Barrett (eds.), *Media Texts: Authors and Readers*, 1994 (Reprinted from CCCS Stencilled paper, No.7, 1973).

Leavis, F. R. and Thompson, D., *Culture and Environment: The Training of Critical Awareness*, Chatto & Windus, 1933.

Masterman, L., *Teaching the Media*, Comedia, 1985.（＝宮崎寿子訳『メディアを教える───クリティカルなアプローチへ』世界思想社，2010 年）

Ontario Ministry of Education, The Ontario Curriculum Grades 11 and 12 English (Revised), Ontario Ministry of Education, 2007. http://www.edu.gov.on.ca/eng/curriculum/secondary/english1112currb.pdf

Plato, L., *The Republic*, Penguin Books, 1987 (Original work published C. 375 BCE).

Watson, J. and Hill, A., "Active audience", In *Dictionary of Media & Communication Studies* (9th Ed.), Bloomsbury, 2015.

【おすすめ文献】

カナダ・オンタリオ州教育省編／FCT（市民のテレビの会）訳『メディア・リテラシー───マスメディアを読み解く』リベルタ出版，1992 年
　　カナダのメディア・リテラシー協会のメンバーが中心となってまとめた教師用リソースガイドの日本語訳版。テレビ，ラジオ，映画，写真，ポップ・ミュージックなど媒体ごとに構成された各章には，基礎知識やテクスト分析のためのアプローチ法・ヒントなどが詳細につづられている。序章の基本概念は，世界各国のメディア教育のベースとして広く活用されている。

デビッド・バッキンガム／鈴木みどり監訳『メディア・リテラシー教育───学びと現代文化』世界思想社，2006 年
　　イギリスのメディア・リテラシーの第一人者である著者が，メディア教育の目的や基礎的な枠組み，歴史的変遷，今後の展望などをまとめている。メディア・リテラシーの理論や背景を学ぶにはもっとも適した書であろう。オリジナルの英文は非常に明快で読みやすいので，以下の原書にあたってみることもおすすめする。
　　Buckingham, D., *Media Education: Literacy, Learning and Contemporary Culture*, Polity Press, 2003.

ルネ・ホッブス／森本洋介・和田正人監訳『デジタル時代のメディア・リテラシー教育───中高生の日常のメディアと授業の融合』東京学芸大学出版会，2015 年
　　アメリカのメディア・リテラシー研究者であるホッブスが中学・高等学校の教師用にまとめたリソースガイドの日本語訳版。デジタル時代に対応しており，ソーシャルネットワーキングから音楽，映画，有名人，テレビゲーム，ニュースと幅広いメディアを扱う。学校教育におけるメディア・リテラシーの実践例として，あるいは大学生がメディア研究を行う際のヒントとしても活用できる。

第2章　ジャーナリズムの歴史と課題

柳澤伸司

　2020年，新型コロナウイルスのパンデミック，感染防止を理由としてイベントや活動の延期・中止が相次いだ。総理大臣官邸・厚生労働省が掲げた「3密（密集，密閉，密接）」を避けるようにとの要請は，感染リスクの恐れと相まって，これまで「密」で取材してきた記者にも影響がおよび，感染防止を理由にした対面取材拒否や取材そのものの拒否が広範囲に広がった。滋賀県大津市役所ではクラスター（感染者集団）の発生を受け，市役所が閉鎖される事態となり，職員が在宅勤務になるなどして日常の取材が困難になった。やむを得ない事態とはいえ，記者は対面取材を減らし，電話やメールに切り替え，オンラインツールを活用した取材方法へと変更した。

　だが，そうした取材は取材対象者と直接会い，現場に足を運ぶことでしか得られない情報の幅を狭めることになりかねない。国や自治体が「3密」を理由に「記者数を絞って」「代表取材で」となると，これまで以上に取材範囲が制限され，私たちの知る権利が損なわれるかもしれない。一方，これまで見ることのできなかった記者会見の様子を YouTube で見ることができるようになると，そこでどのようなやりとりが行われ，何を聞き出そうとしているのか，取材している記者の姿が可視化され，さらにはそのやりとりから何が切り取られ，何を伝えなかったかまで検証可能な時代となった。誰もが情報を発信し，誰もがその情報を手に入れることができる時代なのだ。

　ジャーナリストは何を記録し，伝えなければならないのか。私たちに代わって記者が取材し，記録し，伝えるジャーナリズムの形と役割が変わろうとしているのかもしれない。

　私たちは，日本のジャーナリズムの本質的課題を，歴史的に振り返りながらあらためて考えてみる必要がある。

1　ジャーナリズムの本質

マスコミとジャーナリズム

　最近は「マスメディア」という言葉を目にすることが増えたが，今でも「マスコミ」という言葉は「ジャーナリズム」と同じものとして使われることが多く，多くの人は「マスコミ」を「報道（機関）」「記者」あるいは「ジャーナリズム」「ジャーナリスト」とほぼ同義でとらえている。

　それでは，マスコミとジャーナリズムとは何が違うのだろうか。

　日本語で「マスコミ」と短縮されることが多い「マス・コミュニケーション」は一般に，「不特定多数の大衆（マス）を相手にし，新聞・テレビなどのマスメディアを用いて間接的・一方的に行われる社会的コミュニケーション。大量伝達。大衆伝達」と定義される。この情報伝達は新聞，雑誌，書籍，ラジオ，テレビ，映画などのメディアを通じて行われ，それらには①報道，②論評，③娯楽，④教育，⑤広告・宣伝の5つの活動領域がある。

　この定義をより詳しく説明すると，マス・コミュニケーションは次のような特徴をもっている。

　第1に不特定多数の大衆を対象とする大量生産過程であり，一カ所から大勢に発せられるコミュニケーションである。第2に大量生産には機械的・技術的手段が必要であり，それは技術の発展段階に規定される。第3に機械的・技術的手段を用いることは送り手と受け手の間に機械を介することとなり，非対面的・間接的コミュニケーションとなる。第4に機械的・技術的手段を利用するため送り手は大規模な組織，高度な技術的装置をもたなくてはならない。そのためマス・コミュニケーションの生産と伝達は専門的職業人の組織によって行われる。第5にそうしたマス・コミュニケーションが成立することによって，送り手と受け手の役割分化が固定化し情報の流れは一方的となる。第6に受け手は異質で匿名の大衆であり，大量の受け手を確保する必要上，情報の内容は大衆の共有する関心に制約されやすくなり，通俗化，画一化の傾向を生み出す。そして第7に，大衆への大量伝達を行う過程に対して外部からの政治的，経済的，社会的，文化的規制が多くなる。

　これに対してジャーナリズムは，受け手は不特定であっても必ずしも多数とは限らないし，大量の受け手を確保しなければならないといった条件を必

要としない。それはすなわち，マス・コミュニケーションにある大衆の最大公約数的な関心に合わせなければならないという制約に拘束されないことを意味する。少数でも関心をもつ受け手を相手とすることでも構わないということだ。そして，ジャーナリズムはマス・コミュニケーションの5つの活動領域のうち「報道」と「論評」の活動を主目的としている。

言論表現の自由と知る権利

　ジャーナリズムは，①15世紀ヨーロッパにおける活版印刷術の発明とその後の普及といった技術的契機，②言論・出版・印刷の自由の権利の確立といった市民的権利の獲得闘争と，③それによって生まれた新聞や雑誌，パンフレットなどのメディアが社会的に定着し，市民社会を形成するための表現思想活動の役割を果たすようになったことに始まる。ブルジョア革命期には「言論表現」が「力」になりうることを教え，近代ジャーナリズム発生の土壌となった。

　ジョン・ミルトン（John Milton, 1608-1674）は1644年『アレオパジティカ（*Areopagitica: A Speech of Mr. John Milton for the Liberty of Unlicensed Printing, to the Parliament of England*）』で「……真理と虚偽とを組打ちさせよ。自由な公開の勝負で真理が負けたためしを誰が知るか」「他のすべての自由以上に，知り，発表し，良心に従って自由に論議する自由を我にあたえよ」と長期議会の定めた検閲条例（Licensing Order, 1643年）を批判した。これは近代開幕期における言論自由論の古典となった。

　また，1859年に刊行され現代に連なる自由思想の原型となった『自由論（*On Liberty*）』のなかでジョン・スチュアート・ミル（John Stuart Mill, 1806-1873）は，言論表現の自由が政府によって抑圧することのできない市民的自由であり，自由かつ公開の討論の過程を経ることが真理に近づくもっとも確実な唯一の道であると説いた。これは，公の場での議論を保障することによって社会が真理を発見することを可能にし，あらゆる知識が前進するのを促進するといった自由主義思想の考え方であった。

　これらの思想は18世紀後半のヨーロッパ革命やアメリカ合衆国の独立に大きな影響を及ぼすこととなり，「言論・出版の自由」を掲げた権利章典や人権宣言はパンフレットを通じて市民に広がった。なかでもトマス・ペイン（Thomas Paine, 1737-1809）のパンフレット『コモンセンス（*Common Sense*）』

（1776年）の売れ行きは数十万部に達し，アメリカ独立運動の理論的な根拠となった。1791年に発効したアメリカ合衆国憲法修正第1条 (First Amendment) は，「連邦議会は，国教の樹立を重んじ，または宗教上の自由な行為を禁止する法律，言論もしくは出版の自由，または人々が平穏に集い，そして苦情の救済を政府に請願するための権利を侵害する法律を制定してはならない」と規定し，報道の自由の制限を禁じるだけでなく，必要不可欠な自由を明確に保障した。

大量印刷技術と通信技術の進展は新聞と通信社による情報販売力を高め，広告需要の成長と相まって新聞の商品的性格を強めた。それらは新聞の買収など攻撃的なマーケティングや販売促進を進め，圧倒的な商業的成功をみることとなる。なかでもジョセフ・ピューリッツァー (Joseph Pulitzer, 1847-1911) の『ニューヨーク・ワールド』とウィリアム・ランドルフ・ハースト (William Randolph Hearst, 1863-1951) の『ニューヨーク・ジャーナル』は，スタッフの引き抜きや「イエロー・キッド（黄色い服を着た子どもを主人公にする漫画）」の買収，ニュースを自分でつくるなどのでっちあげといった常軌を逸した競争を展開し，イエロー・ジャーナリズムと批判された。この競争はスキャンダル，センセーショナリズムを助長し，あらゆるものをニュース化するとともに，広告費で支えられる巨大な新聞産業をつくり上げることとなった。ピューリッツァーは引退後，記者の資質向上を願って1903年コロンビア大学に200万ドルを寄贈した。同大はこれに基づいて12年に新聞学部 (School of Journalism) を発足させ，1917年から現在まで続くジャーナリズムにとって権威あるピューリッツァー賞を創設した。

20世紀に入ると，ウォルター・リップマン (Walter Lippmann, 1889-1974) は1922年，現代マス・コミュニケーション研究の古典となった『世論 (Public Opinion)』を著し，人間が外界と適応するさいに擬似環境の果たす役割，「頭のなかのイメージ」の機能に注目し，「ステレオタイプ」という概念を用いて大衆と政治とジャーナリズムが複雑に絡み合う大衆社会における民主主義の特質について論じた [リップマン 1922=1987]。

アメリカでは合衆国憲法修正第1条が言論・出版の自由を保障しているにもかかわらず，第二次世界大戦中から戦後にかけて国益の名のもとに政府による情報の抑圧が増大した。戦後，そこでの経験を踏まえ，ケント・クーパー (Kent Cooper, 1880-1965) は1956年『知る権利 (The Right to Know)』を

著し，巨大化するメディア状況のなかで読者の「知る権利」の重要さを強調するとともに，ジャーナリストや法律家を中心に「知る権利」運動が展開され，1967 年情報自由法（FOIA: Freedom of Information Act）の施行へと情報公開制の実現をみることとなった。

ジャーナリズムとは何か

民主的な社会にあっては，その構成員である人々が環境の変化に適切な判断や対応をするために必要な情報を正確に知らなければならない。人々がジャーナリズムに求めるのは，そうした情報を少しでも早く伝えることである。社会のなかで起こる断片的な出来事や現象の事実を収集・選択・解説し，多様な視点や論評が提示されることである。そして民主主義に必要な市民的自由の伸張と国家や大企業などの権力を監視し，市民・住民の利益を守るための警報装置としての役割を人々はジャーナリズムに委ねてきた。とはいえそれは市民の「言論表現の自由」「知る権利」を一部代行するものであり，そのために「報道の自由」を行使するマスメディアには各種の免許・保護・特権が与えられてきたのである。したがってその仕事は社会やコミュニティ全体に影響を与える「公共性」が強いものとなる。

鶴見俊輔（1922-2015）はジャーナリズムを「新聞・雑誌のことを言い，戦後にはそれだけでなく，ラジオやテレビなどもふくめるようになった。……明治以後の舶来の言葉としての「ジャーナル」（ジャーナリズム，ジャーナリスト）は，毎日の記録としてとらえられることがなくなり，市民が毎日つけることのできる日記との連想を断ち切られて，新聞社あるいは雑誌社などの特別の職場におかれた者の職業的活動としてだけとらえられるようになった。ジャーナリズムはこの時以来特権と結びついたひとつの活動としてとらえられる」ものと説明した。もともとは日々の出来事を記録していく日記としての「記録性」があり，一定の間隔で発行される新聞や雑誌の「定期性」が生まれ，そのなかで社会の変化を一定の価値判断のもとに選択報道し，また一定の問題意識と見解に立った論評を行うことによって「時事的」な問題についての「報道・論評活動」を含むものとなる。そこで「同時代を記録し，その意味について批評する仕事」と鶴見は位置づけた［鶴見 1965: 7 - 8］。

また，新井直之（1929-1999）は「いま伝えなければならないことを，いま伝え，いま言わなければならないことを，いま言う行為と過程」［新井 1994:

132] とジャーナリズムを定義した。

この概念規定にしたがえば，継続性や定期性も重要ではなく，一回限りの行為であってもジャーナリズムたりえ，職業（組織）である必要もない。そのため「ジャーナリズムの活動は，あらゆる人がなしうる。ただ，その活動を，日々行い続けるものが，専門的ジャーナリストといわれるだけなのである」[新井 1986: 26] と論じた。新聞記者や報道に携わる記者やフリーランスのジャーナリストだけでなく，たとえば不正に気づいた企業（組織）の内部告発者も，地域問題に取り組む市民活動家も，主体的・積極的に現実を把握し解釈し表現すること，すなわち「報道」と「言論」活動を行う者はジャーナリズムの主体たりうるということになる。

公共的倫理と責任意識を備えたメディアのいとなみをジャーナリズムと称し，職業（専門）的にその仕事につく人はジャーナリストといわれるが，職業的ジャーナリストがもっている権利（記者クラブなど，ニュース・ソースへの接近など）は，ほんらい主権者がもっている権利（「知る権利」など）とまったく同等であり，それ以上でもなければそれ以下でもない。

かつて日本の報道は「内容をまったく信用できない虚飾的な公式発表」の代名詞ともいえる戦時下の「大本営発表」を行う，権力の広報機関となった時期がある。ジャーナリストは，何を記録し，報道すべきなのか。ジャーナリストの役割とは何なのか。人々の生命や財産を守るための情報を報道しないものをジャーナリズムといえるのだろうか。

2　日本のジャーナリズムの誕生と発展

新聞（ジャーナリズム）との出逢いと言論の力

それでは日本のジャーナリズムはどのように展開してきたのか。その主な役割を担ってきた新聞の歴史を中心に見ていこう。

私たちが知っている新聞は明治維新より前の日本にはなかった。定期的なニュース媒体としてのメディア（新聞）を目にしたのは，1860 年に徳川幕府によって米国に派遣された使節団だった。使節一行のなかには村垣範正（副使），小栗忠順（監察）といった幕府役人をはじめ，その同行記録を残した小栗の従者木村鉄太敬直，佐野鼎（加賀藩普請役），のちに新聞を発行する福地

源一郎（桜痴），福沢諭吉らがいた。彼らが驚いたのは，使節一行の動向を取材し報道する記者の姿であり，その詳細が翌日には「新聞紙」に印刷され入手できることだった。新聞の働きと役割を理解した小栗は帰国後，幕府の機関紙（新聞）を発行する提案をしたが受け入れられることはなかった。

　新聞を作って一般読者に世界情勢を伝えようとする試みもなかったわけではなはない。ジョセフ彦はもと播州（今の兵庫県）の水夫であったが，13 歳のとき相模湾で遭難し，漂流しているところを米国船に救われ，米国に帰化した。米国人となった彦は 1859 年駐日公使ハリスにより神奈川領事通訳として採用され，9 年ぶりに帰国した。米国で教育を受け，自由な社会と新聞の役割を知る彦は，1864 年外国新聞の抜粋を載せた手書きの『新聞誌』（1865 年には木版刷りの『海外新聞』）を発行した。知識（情報）の重要性を認識していた彦は，限定的とはいえ自分が学んできたことを読者に伝えようとした。発行部数は極めて少ないながらも海外情勢を知りたい大名や幕府要職の人々はそれを入手して読んだ。長州の伊藤博文や桂小五郎（のちの木戸孝允）らとの交流を通して，やがて近代的な新聞の発行は明治政府によって受け継がれ，明治政府の樹立とともに新聞の創刊が相次いだ。

　日本で最初の日刊新聞とされるのが，1871 年**子安峻**（1836-1898）らによって横浜で創刊された『横浜毎日新聞』である。それまでの冊子（薄い雑誌）型を西洋紙 1 枚の両面刷りにし，最初は木製活字印刷で，まもなく鉛活字印刷を取り入れて発行した。木戸孝允は新政府の施策の徹底と人心の啓発を図るべく『新聞雑誌』を創刊させるなど，知識啓蒙を目的とした新聞が生まれていく。翌 1872 年には東京で『東京日日新聞』『郵便報知新聞』『日新真事誌』など，漢文調の文章で政治・経済などを論じた大判の日刊新聞が登場し，それは大新聞と呼ばれた。

　新聞は，いろいろなところで起きた事件を一般の人に早く伝えたいという欲求とそれに自分の意見を加えて伝えたいという欲求から生まれた。明治初期の発行者や編集者は自分たちの意見をできるだけ読者に伝えたいという意図が強く，大新聞は政治的主張を第一義として発行された政論新聞であった。それゆえ言論の自由が重視された。言論の自由が守られなければ，主張を述べること以上に，新聞そのものを発行することもできなかった。政治を論ず

子安峻　1870 年 4 月活版印刷所を横浜に設立。1874 年 11 月 2 日『読売新聞』を創刊，初代社長に就任。

る大新聞は反権力の姿勢も強かっただけに，政府の弾圧も強かった。

　明治のはじめ，言論の自由は厳しく制限されていたため，政治論は自社の主張としてではなく，匿名の読者からの投書という形で，その多くを投書に頼った。ジョン・R・ブラック（John Reddie Black, 1827-1880）が 1872 年に発行した『日新真事誌』は，遠慮しない論調と整った紙面構成で当時の大新聞の模範とされただけでなく投書欄を論評として活用した。当時，投書欄を常設している新聞はほとんどなかったが，その投書欄には常時論客たちが熱文を寄せ，それらは争って読まれた。論評活動は投書の掲載という形から始まったといえる。その後 1873 年『東京日日新聞』に投書欄が常設されると新聞への投書が本格的に始まる。人々は投書を媒介にしてジャーナリズムに参加し，輿論に訴えることができる唯一の場が投書欄であった。とはいえ投書の性格も，大新聞は政治論が中心を占め輿論形成に重要な役割を果たしたのに対し，小新聞は勧善懲悪的な戯作調の教訓的・娯楽的な投書が多かった。しかし，明治中期以降，報道重視の新聞になると，投書の占める重要性は徐々に低下していった。

　1874 年福地桜痴（1841-1906）が『東京日日新聞』に招かれて社長として入社し，社説を執筆し始めると，各紙ともこぞって社説欄を常設し，政治的見識をもつ文筆家を記者として入社させた。こうして新聞は輿論形成に重要な役割を果たしていった。

　板垣退助（1837-1919）らによる民撰議院設立建白（1874 年 1 月），1877 年西南戦争後，自由民権運動に呼応して，新聞・雑誌は政治や社会批判を含んだ民権拡張の声を伝えるようになった。日本におけるジャーナリズムの芽生えはこの時期から見られるようになる。

　1881 年政府によって 10 年後に国会を開設するという詔勅が出されると相次いで政党が結成され，板垣退助らの自由党は『自由新聞』（1882 年），大隈重信（1838-1922）らの立憲改進党は『改進新聞』（1884 年）を政党新聞として発行した。そうしたなかにあって，福沢諭吉（1835-1901）は**不偏不党**を掲げ，

ジョン・R・ブラック　在日イギリス人ジャーナリスト。1872 年 3 月 17 日日刊新聞（当初は 3 日ごと）『日新真事誌』を創刊。文部省の許可と太政官左院との取材協定で 1874 年 1 月「民撰議院設立建白書」を掲載。
福地桜痴（源一郎）　幕末，官軍占領下の江戸で新政府を批判する『江湖新聞』を発行して逮捕，日本の新聞史上初の筆禍事件。1874 年『東京日日新聞』入社，主筆または社長として啓蒙的な論説記事を執筆。なお『東京日日新聞』はのちの『毎日新聞』。

経済と社会記事を中心とした報道本位の『時事新報』を創刊した（1882年）。

　明治政府は，民撰議院設立建白以来，政府批判の言論が急激に高まりを見せ始めたため，それらの言論を抑えるため，1875年讒謗律と新聞紙条例を制定していたが，自由民権運動を解体させるため1883年改正新聞紙条例を定めて言論取り締まりを強化し，政党新聞を弾圧した。興論の高まりを恐れた明治政府は言論への圧力を強めた。

暴露と風刺で権力を批判

　黒岩周六（涙香）（1862-1920）は1892年新聞史上画期的な新聞『萬朝報』を創刊した。廉価でセンセーショナルな紙面構成をとり，第三面で犯罪や政・財界人のスキャンダルを暴露する社会記事を掲載した「三面記事」を定着させて大衆の人気を集めた。経営基盤を確立すると，さらに読者層を拡大させるため，労働問題，婦人問題，普選問題など多様な社会問題を扱い，**幸徳秋水**（1871-1911）や内村鑑三らが論説で社会改良に尽力した。進歩的な論説人に惹かれて，読者は学生や教員などの知識人へと広がった。

　1894年日清戦争が起こると，新聞は号外を出して急報を伝えた。新聞社は輪転印刷機の普及や写真製版など技術の進歩を生かして発行部数を大幅に伸ばし，資本主義企業として競争を展開していくようになる。

　日露開戦が目前に迫ると，新聞界では主戦論と非戦論に分かれて激しい論争が起こった。対露強硬論が新聞紙面を賑わせ始めるなか，『東京日日新聞』『毎日新聞』『萬朝報』は非戦論を展開した。しかし，対露強硬論の興論が高まり読者は対露強硬論の新聞を支持し，非戦論を展開していた『萬朝報』の部数は減少していった。涙香の『萬朝報』が主戦論に転じると，非戦論を主張する内村鑑三，幸徳秋水，**堺利彦**（1870-1933）らは退社し，独自に平民主義・社会主義・平和主義の週刊『平民新聞』（1903年）を創刊した。日露戦争が起こるとすべての新聞が戦争を「謳歌」するなかにあって続けられた『平民新聞』は幾度となく厳しい弾圧を受け，1905年廃刊に追い込まれた。

　戦況が激化するとニュースを求めて読者は新聞を競って読み，複数の新聞

幸徳秋水　1904年11月13日堺利彦とともに『平民新聞』紙上にカール・マルクス『共産党宣言』を訳載したが，新聞は発禁，1905年『平民新聞』廃刊。いわゆる大逆事件で処刑された。
堺利彦　1904年3月の『平民新聞』社説が新聞紙条例違反に問われ，編集兼発行人として2カ月の禁固刑を受けた。社会主義者入獄の初例。

を比べて読むことも増え，情報の質を判別する力を養うこととなる。読者は新聞の正確さや情報の新鮮さ，情報量などに高い商品価値を見いだすようになった。日露戦争後『萬朝報』は，発行部数が減少すると，政府寄りの論調が目立つようになり，速報性でも他紙に押され読者も離れていった。明治末期から大正初期にかけて新聞には「報道」力が求められるようになり，キャンペーンを張った『萬朝報』のような「言論」新聞は没落していった。

　宮武外骨（1867-1955）は幼名を亀四郎と称したが，17歳のとき亀の外骨内肉にちなみ外骨と改名した。1886年，当時の大新聞（『朝野新聞』『報知新聞』『毎日新聞』『東京日日新聞』『時事新報』）を風刺した『屁茶無苦新聞』を創刊したが風俗壊乱として発禁になり，翌年，『頓智協会雑誌』を創刊した。外骨は大日本帝国憲法発布（1889年2月）翌月，その第28号で，民権憲法とは程遠い大日本帝国憲法の発布式を風刺した戯画を掲載し，不敬罪に問われ収監された。その後，1901年大阪で雑誌『滑稽新聞』を刊行し，明治末期の役人や政治家，権力に媚びる新聞記者や堕落した世相などを風刺し，地方権力の腐敗を告発し続けた。読者の支持を得ながらも当局から度重なる処分を受けた。

　8年間にわたって発行された『滑稽新聞』の表紙の隅には「天下独特の肝癪を経とし色気を緯とす」「過激にして愛嬌あり」「威武に屈せず富貴に淫せずユスリもやらずハッタリもせず」とのモットーが記され，誌面で社会の不正を激しく糾弾しながらも，外骨の『滑稽新聞』の過激さは半端でなく，読者を驚かせる斬新で奇抜な表現にあふれていた。外骨は生涯で筆禍による罰金刑15回，入獄4回の刑罰を受けた。日常的に裁判を行うために優秀な顧問弁護士が外骨を支えていた。

　関東大震災（1923年）は多くの新聞や雑誌を焼失させた。当時，新聞や雑誌に学問的な資料価値はないという学者の考えが大半を占めるなか，外骨は日本各地の新聞・雑誌を蒐集し，新聞・雑誌の保存に力を入れた。それらは「明治新聞雑誌文庫」（現・東京大学大学院法学政治学研究科附属近代日本法政史料センター）として，戦後の新聞・ジャーナリズム研究につながっていくことになる。

　外骨が心底嫌った人物の一人が徳富蘇峰（1863-1957）であった。1890年蘇峰が創刊した『国民新聞』は自由・平等・平民主義を主張し，青年たちの支持を得たが，日清戦争（1894年）が勃発すると戦意を高揚する報道を行い，

国家主義を唱えるに至った。外骨が「非国民新聞」の「不徳富」と嫌悪感を
あらわにした『国民新聞』は，やがて政府の「御用新聞」と呼ばれて衰退し
ていく。

政治批判の限界と戦時体制の確立

　日露戦争後の不景気に対する民衆の不満は労働争議や社会主義運動へと発
展し，大正時代には大正デモクラシーと呼ばれる社会運動が進んだ。
　1912（大正元）年第三次桂太郎内閣が成立すると，**犬養毅**（1855-1932）や**尾
崎行雄**（1858-1954）を中心に藩閥政治に反対する憲政擁護運動が高まる。内
閣を支持した『報知新聞』『読売新聞』などに対して，『東京朝日新聞』『東
京日日新聞』『萬朝報』などは憲政擁護を強く国民に訴えた。『大阪朝日新
聞』は関西大会を開いて新聞記者の声明を伝えるなど，内閣を退陣に追い込
む勢いだった。
　大衆が自分たちの力で社会を変えようとする社会運動に対して，寺内正毅
内閣は圧力を強めた。1918年米騒動が起こると，内閣はその関連記事の掲
載を禁じた。『大阪朝日新聞』は空白の紙面で弾圧の実態を伝えるなど，政
府との緊張関係が高まった。
　大阪では寺内内閣を弾劾する新聞記者大会が開かれた。その記者大会の様
子を報じた『大阪朝日新聞』（8月26日）の記事中に「白虹日を貫けり」と
いう表現があり，この文言が新聞紙法違反に当たるとされ起訴された。記事
を執筆したのは当時39歳の大西利夫記者だったが，その大会の様子が「紋
切り型」で「内容こそ激しいが進行に何の波乱も曲折も」なく記事にならな
い。そこで「つい舞文でそれをゴマかすことにな」ったとのちに語っている
［大西 1977: 65］。記事をチェックする担当者がたまたま席を外したためその
まま印刷されてしまったという不幸が重なっただけといわれているが，記者
大会でともに内閣を批判した他紙は朝日新聞に向かった弾圧を傍観するだけ

徳富蘇峰　1901年6月桂内閣の成立とともに桂太郎を支援し，日露開戦に際しては国論統一，国際輿論への
働きかけに尽力，1905年9月講和反対運動のため国民新聞社は襲撃を受けた。1913年にも「桂の御用新聞」
とされて襲撃を受けた。
犬養毅　1875年『郵便報知新聞』に寄稿しながら慶應義塾に学んだ。1877年西南戦争に記者として従軍，戦
地からの直報を送り，名声を博した。1882年『郵便報知新聞』の共有者の1人となる。1931年より内閣総理
大臣。1932年首相官邸において海軍青年将校らに襲撃され殺害された（五・一五事件）。
尾崎行雄　1879年福沢諭吉の推薦で『新潟新聞』主筆となる。1882年『郵便報知新聞』の論説記者となり，
立憲改進党の創立に参画，以後，改進党の論客として論説に活躍した。

であった。『大阪朝日新聞』は 12 月 1 日，社告「本社の本領宣明」を掲げて謝罪し，社長・村山龍平 (1850-1933) は引責辞任，編集局長・鳥居素川 (1867-1928)，社会部長・長谷川如是閑 (1875-1969)，丸山幹治 (1880-1955) ら編集幹部は退社した。

　この**白虹事件**が起きた際，当事者である『大阪朝日新聞』は，政府の言論弾圧について一切報道せず，言論弾圧に抗議する内容の社説や論説などは一切掲げることはなかった。白虹事件の当事者自らが，事件について沈黙してしまった。「新聞界全体に課せられる取締りには，諸新聞社の共通利害として連合して運動を起こすが，個々の新聞社への弾圧に普遍的言論の自由の問題を読みとり，連帯するという発想は乏しかった」[有山 1995: 294]。もはや，言論への司法的弾圧，政治的圧迫，暴力的圧迫に対して新聞が連帯することはなかったし，できなくなっていた。

　寺内内閣を批判した『大阪朝日新聞』だったが，「鈴木 (商店) が米を買い占めている」報道も際だっていた。鈴木商店が 8 月 12 日に暴徒に焼打ちされた背景に，朝日の報道の影響があるのではないかと城山三郎は推察し，のちに「鈴木の買占めにはどのような事実があったのか」と如是閑に訊ねた。すると如是閑は「世間では皆言っていることだった」として，事実が曖昧な（根拠が提示できない）返答に「失望」したと記している。城山は「世間では朝日が言っているといい，朝日は世間が言っているという」鈴木 (商店) を狙いうちにしたような報道の危うさを指摘した [城山 2011: 188]。

　日本の新聞は明治 20 年代頃から商業新聞化，報道新聞化してきたが，それでもまだ硬派の記者や論説記者，政治記者などは明治初期の考えをもっており，彼らは大正初期の第一次護憲運動の頃まで政治的主張をさかんに述べていた。朝日の村山社長や毎日の本山彦一社長などが記者大会を開いて熱弁

村山龍平　1881 年 1 月経営不振の『朝日新聞』を譲り受け，営業主任だった上野理一を共同経営で社長として新聞経営に専心。1888 年 7 月東京に進出し『東京朝日新聞』を発刊（大阪の朝日も 1890 年『大阪朝日新聞』と改題）。
鳥居素川　1892 年陸羯南に紹介され『日本』に入社。日清戦争には従軍記者として派遣され，その戦地報道は読者の好評を得た。1897 年 12 月池辺三山の推挙により『大阪朝日新聞』に入社。新聞小説の改良を図るべく夏目漱石の招聘に尽力。
長谷川如是閑　1903 年『日本』入社。1908 年『大阪朝日新聞』に転じて大正デモクラシー運動を先導する。「白虹事件」で退社後，大山郁夫らと啓蒙雑誌『我等』（1930 年『批判』と改題）を創刊，1934 年 2 月廃刊するまで国家主義やファシズムを批判する啓蒙活動を展開した。
丸山幹治　東京専門学校（現・早稲田大学）卒業後，陸羯南の主宰する『日本』に入社。日露戦争時には従軍記者として現地に赴いたが，戦場の凄惨な実相を報道したために追放処分にあう。1909 年『大阪朝日新聞』に入社。『読売新聞』『中外商業新聞』論説委員を経て，1928 年『毎日新聞』の論説委員となる。

をふるっていた。しかし，廃刊寸前まで追い込まれた朝日新聞社への弾圧によって，明治初期からあった言論性というものは失われていく。その傾向は昭和の時代に入りいっそう顕著となり，新聞は時事的な批評（views）よりも報道（news）本意となった。ある意味，今日の新聞の原型ができたのはこの頃といえる。国家の規制と新聞社の利害がジャーナリズムのあり方を変えていったのである。

　新聞各社は普通選挙の実現を訴え，1925 年普通選挙法が制定されたが，同時に制定された治安維持法によって，社会運動は厳しい弾圧を受けることになる。戦時体制の強化と相まって政府の新聞に対する干渉政策が次々と出されていくようになった。結局，抵抗のジャーナリズムは敗北ないしは収束していった。

3　戦争に協力していくジャーナリズム

抵抗のジャーナリズム

　1931 年中国にいた日本の関東軍が満州事変を起こし，中国東北部に「満州国」を建国した。全国 132 の新聞社は満州国独立支持の共同宣言を発表した（1932 年 12 月 19 日）。満州国は実質的には日本の植民地として，凶作に苦しむ日本の農民の移民先となった。

　1932 年 5 月 15 日，海軍青年将校らは首相官邸や警視庁を襲撃，犬養毅首相を射殺し，政党内閣は崩壊した。事件後新聞が議会政治の危機を訴えると，軍部や右翼は激しく脅迫し批判を封じた。新聞は社説を空白欄にして軍部や右翼の圧力を無言で示した。全国紙はすでにファシズムに同調する論調に転じていたなか，『福岡日日新聞』（1877 年創刊『筑紫新聞』から発展，現在の『西日本新聞』）の菊竹淳（六皷）（1880-1937）がその第一報と同時に青年将校を批判する社説を掲げ，五・一五事件を批判した。すると，久留米師団や在郷軍人などが社を威嚇し攻撃したが，『福岡日日新聞』は全社を挙げて菊竹を支えた。菊竹は東京専門学校（現・早稲田大学）を卒業後，『福岡日日新聞』へ入社し 31 歳で編集長，48 歳で編集局長に就任した。『福岡日日新聞』の社風社格を確立した中心人物となった征矢野半弥（1857-1912）は 1891 年社長に就任し，のち 1911 年菊竹を編集長に抜擢した。そして「編集総会が定時的に

開催されて，社長，主筆以下全員出席し，新聞紙の造り方，記事の書き方について，忌憚なき意見をたたかわす」［西日本新聞社 1951: 134］社風をもつ地方紙となった。営業主義的な経営ではないこともあり，赤字を出しても有志の出資によってこれを補うことで節を守ってきた希有な新聞であった。菊竹が軍部に対して歯に衣着せぬ批判を展開できたのはこうした環境があったからと考えられるし，同業の言論人に対しても厳しい批判の眼を向けていたことも見逃すことはできない。とりわけ朝日，毎日の姿勢，すなわち軍部に迎合し沈黙していった弱腰ぶりに対して，菊竹は痛烈に批判した。菊竹の不満はむしろそうした 2 つの大手新聞に向けられていた。

　もう一人，抵抗の新聞人として挙げられるのは桐生政次（悠々）（1873-1941）である。桐生は『下野新聞』『大阪毎日新聞』『大阪朝日新聞』等の主筆・記者を経て，1910 年に『信濃毎日新聞』（『信毎』）に入った。1912 年明治天皇に殉じた乃木希典の自刃に『国民新聞』は「至誠君国に殉せる将軍」（9 月 15 日）といった記事を掲載するなど，大衆も殉死に賛否両論入り乱れた。それに対して桐生は『信毎』で論説「陋習打破論―乃木将軍の殉死」を載せ，合理主義の立場からその時代錯誤性を主張した。その後，『新愛知新聞』に主筆として「緩急車」欄を置いて読者に開放し，自らの意見に反するものも掲載するだけでなく，読者同士の意見を戦わせるなどフォーラムとしての役割をもたせた。1918 年米騒動に関する記事差止めに対して「新聞紙の兵糧攻め」で社会問題を政治問題として扱う愚を戒め，事実報道の重要性を強調し内閣打倒を訴えた。1928 年『信毎』に主筆として復帰するが，1933 年 8 月 11 日，社説「関東防空大演習を嗤ふ」で軍隊の無能さを批判した。すると軍関係者（信州郷軍同志会）の怒りは『信毎』への不買運動へと展開し，桐生は退社を強いられた。

　その後名古屋市郊外守山町に転居して最期まで個人雑誌『他山の石』を発行し，世界情勢の明晰な分析と軍の過失への警告を続け，何度も発禁となりながら言論活動を続けた［桐生 1989］。

征矢野半弥　代議士のかたわら 1891 年から 21 年間にわたって福岡日日新聞社長を務めた。『福日』は政友会の機関紙といわれたことに対して「権利機関であって義務機関ではない」と言い，新聞の「不偏不党」に対して「偏理偏党で行く」と言ったとされる。

　1938年，国家総動員法が公布されると，戦時経済統制の第一歩として不急品の輸入制限が始まり，新聞用紙もそのなかに加えられた。用紙割当制限の始まりであった。この用紙割当制限によって多くの地域小規模新聞が消えていった。用紙節約を指令する一方で，**国家総動員法**の「国家総動員上必要アルトキハ勅令ノ定ムル所ニ依リ事業ノ開始，委託，共同経営，譲渡，廃止若ハ休止又ハ法人ノ目的変更，合併若ハ解散ニ関シ必要ナル命令ヲ為スコトヲ得」（第16条の3）の条項を発動して，地方紙の整理が始められた。

　さらに1941年，主務大臣が必要と認めるときは，新聞事業の譲渡，譲受，合併を命ずることができるという強力な内容をもつ新聞事業令が公布された。それまでは，小規模の新聞統合が中心であったが，地方有力紙も合併を強制されるようになった。1942年の秋までには，ほぼ全国で新聞の統合が完了する。さらに，1945年戦局が厳しくなると，政府は「戦局に対処する新聞非常態勢に関する暫定措置要項」を緊急発令し，いついかなる事態が起こっても新聞を発行できる体制を整えようとした。すなわち地方紙に中央紙を合同させる「持分合同」で，中央紙から地方紙への人材出向や輪転機を貸与または売却させるものであった。いわば中央紙（朝日，毎日，読売報知）の地方疎開である。地方紙の多くがこの持分合同によって読者を急増させ，経営状態を著しく向上させた。全国紙，ブロック紙など中央紙の周辺にある千葉，埼玉，神奈川，奈良，滋賀，和歌山，徳島，佐賀の新聞を除いて，その周辺から地理的に比較的離れている地域の新聞部数は急増するなど，その恩恵に浴した地方紙が多かった。地方紙の経営が安定したのは，戦時下の統合に負うところが大きい。こうしてつくられた地方紙の戦時統廃合（一県一紙体制）は，国家権力による地域情報チャンネルの一元化，すなわち言論統制であった。同時に地方紙にしてみれば経営基盤の強化をはじめ，企業的にも競争のない協調体制がつくられた。この新聞統合が完成するまで日本の新聞界は小地域的に，あるいは政論的な，政党政派を支持する多数の少部数紙で構成されていた。新聞紙数は1933年時点で7081紙，37年の日刊新聞社数はおよそ1200社あった。これが1943年戦時統制により52社に整理統合され，地方紙にあっては一県一紙となった。

　新聞の整理統合は，地方紙の利害と政府の意図が融合した結果，と見ることができよう。これによって地方紙は不偏不党の編集方針を掲げ，政治色を

出すことなく広く県民に受け入れられる紙面づくりが特色となった。全国紙は早くから大衆的編集方針を取り入れ，報道中心の政治色を避ける傾向にあったが，地方紙（県紙）も全国紙と同じような報道スタイルになっていった。戦後の新聞にかつての政論新聞や意見新聞としての姿が見られず，報道本位の新聞として統一されていくのは，この**新聞統合**にその根源があるといえる。

　当時新聞界は，軍機保護法（1899年），新聞紙法（1909年），国家総動員法，さらに新聞紙等掲載制限令，言論出版集会結社等臨時取締法（1941年）等の施行により「安寧秩序ヲ保持スルコトヲ目的ト」して，「時局ニ関シ造言飛語ヲ為シタル者」「人心ヲ惑乱スベキ事項ヲ流布シタル者」は厳重に監視され，厳しい言論統制下にあった。

敗戦から戦後GHQ統治へ

　1944年2月23日，『毎日新聞』一面に「勝利か滅亡か，戦局はここまできた」「竹槍では間に合わぬ，飛行機だ。海洋航空機だ」という陸軍の方針を鋭く批判する記事が掲載された。学徒動員や国民勤労動員を徹底化する東條英機首相の「一億玉砕」「本土決戦」に対する記事であった。東條首相は激怒して記者の処分を求め，毎日新聞社は拒否したが，陸軍は執筆した当時37歳の**新名丈夫**（1906-1981）記者を懲罰的に召集した。

　日本の敗色が濃くなると，大本営は撃墜した飛行機や敵の戦死者数の水増し，「退却」の「転進」への言い換えなどで国民の戦意の衰えを防ごうとしたが，敗戦は必至だった。

　1945年8月，日本が太平洋戦争に無条件降伏すると，マッカーサー司令官は，東京にGHQ（連合国軍最高司令官総司令部）を置き日本の統治を開始した。統治下においては徹底的な民主化が進められ，日本国憲法の公布とともに，天皇制国家から国民主権の民主主義国家へと移行が始まる。

　終戦直後，GHQは言論の自由を掲げて地方紙や新興紙を育成し，それまでの新聞統制を廃止したため，新聞統合で消滅させられた地方紙の復刊，都市新興紙の創刊などが続出した。1946年末には新聞社180社，通信社12社

新名丈夫　新名にこの記事を書かせたのは，東條や陸軍のやり方を問題視していた『毎日新聞』（東京）編集局長の吉岡文六で，普通の記者に書かせると検閲に引っかかるため，例外として検閲を受けなくてもよかった海軍，陸軍詰めの新名に書かせたのであった。

にのぼり，こうした新興紙は約400社を数えたが，やがてそのほとんどが用紙不足で廃刊に追い込まれていった。

　GHQの言論の自由は占領政策に適合する範囲で進められ，日本政府に代わってGHQが検閲を行い，統治に都合の悪い米兵の犯罪や原爆被害などの報道は制限された。

　戦時中に言論統制のためにつくられた同盟通信社は解散し，1945年11月共同通信社と時事通信社が誕生した。朝日新聞社は11月7日「国民と共に立たん」で戦争責任を謝罪し，「常に国民と共に立ち，その声を声とする」と宣言した。

　1946年7月23日には全国日刊紙の代表が集まって**新聞倫理綱領**を制定し，その倫理綱領維持を目的とする自主組織として社団法人日本新聞協会が発足した。1946年から1947年にかけて展開された新聞の民主化は，1948年3月GHQの介入と直接的援助による日本新聞協会の「新聞編集権確保に関する声明」によって明文化された。**編集権**は経営者側にあるとされ，企業が自主規制を行うとき，この編集権をもち出して現場に強いることが多い。

　統治下における検閲は1948年7月15日，大新聞16社・通信社3社の事前検閲を廃止，事後検閲となり，翌年10月24日に事後検閲も廃止された。日本の言論界が検閲を受容していくなかで生まれた「共犯関係」を江藤淳（1932-1999）は指摘している［江藤 1994］。

　新聞は，戦前は国家（天皇）に奉仕すべきものとして，取り締まりのシステムのなかに置かれていた。大日本帝国憲法第29条は「日本臣民ハ法律ノ範囲内ニ於テ言論著作印行集会及結社ノ自由ヲ有ス」とし，自由は「法律ノ範囲内」で認められていたものの，多くの制約があった。戦後は，日本国憲法第21条の「集会，結社及び言論，出版その他一切の表現の自由は，これを保障する。検閲は，これをしてはならない。通信の秘密は，これを侵してはならない」という基本的人権として言論・出版の自由が保障され，自由のシステムが発動し，新聞の公共性の原点となったのである。

　しかしそれも1950年代になると，地方紙においては一県一紙時代の地盤を生かした新聞が地域の独占を固める一方で全国紙同士の競争が激しくなり，新興紙や復刊された地方紙の消滅が相次いだ。全国紙は戦時中に失われた「失地」回復のため分散印刷を拠点配置し，全国展開を進めていった。

　1960年代に入ると，産業の急速な育成に伴ってさまざまな問題も起こり，

とりわけベトナム戦争報道においてテレビは政治的テーマと向き合うことになる。1965年5月9日，日本テレビ（NTV）の『ベトナム海兵大隊戦記』（プロデューサー・牛山純一）第1部で南ベトナム軍兵士が捕虜の首を切り落としてぶら下げるシーンが放送されたことに対し，画面が残酷であるとして政府からNTVに放送中止要請がかかり，第2部以降放送は中止に追い込まれた。さらに，東京放送（TBS）『ハノイ・田英夫の証言』（1967年）を担当したキャスター田英夫の『ニュースコープ』からの降板など，テレビジャーナリズムは政治に激しく翻弄された。

4　ジャーナリストの責務と課題

政治の監視と不正を暴く

　1952年6月2日，大分県阿蘇山麓の菅生村（現在の竹田市）で駐在所が爆破された。菅生事件として知られるこの事件に疑問を抱いた入社5年目の**斎藤茂男**（1928-1999）ら共同通信社会部記者が地道な調査取材を続け，国家権力の陰謀を明るみに出した（1957年3月14日）。こうした**スクープ**は，ニュース・ソース側（その大部分は政治権力）などが隠したり歪めたりしている重要な事実を暴き出すことによって生まれる。

　1972年，沖縄返還をめぐって日米間で「密約」が交わされていることを報じた毎日新聞記者・**西山太吉**（1931-）は国家公務員法違反で逮捕された。毎日新聞は「知る権利」キャンペーンを展開したが，外務省の文書の写しを入手した西山は情報源となった女性事務官を守ることができなかった。国家機密の「密約」事件から「漏洩」事件へ，そして男女のスキャンダル「**西山**」事件へと人々の関心がそらされた。まもなく西山は記者を辞め，沈黙した。事件から30年後，琉球朝日放送ディレクター（当時）の土江真樹子はド

斎藤茂男　共同通信社会部記者，以後，社会部次長，編集委員を務め，1988年退社。現代日本の深層を見つめ続けたジャーナリスト。「われわれの取材という行為も，何よりもまず事実に執着し，徹底的に事実から離れないで，事実によって考えを練り上げて行くようにしなくてはならない」［斎藤 1989］。
「西山」事件　2009年沖縄返還交渉の米側外交文書が公開され，沖縄密約開示請求訴訟裁判の証人として吉野文六元外務省アメリカ局長が「密約」を東京地裁で証言し，国家の秘密が違法であることが明らかにされたにもかかわらず，東京高裁は原告の請求を棄却，14年最高裁で上告棄却となった。公文書の軽視と情報公開法の限界は沖縄基地問題だけでなく，政府・霞ヶ関の不都合を隠す民主主義の危機へとつながっている［西山 2019／毎日新聞取材班 2020］。

キュメンタリー「メディアの敗北〜沖縄返還をめぐる密約と12日間の闘い〜」（2003年）で当時の事件を検証するなかで，西山を表舞台へと引き出した。過去の事件を検証することで，メディアが権力の前に屈服してしまったのはなぜなのか，ドキュメンタリーを通して問いかけ，新聞記者としての倫理，新聞社としての（経営の）論理，読者・視聴者の心理といったそれぞれの問題を浮き彫りにした［土江 2009］。

1988年6月18日，『朝日新聞』横浜支局が，神奈川県警捜査当局が川崎市助役について立件を断念したことに疑問を感じて百余日の取材を重ね，「「リクルート」川崎市誘致時，助役が関連株取得」とスクープしたことが発端となり，戦後最大級の構造汚職疑惑に発展した。この**調査報道**（investigative reporting）は，ジャーナリズムが政治腐敗や権力犯罪，組織犯罪などの公的な問題を意識的，主体的，独自に取材・調査し事件の核心に迫るもので，特筆すべき報道となった。

2014年6月30日『神戸新聞』夕刊は，兵庫県議会議員が政務活動費（政活費）を「不自然」に支出していたことを報じた。神戸新聞の三木良太，岡西篤志の両記者は，西宮市選出の県議の収支報告者には「要請陳情等活動費」として支出されたものが，日帰りで出張したとされる交通費の領収書添付が一切なかったこと，現地での活動を示す記載も見当たらないことを突き止め，県議に説明を求めるきっかけをつくった。二人の記者は，県議の政活費に不透明な支出があるのではないかと考え，13年度政活費の収支報告書の公開が始まった30日午前9時半より報告書の内容を丹念に調べ，夕刊1面で不透明支出を報道した。翌7月1日，県議の会見は「号泣会見」としてネットを通じて広まった。この報道は大きな影響を及ぼし，他の都道府県の複数の県議の政活費不正利用疑惑が浮上するなど，地方議会全体を揺るがすスクープであった。

2016年6月10日『北日本新聞』は「報酬問題で取材妨害　富山市議会自民会派・中川会長　本紙記者からメモ奪う」とする記事を一面トップで報じた。富山市議会では，自民党・民進党の会派の多数の議員が，政活費を不正に受け取っていたことが明らかとなり，合わせて14人の議員が辞任するに至った。地元のチューリップテレビ（JNN系）は議員を追い続け，ドキュメンタリー番組「はりぼて〜腐敗議会と記者たちの攻防〜」（2016年12月30日放送）を放送した。『北日本新聞』とチューリップテレビの記者たちは調査

報道によって議員報酬や政活費の不正を暴いた［チューリップテレビ取材班 2017］。

　情報公開制度の導入は地方自治体が先行したが，2001年4月「行政機関の保有する情報の公開に関する法律」（情報公開法）が施行された。情報公開とは，私たち主権者である国民の信託を受けて行われる政治が適切に行われているかどうか主権者が判断できる情報が公開されることを意味している。スウェーデンではすでに1766年「出版の自由に関する法律」によって言論出版の自由と公文書公開原則ができ，アメリカでも1966年「情報自由法」が制定されている。公正で民主的な行政運営を実現し，行政に対する国民の信頼を確保することが民主主義の基本（国民主権の理念）であるとすれば，行政情報の公開はもとより，公文書の記録・保存が必要不可欠であることは言うまでもない。

災害や危機をどう伝えるか

　自然災害の多い日本では特に大きな災害が起きたときの取材と報道をめぐってジャーナリズムの姿勢も問われることになる。

　1991年6月3日，長崎県の島原半島にある雲仙・普賢岳で大火砕流が発生し，取材していた報道関係者16人と取材のためにチャーターしたタクシー運転手4人，見回りや退去勧告のために入域した地元の消防団員12人，警察官2人，外国の火山学者など43人が犠牲になった。メディアはこの火山活動を撮影しようと「定点」と呼ばれる場所を撮影ポイントとし，各社がそこに並ぶこととなった。火山学者によってその区域の危険性が伝えられていたにもかかわらず火砕流に対する認識が足りなかったこと，メディアの過熱報道と，それによって地元の人たちが巻き込まれたとする住民感情が，そのまま報道機関に対する批判へとつながった。メディア各社においても危険地における取材のあり方が問われることとなった。

　1995年1月17日に起きた阪神・淡路大震災は，2011年に東日本大震災が起きるまで近代都市の地震災害として最悪のものであった（関連死を含めた死者6434人）。地元メディアである神戸新聞社は社屋が壊滅状態となり，前年に京都新聞社と結んでいた「緊急事態発生時の新聞発行援助協定」を活かして京都新聞に支援を要請し，当日の夕刊発行作業から1日も休むことなく新聞を発行し続けることができた。社員をはじめその家族も被災したなかで，

震災 3 日後，論説委員長の三木康弘（1933-2001）はその思いを社説「被災者になって分かったこと」に綴り，読者の心を打った。また，被害の大きさに記者として何ができるのか，死者を目の前に厳しい現実を記録することへの葛藤など取材・報道のあり方にそれぞれの記者が直面した。だが，読者にとって自分たちがどのような状況になっているのかわからなくなる「情報空白状態」に置かれたとき，地元の「新聞（紙）」が届けられることで「日常（の安心感）」を取り戻せるというメディアの役割を果たした。

　2011 年 3 月 11 日，日本の観測史上最大となったマグニチュード 9.0 を記録した東北地方太平洋沖地震（東日本大震災）は，東北地方から関東地方の太平洋沿岸部に大津波が襲い，壊滅的な被害をもたらした。震災による死者・行方不明者はおよそ 2 万人にのぼった。

　地元メディアも大きな被害を受けた。そのなかの一つ，宮城県で石巻，東松島，女川の 2 市 1 町を地盤に，約 1 万 4000 部の日刊夕刊紙を発行する地域紙『石巻日日新聞』は社屋が津波で浸水し，新聞を印刷する輪転機も動かせなくなった。そのようななか，6 人の記者が胸まで水につかりながら取材活動を続け，集めた情報をもとに，懐中電灯で照らしながら社長自ら印刷用の新聞ロール紙に油性ペンで記事と見出しを書いた。社員もそれを書き写して計 6 部作成し，6 日間避難所やコンビニエンスストアなどの壁に貼り出した。この「壁新聞」には，水や食べ物など物資の配布時刻，入浴可能な場所，再開した病院，飲食店の営業時間といった生活関連情報が書き込まれた。手書きで書ける量は多くはなかったものの，被災者にとっては貴重な情報となった。避難所に届けられる大手新聞には，被災者が必要とする被災地内の情報はほとんど載っていなかったが，この壁新聞は「回覧板」としての役割を担った。停電に伴う通信手段や入力装置の喪失といった新聞制作に必要な手段が失われたなかで新聞をつくらなければならないとしたら，どのような手段で何を伝えるか。震災時の『石巻日日新聞』は新聞報道の原点に立ち戻った「非常事態の新聞」となった。限定した読者とわずかな情報であっても，それによって人々が助けられることもある［石巻日日新聞社編 2011］。

　全国から現地に取材に入った記者たちは，あまりにも日常とは異なる悲惨な状況，泥まみれの遺体や多くの「死」と直面した。記者のなかには，感情移入のし過ぎや無力感，使命感からの踏み込みすぎなどから「惨事ストレス」もあらわれた。

ところで東日本大震災による地震と津波は東京電力福島第一原子力発電所の全電源を喪失させ，原子炉を冷却不能にし，大量の放射性物質を拡散させるという重大な原子力事故へと発展した。放射能が拡散するなか，地元住民は「屋内退避（自宅待機）」を余儀なくされるが，大手メディアの記者たちはその現場取材から退避した。「記者の安全を優先する」という会社からの「業務命令」に記者は従わざるを得なかった。そのため取材は電話で行うようになった。地元の住民はそのままに，記者たちが一斉にいなくなると，桜井勝延南相馬市長（当時）は現地の窮状を YouTube で訴えた。現場はフリーランスの記者が取材するようになり，その映像は YouTube などで紹介され，人々はそれを見るようになった。原発報道をめぐり，東電や政府の公式発表を伝えるだけの報道に「発表報道」「大本営発表」ではないかとの批判が増えた（「原発報道「大本営」か　本紙 4 カ月の取材検証」『朝日新聞』2011 年 7 月 12 日）。のちに『朝日新聞』は 2014 年，福島第一原発の吉田昌郎（1955-2013）所長（当時）の調書（吉田調書）を入手しスクープしたものの，その報道のあり方（5 月 19 日の記事「命令違反で撤退」を 9 月 11 日に取り消した）がジャーナリズムにとってさまざまな問題を提起した。

発表ジャーナリズムと批判される日本の報道機関

　元共同通信編集主幹の**原寿雄**（1925-2017）は，政府や官庁，企業などが発表する公式の見解や情報を無批判的に受け止めて伝達する報道を**発表ジャーナリズム**と呼んだ。日本では中央官庁や地方自治体，警察などに置かれた**記者クラブ**を中心に，日常的なニュース取材が行われている。これらの記者クラブで行われる記者会見や資料提供がニュース・ソース（情報源）となることが多く，それへの依存姿勢が強まると，各紙の紙面が画一的な性向を招く原因となるだけでなく，情報提供する側の情報操作を受けやすくなる危険性があるとされてきた。また，記者クラブのほとんどすべては，入会資格を日本新聞協会加盟社に限っているため，その閉鎖性や排他性，特権意識などが指摘され，発表待ちの取材姿勢，他社との談合，ニュース・ソースと癒着しがちな体質などが批判されてきた。

　記者クラブの問題は，ニュース・ソースとの情報の共有，すなわち情報の囲い込みの問題に至る。記者会見に同席したい雑誌記者や機関紙記者，フリーの記者などは参加できない。建前上では参加を拒むものではないとして

いるが，実際的には開かれたものにはなっていない。

　こうしたなか，1996年4月鎌倉市は，「一部の報道機関でつくる記者クラブが，税金で賄う市の施設を独占するのはおかしい」として，排他的な取材機関であることを黙認している現状を打破しようと，広報メディアセンターを開設した。元朝日新聞記者の竹内謙（1940-2014）市長（当時）の発案によって鎌倉記者会に便宜供与していた記者室をなくし，企業広報紙，政治団体・宗教団体の機関紙を除くマスメディアであれば利用登録したすべての報道機関がこのセンターを利用できるようにした。

　また，田中康夫長野県知事（当時）は2001年5月15日，「脱・記者クラブ」宣言を発表し，県庁内にあった3つの記者クラブに対して，6月末までに退去を命じた。宣言では，クラブに部屋を無料で提供しているうえに，クラブの世話をする職員の人件費などが，年1500万円分の便宜供与に相当すると指摘した。長野県政記者クラブは同年5月22日「抗議と申入れ」文書を出し，期限までに退去した。

　さらに，2001年6月，石原慎太郎東京都知事は「報道機関とはいえ特定の企業に無償で便宜供与を行うことは不公平」との指摘があるとして，都庁内の記者室を利用する報道機関各社に，使用は許可したうえで10月1日から記者室の使用料をとると各社に通告した。しかし7月13日，白紙撤回すると表明した。

　こうした動きを竹内謙（元鎌倉市長）は2003年3月15日外国特派員協会（東京・有楽町）で行われたシンポジウム「記者クラブ制度」（「鎌倉市の経験と記者クラブ制度の問題点」）のなかで，「この提言にマスコミ各社は驚いた。田中知事の記者クラブ改革よりこちらのほうが大変な騒ぎになった。しかし表には一切出ない。1カ月後に白紙撤回されたが，石原都政に対するマスコミの記事はだらしない記事になった」と指摘した。

　当時の田中康夫長野県知事の記者会見には，すべての表現者が参加可能とされ，質疑応答も行える形式に改められ，会見の内容はホームページ上に掲載された。インターネットを使えば，知事と表現者（記者）とのやりとり，記者がどのような視点でどのように取材しているか，記者クラブが県民の立場に立って取材・報道しているのか，ジャーナリズムとして監視機能を果たしているのか，これまで見えなかった取材のプロセスが可視化されることになった。

また，竹内謙の講演は，日本のビデオジャーナリストの草分けである神保哲生が 1999 年 11 月に立ち上げた日本初のニュース専門インターネット放送局「ビデオニュース・ドットコム」（http://www.videonews.com/）で伝えられた。「既存のメディアが取り上げようとしない市民性の高い情報や，ニュースをとことん掘り下げることこそが，その使命」とする姿勢に対して，閉鎖的な記者クラブに象徴されるジャーナリズムの問題はいまも続いている。さらに日本の新聞社は行政機関が設置する審議会，委員会，協議会，調査会など各種機関に自らのメンバーを参加させることが多いことも，権力との距離を考えるうえで無視できない問題である。

2020 年，立岩陽一郎は，新型コロナウイルスの危機に対する安倍晋三内閣総理大臣（当時）の記者会見を「質疑が事前に決められた「茶番劇」」と指摘した［立岩 2020: 243］。これまで権力を「監視」し「批判」することが仕事と言ってきた新聞や放送などの大手メディアに対して，メディアと権力の「癒着」や「距離」が人々に見透かされ始めている。

ジャーナリズムのつくりかえ

人々が自由に自ら選択し判断するために必要な情報，真実を伝えるジャーナリズムは，インターネットという新たなプラットフォームへと移り始めている。

日々の出来事を記録する目録としての「ジャーナル」。他者に伝えたい，伝えなければならないという働きの「ジャーナリズム」。それはこれまで「報道」という職業（マスメディア）に携わる人に向けられてきた。しかし，スマートフォンの登場で誰もが情報を発信することができるようになった。それゆえ誰もがジャーナリストとしての自覚をもちつつも，ジャーナリズムを支える意識が改めて求められる。それは，戸坂潤が 1935 年に「一切の人間が，その人間的資格に於てジャーナリストでなくてはならぬ。人間が社会的動物だということは，この意味に於ては，人間がジャーナリスト的存在だということである」［戸板 1966: 156］と論じたことにもつながる。

近年では「オープンソース・インベスティゲーション」と呼ばれるインターネットを活用した新たな調査報道が生まれており，世界のジャーナリズムに変革を起こしつつある。ユーザーがインターネットで公開した動画や画像，情報をもとに分析し，世界各地の事件や犯罪の真相を暴くというものだ。

その代表的な調査集団「ベリングキャット」を 2014 年に創設したエリオット・ヒギンズは，オンラインゲームで記録的な成績を出したこともある有名なゲーマーでもあった。ネットを通して謎を探ることや世界の仲間と協力し合うことがオンラインゲームのやり方で，とりわけオープンソースに興味をもってテーマの細部にまで入り込み，隠れていた問題をあぶり出す面白さ。それは真実を突き止める新たな市民ジャーナリズムともいえる（NHK・BS 1 スペシャル「デジタルハンター〜謎のネット調査集団を追う〜」2020 年 5 月 17 日放送）。

　かつて城戸又一（1902-1997）は「ニュース・ヴァリュー」についてニュースの軽重の判断は新聞社が主体的に判断すべきとしながらも，『ニューヨーク・タイムズ』の標語「印刷にあたいするすべてのニュース」を引用し，「恣意的な報道の自由の放棄があってはならない。何を報道しないか，ということの決定は，場合によっては，何を報道するか，という選択よりはるかに，高度の判断と責任をかけたものになる。……「報道の自由」は，積極的に報道することにあるのであって，「報道しないでもいい自由」と背中合わせになっているとは，私は考えたくない」［城戸 1972］と新聞（ジャーナリズム）の第一級の責任と使命について論じた。情報の「切り取り」方によって人々が大手メディアに不信感を抱くのは，既得権にしがみついて自分たち（自社・業界）に都合の悪いことは伝えていないのではないか，という報道イメージである。

　ジャーナリズムは「根拠」を示して「事実」を伝えることにある。何を記録し何を伝えないか。ニュース（情報）の真偽を見極めるためには，事実がどこにあるか，私たち自身がさまざまなメディアの情報を取捨選択，比較し，必要なリテラシーを磨いていくことで，ジャーナリズムをつくりかえていくことしかない。

引用・参照文献

新井直之「ジャーナリストの任務と役割」『マス・メディアの現在（法学セミナー増刊総合特集シリーズ 35）』日本評論社，1986 年
───「ジャーナリズムとは何か」新聞労連編『新聞記者を考える』晩聲社，1994 年。
有山輝雄『近代日本ジャーナリズムの構造──大阪朝日新聞白虹事件前後』東京出版，1995 年
石巻日日新聞社編『6 枚の壁新聞──石巻日日新聞・東日本大震災後 7 日間の記録』角川 SSC 新書，2011 年
江藤淳『閉された言語空間──占領軍の検閲と戦後日本』文春文庫，1994 年
大西利夫『『白虹』記事の筆者』『別冊新聞研究　聴きとりでつづる新聞史（No. 5）』日本新聞協会，1977 年 10 月
城戸又一「「言論の自由」から「知る権利」へ──国益は国民が判定する（"沖縄密約"事件を論

断する）」『エコノミスト』1972 年 4 月 25 日号

桐生悠々『畜生道の地球』中公文庫，1989 年

斎藤茂男『夢追い人よ』築地書館，1989 年

城山三郎『鼠――鈴木商店焼打ち事件』文春文庫，2011 年

立岩陽一郎「危機に自ら陥るマスメディア――権力との共犯関係を自覚できるか」『世界』岩波書
　　店，2020 年 7 月号

チューリップテレビ取材班『富山市議はなぜ 14 人も辞めたのか――政務活動費の闇を追う』岩波
　　書店，2017 年

土江真樹子「沖縄返還密約事件を追って　その取材過程」花田達朗『「可視化」のジャーナリスト
　　――石橋湛山記念早稲田ジャーナリズム大賞記念講座 2009』早稲田大学出版部，2009 年

鶴見俊輔「ジャーナリズムの思想」『現代日本思想大系 12　ジャーナリズムの思想』筑摩書房，
　　1965 年

戸坂潤「ジャーナリスト論」『戸坂潤全集　第四巻』勁草書房，1966 年

西日本新聞社『西日本新聞社史――創刊七十五年記念』西日本新聞社，1951 年

西山太吉『記者と国家――西山太吉の遺言』岩波書店，2019 年

毎日新聞取材班『公文書危機――闇に葬られた記録』毎日新聞出版，2020 年

前坂俊之『太平洋戦争と新聞』講談社学術文庫，2007 年

柳澤伸司『新聞教育の原点――幕末・明治から占領期日本のジャーナリズムと教育』世界思想社，
　　2009 年

リップマン，W．／掛川トミ子訳『世論』（上・下），岩波文庫，1987 年

おすすめ文献

ビル・コヴァッチ，トム・ローゼンスティール／加藤岳文・斎藤邦泰訳『ジャーナリズムの原則』
日本経済評論社，2002 年
　　アメリカのジャーナリズムが抱える問題点が浮き彫りにされているが，ここで論じられる諸問
　　題はアメリカだけでなく現代のジャーナリズムが抱えるものだ。日本のジャーナリズムの現状
　　と比較しながら読むとよい。なお，同著者による奥村信幸訳『インテリジェンス・ジャーナリ
　　ズム――確かなニュースを見極めるための考え方と実践』（ミネルヴァ書房，2015 年）があり，
　　エビデンスと検証のジャーナリズムについて実例をもとに考察している。

花田達朗『ジャーナリズムの実践』彩流社，2018 年
　　ジャーナリズムの理論と実践を考えるうえで花田達朗の論考は避けて通れない。「花田達朗
　　ジャーナリズムコレクション」として第 1 巻「主体・活動と倫理・教育 1（1994 ～ 2010 年）」，
　　第 2 巻「同 2（2011 ～ 2017）」では日本における制度化されたジャーナリスト教育の不在を問
　　いかける。2020 年 5 月時点で第 3 巻「公共圏――市民社会再定義のために」が刊行されてお
　　り，以降「ジャーナリズムの空間」「ジャーナリズムの環境条件」など続刊予定。

第3章　現代メディア史と戦前・戦後の社会変容

福間良明

　2020 年春には，新型コロナウイルス感染症（COVID-19）が爆発的に広がり，人々は「外出自粛」を要請された。多くの大学は入構禁止の措置をとり，学生たちは自宅や下宿で「オンライン授業」を受講することとなった。こうしたなかでしばしば聞かれたのは，「図書館が使えない」ことへの困惑である。授業のレポートや卒業論文をまとめるために図書館で文献や資料を探さなければならないが，それができない。これは何も学部学生だけではなく，大学院生，そして研究者に共通する切実な悩みだった。

　だが，よく考えてみれば，不思議なものである。インターネットの普及によって，われわれは「あらゆる情報を手にすることができる」とはよく言われる。だが，今日のように情報化が進んだ社会においても，図書館が閉まってしまえば，レポートや論文を書くうえで大きな支障が出てしまうのが現状である。

　では，すべての本がオンラインで閲覧できるようになったら，問題は解決するのだろうか。おそらく，そうではないだろう。たしかに，インターネットで検索をかけることで，あるテーマに関係しそうな本をピンポイントで探し，閲覧することはできるかもしれない。だが，近い領域でどんな本があるのか。あるいは，ゆるやかにしか関係しないかもしれないけれども，ヒントになりそうな本があるのかないのか。じつは，インターネットには，このような本の探し方はなじまない。

　しかし，図書館ではこれは大して難しいものではない。関連する分野の棚から，いろいろな本を片っ端から手に取ってみる。新書や文庫の棚で何か面白そうなものがないか，眺めてみる。あるいは漫然と図書館のなかを歩きながら，めぼしい本がないか探してみる。意識するかどうかは別にして，図書館では誰もが，このような本の探し方をするだろう。この「偶然の出会い」

から，思ってもみなかった発想が芽生え，いい論文が生まれることは少なくない。

　これは，書店の場合も同じかもしれない。目当ての本を買いに行ったとしても，何らかのフェアで平台一面に並べられている本が目に入り，衝動買いがなされることは少なくない。あるいは，漫然と雑誌コーナーを歩きながら，たとえば，たまたま手に取った旧車（〔セミ・〕クラシック・カー）の雑誌がきっかけで興味を持つようになり，のちにそれが趣味になる，ということもあるだろう。だが，インターネットはピンポイントで情報にアクセスするものだけに，こうした「偶然の出会い」はそう多いものではない。

　たしかに，AI 技術は，個々人にさまざまな「おすすめ」を知らせてくれる。そこで気づかなかったものにふれることも，もちろん少なくはない。だが，それは，個々人の検索・購入履歴やビッグデータの傾向分析に基づくものであって，これまでまったく見向きもしなかったようなものにふれる機会は，意外に少ないのではないだろうか。別の言い方をすれば，利便性の増大が偶然性の抑制を生んでいると言えなくもない。

　現代の基軸メディアは，明らかにインターネットである。「ネットさえあれば困ることはない」と思うむきもあるかもしれない。だが，偶然性に限らず，古いメディアなればこそ可能になっていたものも，なかにはあるのではないだろうか。こうした想像力を広げるためには，古いメディアの歴史にふれてみることも有用だろう。

　とはいえ，重要なのはメディアにまつわる「史実」ではない。それが社会とどのような関わりを持っていたのか，その歴史こそが，問われなければならない。メディアはその時々の社会との関係のなかで，さまざまに変化してきた。インターネットはいまでこそ広範に普及しているが，元々は軍事用の通信システムから派生したものだった。ラジオは今日では車内や自室で，あるいはスマートフォンを使って電車の移動中に聴かれることが多いが，かつては家庭の茶の間に置かれて，家族全員が耳にするものであった。では，こうしたメディアの変化に社会はどう関わっていたのか。逆に，あるメディアの誕生や変容は，社会のあり方や人々の認識をどう変えたのか。

　また，個々のメディアの特徴や機能の違いも見落とすべきではない。雑誌や書籍であれば，ある趣味や関心を持つ読者に限定的に訴求することが意図されるが，テレビの場合はそうではない。番組制作において，年齢層や性別

ごとのターゲットはゆるやかに考慮されてはいるものの，書籍や雑誌に比べれば，明らかに広範な人々に届くことが意図されている。テレビ・ニュースともなると，世代や性別の関係なく，同じタイミングであらゆる人々に情報提供する役割を果たしている。では，「検索」を要するインターネットは，これらのメディアと同じなのか，異なっているのか。

　本章は，これらの問いを念頭に置いたうえで，戦前・戦後の日本のメディア史を概観し，あわせて関連する欧米圏の歴史にも言及しながら，今日のメディア環境が生み出されたプロセスを跡付けることにしたい。メディア史を繙（ひもと）いてみることで，「いま」に着目するだけでは見えない現代メディアの特徴が，おそらく浮かび上がってくるだろう。

1　戦前期の音声・映像メディア

ラジオと終戦

　1945 年 8 月 15 日正午，「終戦の詔書（しょうしょ）」を読み上げた昭和天皇の録音音声が全国に放送された。いわゆる玉音放送である。人々はラジオを前に姿勢を正して聴き入り，そこではじめてポツダム宣言受諾を知らされた。それは，ラジオを媒介にした「終戦の儀式」とでも言うべきものであった。天皇を「司祭」とする儀式に国民すべてが参加し，「敗戦の悲哀」が共有された。その日が「終戦記念日」として記憶されている一因は，そこにある。

　ちなみに，ポツダム宣言の受諾は前日の 8 月 14 日，降伏文書の調印は 9 月 2 日である。対外的な「終戦（降伏）」は，本来はこのいずれかのはずであり，8 月 15 日の「玉音放送」はポツダム宣言受諾を国民に事後報告したものに過ぎない。にもかかわらず，この日が「終戦記念日」として知られている。

　このような認識が作られるうえで，ラジオの機能は大きかった。全国民が同じ時間帯に聴取することを可能にするのは，当時はラジオしかなかった。もちろん，新聞，雑誌，映画といったメディアはあったが，これらのメディアでは全国民の同時聴取は不可能である。新聞であれば各戸に配達されるうえでタイムラグが生じる。雑誌にしても，書店に買い求めにいかなければならない。映画館に全国民を収容することはできないし，農村部では映画館が近隣にあることはまれであった。そもそも，各映画館にフィルムを配布する

だけでも膨大な時間を要してしまう。それに比べてラジオは，日本列島を覆う広い地域に，同時に情報を流すことができた。その意味でラジオは，**共時性**をつよく帯びたメディアであった［佐藤 2014］。

　ラジオは，当時，さまざまなメディアのなかでも，もっとも基軸となるメディアであった。日中戦争の勃発（1937年7月）に伴い「早朝ニュース」「今日のニュース」「ニュース解説」が新設されたが，人々はその戦況報道に心を躍らせ，高聴取率を誇った。太平洋戦争の火蓋が切られると（1941年12月），定時ニュースは1日に6回から11回へと倍増した。本土空襲が始まると，空襲警報を伝えるラジオは，人々の生死を左右するものとなった。

　それもあって，受信契約者数は，戦線が拡大するなか，増加の一途をたどった。満州事変（1931年9月）に先立つ1930年時点では，受信契約者数が78万人，普及率は6.1％にすぎなかったものが，日中戦争勃発後の1938年には契約者数417万，普及率29.4％，戦争末期の1944年末には契約者数747万，普及率は50％を超えるに至った。15年間で10倍の伸びであった。ラジオは，戦争とともに成長したメディアであった。

放送の誕生と電信技術

　日本におけるラジオ放送の開始は，1925年3月22日である。その2年前（1923年9月）には関東大震災が起きたが，そこで生じたのはマスメディアの空白状況であった。新聞社の社屋は激震で倒壊し，活字ケース（活版印刷で用いる活字を整理・保存する棚）が散乱した。停電で輪転機を動かすこともできないため，新聞発行は不可能になった。**謄写版**刷りや手書きの号外も出されたが，情報伝達には限りがあった。根拠のないデマが官民一体となって流布され，警察・軍・自警団の暴走で多くの朝鮮人・中国人らが殺害された［藤野 2020］。一元的な情報伝達を可能にするラジオ放送は，こうした背景のもとで構想された。

共時性・通時性　メディア研究における共時性とは，同時に多くの人々への情報伝達が可能になることを指す。しかし，それは，長時間にわたって情報伝達を可能にすることを意味しない。ラジオの情報は，一瞬で消えてしまう。それに対して，書籍であれば，ラジオのように同時に多くの人々が接することは考えられないが，書店あるいは図書館に長期にわたって置かれることで，時代を超えた情報伝達が可能である。こうした特性を通時性という。
謄写版　蠟を引いた原紙に鉄筆で文字などを書いて細かな穴をあけ，そこからインクを滲み出させて印刷する方法。ガリ版とも言う。

ラジオ技術は，元をたどれば電信技術に行き着く。1837 年にサミュエル・モールス（Samuel Finley Breese Morse, 1791-1872）が電信機を完成させると，欧米諸国はモールス式電信を採用し，ケーブルを敷設していった。1850年代には，アメリカ，イギリス，フランスでニュース通信社が生まれ，電信が広く利用されるようになった。日本でも，1870 年に東京―横浜間で電信線が開通し，1875 年には北海道から九州まで日本全土を電信網が覆うことになった。1871 年には上海―長崎―ウラジオストクの海底ケーブルが敷設され，国外の電信網とも接続された。電信網の急速な整備は，西南戦争（1877 年）における政府軍の圧勝をもたらす一因ともなった。

　他方で，人の声や音楽などの音声をそのまま電線で伝える電話は，1876年，グラハム・ベル（Alexander Graham Bell, 1847-1922）によって発明された。以後，欧米では電話の普及が急速に進んだが，日本では国家的な情報網の整備が優先され，私的な電話の普及は立ち遅れた。満州事変翌年の 1932 年時点で，電話普及台数はアメリカ 1969 万，ドイツ 296 万，イギリス 211 万に対し，日本は 97 万にとどまっていた。

　当初は電話が「放送」として用いられることがあった点も，見落とすべきではない。初期の電話では，加入者に牧師の説教やコンサートを送信するサービスが設けられることがあった。ブダペスト（ハンガリー）のテレフォン・ヒルモンド社が 1893 年に開始した電話放送サービスが，その代表的なものである。

　だが，ラジオ技術に直接結びつくのは，無線電信であった。グリエルモ・マルコーニ（Guglielmo Marconi, 1874-1937）が 1895 年にモールス符号の無線送信を成功させると，無線電信は船舶会社や新聞・通信社，軍隊などで用いられるようになった。1912 年のタイタニック号遭難の際には，無線電信で救急信号が発せられたことで，周囲の船舶が駆けつけ，705 名の乗員・乗客が救助された。

　1904 年にはジョン・A・フレミング（John Ambrose Fleming, 1849-1945）が2極真空管を発明し，1907 年にはリー・ド・フォレスト（Lee De Forest, 1873-1961）が 3 極真空管を発明した。断続的なモールス符号を送るのとは異なり，音声を送信するためには，連続的な電波を発生させなければならな

電信　文字や符号を電気的な信号に変えて，隔たった場所で再現する通信の仕組み。

かったが，従来の火花放電式の発信機では連続波を作ることが難しかった。
3極真空管の誕生は，電波で音声を送ることを可能にした。

　こうした技術革新を受けて，1920年，アメリカのウェスティングハウス社は商務省から放送局開設の免許を取得し，KDKA局を設立した。もっとも，当時のアメリカでは，免許取得は登録制に近く，各地で同様の動きが見られたので，KDKAが世界最初の放送局とは断言しがたい。しかし，同局の開設は全米，ひいては世界各国にラジオブームをもたらした。アメリカでは1922年に入って放送局開設が相次ぎ，その総数は500局を超えた。

放送と報道の微妙な関係

　日本でラジオ放送が始まったのは，KDKA開局から5年後の1925年のことだった。放送は無線電信法に基づき，本来は国が行うべき事業をとくに許可して，民間の公益事業体にゆだねる形でスタートした。そこでの統制は，事業運営内部にまで立ち入るものとなった。放送局の開局にあたっては，当初は，新聞社を中心に多くの出願が殺到したが，政府はそれを東京放送局（JOAK），大阪放送局（JOBK），名古屋放送局（JOCK）の3局にまとめた。折しも，普通選挙法とともに治安維持法が成立した時期であったこともあり，国の厳しい統制下に置かれた。1926年8月には，逓信省の主導で，JOAK，JOBK，JOCKの3社を統合し，**日本放送協会**（現在のNHK）が設立された。

　新聞社と放送局との関係も，調和的なものではなかった。先述のように，多くの新聞社が放送事業に資本参加したが，新聞社は報道メディアとしてラジオが競合することに懸念を抱いていた。むろん，速報メディアとしての地位をラジオに奪われかねないためである。

　当初は，放送へのニュース提供は資本参加した新聞社の輪番とされていたが，新聞社は自社の号外を優先し，第一報やスクープを放送局に回すことに消極的だった。ちなみに，東京放送局（JOAK）初代総裁の**後藤新平**（1857-1929）は，放送開始時に挨拶のなかで，放送の使命として「文化の機会均等」「家庭生活の革新」「教育の社会化」「経済機能の敏活」の4点を挙げていた。そこに「報道」が含まれていないことからも推測されるように，初期

後藤新平　明治・大正期の官僚・政治家。もともと医師だったが，内務省に入り，衛生行政に携わった。その後，台湾民政局長（のちに長官），初代南満州鉄道総裁，逓信相，外相，東京市長を歴任。関東大震災時には内相として復興計画立案の中心を担った。

ラジオでは報道の位置づけは高くなかった。放送時間の面でも，報道は教養・慰安番組を下回っており，しかも，その報道の内訳は経済市況が3分の2を占め，ニュースは4分の1，残りが天気予報，日用品物価，時報といった構成であった。

戦時体制と速報性

　こうした状況が一変し，速報メディアとしての機能がラジオに見出されるようになるのは，1931年の満州事変以降である。満州事変が勃発すると，ラジオは相次いで臨時ニュースを流した。1936年の二・二六事件（皇道派青年将校によるクーデター未遂事件）の際には，当初こそ報道が止められたが，2月26日夜以降は臨時ニュースにおいて陸軍省や内務省の発表を告知したほか，叛乱軍にむけて投降を呼びかける「兵に告ぐ」（戒厳司令部・香椎浩平中将）も読み上げられた。国民は，首都クーデターの成り行きを把握すべく，ラジオに耳をそばだてた。こうしたなか，新聞に対するラジオの速報性の優位は明らかになり，ラジオは社会における基軸的なメディアとなった。

　時を同じくして，通信社の再編も進められた。満州事変が拡大し，翌年には満州国が建国されるなか，日本は諸外国の非難にさらされることとなった。そこから日本政府・軍は，「報道宣伝対策の不備」を痛感することになった。

　当時の中国東北部（「満州」）では，中国の中央通訊社，イギリスのロイター通信社のほか，日本の2大通信社である**聯合**（日本新聞聯合社）と**電通**（日本電報通信社），および朝日新聞社，毎日新聞社が報道にあたっていた。だが，事変拡大とともに各国の新聞・通信社は特派員を送り込み，報道合戦は激しさを増していた。一方で，聯合と電通の対立図式も見られた。ロイターやAPと契約していた聯合に対し，電通は国際協定に拘束されないUP通信社からニュースを受信していた。さらに聯合には外務省の影響がつよかった一方，電通は陸軍との関係が深かった。これらも相俟って，満州事変報道では情報が混乱し，軍や政府は「虚実取り混ぜてのてんでんばらばらのニュース報道」との印象を抱いた［日本放送協会編 2001（上）］。

　このため一元的な国策通信社の必要性が外務省と陸軍で協議され，1932年に聯合，電通，および各省の協力のもと，**満州国通信社**（国通）が設立された。日本国内でも，1935年末に電通と聯合を合併させ，社団法人**同盟通信社**（同盟）が発足した。同盟は，日本国内の新聞社（日刊）と日本放送協会

（のちに朝鮮放送協会も加入）によって組織された。日本放送協会は同盟加入によって、放送ニュースの強化をはかったが、それは同時に、新聞社と放送局のニュースをめぐる確執の解消を意図するものでもあった。

　1941年に対米英戦の火蓋が切られると、同盟は連合国通信社との契約を破棄し、「大東亜共栄圏」を代表する大通信社となった。それに先立ち、1931年に台湾放送協会、翌年には朝鮮放送協会、その翌年には満州電信電話株式会社が設立されるなど、日本は外地や満州国にも放送の覇権を広げていった。そのことは、戦争末期に大本営発表の「架空の戦果」を内外地に流し続けることにつながった。

戦時期の映画——娯楽とプロパガンダのメディア

　ラジオや新聞のような速報性はなかったものの、映画も戦時期において重要なメディアであった。戦意高揚を意図した映画は、日中戦争勃発以降、多く製作された。田坂具隆監督『五人の斥候兵』（1938年）は、ムッソリーニ（Benito Mussolini, 1883-1945）が関与したヴェネチア国際映画祭（第6回）で、イタリア宣伝大臣賞を受賞した。これは、日本映画初の海外映画賞受賞であった。1942年12月8日には、山本嘉次郎監督『ハワイ・マレー沖海戦』が封切られた。特殊技術を駆使して真珠湾攻撃を再現したこの映画は、1年前の太平洋戦争開戦時の高揚感を人々に思い起こさせ、戦時期最大のヒット作となった。この作品で特殊技術監督を務めた**円谷英二**（1901-1970）は、戦後、『ゴジラ』（1954年）をはじめとする東宝特撮映画を牽引していくことになる。1944年12月には、太平洋戦争開戦3周年を記念して、木下恵介監督『陸軍』が封切られた。映画の冒頭に「陸軍省後援」「情報局国民映画」とあるとおり、軍が働きかけて製作された映画である。

　とはいえ、ルース・ベネディクト『菊と刀』（1946年）で指摘されているように、日本の戦意高揚映画は「反戦映画」のように見える側面もあった。多くの場合、艱難辛苦（かんなんしんく）や自己犠牲、「男同士の絆」の美学を基調とし、憎々しい「敵」の描写はほぼ皆無だった。映画『陸軍』は、その好例である。

　この映画は、国家への忠節に篤（あつ）い若い兵士が中国戦線にむけて出征しよう

円谷英二　戦前から戦後にかけて活躍した特撮監督。戦時期の代表作は『ハワイ・マレー沖海戦』だが、戦後は『太平洋奇跡の作戦 キスカ』（東宝、1965年）、『連合艦隊司令長官 山本五十六』（東宝、1968年）といった戦争映画のほか、「ゴジラ」シリーズ（東宝）や「ウルトラマン」シリーズ（TBS）を手掛けた。

とする場面で締めくくられるが，とくに，それを見送る母親（田中絹代）の描写に力点が置かれていた。母親は行進する出征兵士の一団のなかに息子を懸命に探し出そうとし，涙を必死にこらえながら見送る。「父母の慈愛に抱かれて男子となりて幾年ぞ」という歌詞で始まる勇壮な音楽がバックに流れるが，母親の表情はそれとは真逆に，息子の出征をめぐる不安と悲哀（さらには国家への忠節篤く育てたことへの後悔）に満ちているようにも見える。見送る母親を描く場面は，全編87分中，11分にも及んでいた。この映画で監督を務めた木下恵介はのちに，戦後反戦映画の代表作のひとつと目される『二十四の瞳』（1954年）を手掛けた。言うなれば，「戦意高揚」と「反戦」は表裏一体をなしていた。

　これら**劇映画**とともに，**ニュース映画**も多く観られた。盧溝橋事件（1937年7月7日）を機に日中戦争の火蓋が切られると，人々はニュース映画に熱狂した。その人気は劇映画を上回ることもあり，「トーキーニュースを上映しないことには客が寄りつかない。この傾向は北支事変〔＝日中戦争初期〕以来特に顕著になつて来た」ことが指摘されていた（『改造』1937年9月号）。もともとニュース映画は劇映画の添え物的な存在だったが，このころになると，ニュース映画の専門上映館も現れるほどになっていた［竹山1998］。人々はそこで，「南京陥落」（1937年12月）や「武漢陥落」（1938年10月）といった報道に，高揚感をかきたてられていた。

　だが，日中戦争の膠着と泥沼化が明らかになると，ニュース映画の人気は急速に衰えた。時を同じくして，1939年4月，映画法が制定された。これは映画の製作・配給を許可制にするなど，映画を政府の統制下に置くものであったが，あわせて**文化映画・時事映画**（ニュース映画）の併映が映画館に対して義務付けられた。それは，低迷傾向にあったニュース映画を政府が下支えすることにほかならなかった。

　1940年4月には，各社のニュース映画製作部門（同盟通信社，朝日新聞社，大阪毎日〔東京日日〕新聞社，読売新聞社のニュース映画部）が政府主導で統合され，社団法人日本ニュース映画社（翌年に日本映画社に改称）が設立された。これに

劇映画・ニュース映画・文化映画　一定の物語のもとに展開される一般の映画（劇映画）に対して，ニュースを扱う映画をニュース映画（戦前期には時事映画とも表記）という。また，民衆の啓蒙を意図した教育映画・科学映画・記録映画（ドキュメンタリー・フィルム）は，総称して文化映画と呼ばれた。いずれも戦時期において，戦意高揚を促す宣伝メディアとなった。

より，ニュース映画は実質的に政府に一元管理されるようになり，国策ニュースが多く生み出されることとなった。

　こうした統制は，ニュース映画界にとって，ある意味では歓迎されるものであった。ニュース映画は戦地・占領地に赴くカメラマンの人件費のほか，フィルムの使用量も膨大であり，多大なコストを要するものであった。それだけに，各社ニュース映画部門の統合は，経営面の合理化につながった。

　かくして，ニュース映画は各地の映画館で恒常的に上映されるようになった。むろん，厳しい検閲のために，その多くが「行軍・撃ち合い・万歳三唱」の描写に終始した。

　とはいえ，戦地における近親者の様子をしのぶべく，ニュース映画に見入る観衆も少なくなかった。その結果，それまで映画を観なかった人々も映画館に足を運ぶようになった。学校単位での戦意高揚映画の鑑賞も多く行われ，映画人口は拡大した。折しも物資が欠乏するなか，書籍やレコードといった大衆娯楽は目に見えて減少し，時局化したラジオでは娯楽番組が制限された。そうしたなか，映画はほぼ唯一の娯楽メディアとなった。

戦前期日本映画の隆盛

　すでに日本映画は，1930年代の時点で高揚期を迎えていた。1938年の製作本数は580に達し，アメリカの548本を上回る世界最多の映画大国になっていた。常設映画館数も，1930年には1355館だったものが1940年には2212館へと増加し，映画観客数に至っては，1.6億人から4億人へと飛躍的な伸びを見せていた［日本放送協会編 2001（下），佐藤 2018］。

　日本最古の劇映画は，三越写真部・柴田常吉による『稲妻強盗』(1899年)とされるが，多くの関心を集めるようになるのは，日露戦争の実況撮影映画が公開されてからであった。それを機に，吉沢商店目黒製作所，横田商会などが本格的な映画製作を始めるようになり，1923年には日活（日本活動写真株式会社）と松竹（松竹キネマ）の二大企業体制が成立した。

　世界初の映画上映は，写真乾板製造業者リュミエール兄弟 (Auguste Lumière, 1862-1954 ／ Louis Lumière, 1864-1948) によるシネマトグラフの一般公開 (1895年) とされるが，それは「発明」というよりは，網膜残像原理，アーク灯，写真技術，セルロイド工業化といったテクノロジーを組み合わせたものだった。その特許を買収したパテー・シネマ社（フランス）はアメリ

カに進出し，映画市場を席巻した。

　これに対し，トーマス・エジソン（Thomas Alva Edison, 1847-1931）が映画特許をめぐって訴訟合戦を仕掛け，イーストマン製フィルムの独占使用権獲得や機材の規格統一などを通じ，映画市場の独占をはかった。これに反発した独立映画会社はエジソンの特許会社（トラスト）の監視から逃れるべく，1911年にニューヨークから遠く離れたカリフォルニアで映画製作を始めた。これがハリウッドの礎となり，結果的にここから多くの大衆映画が生み出されることとなった。

　第一次世界大戦でヨーロッパ各国が疲弊するなか，アメリカ映画は海外進出を加速させた。日本も，その市場開拓先のひとつだった。だが，イギリスやドイツなどが次々にハリウッド映画に屈するなか，日本映画は商業的な自立を保つことができた。その要因は，時代劇の圧倒的な人気であった。日活の京都撮影所では，「日本映画の父」とされる**牧野省三**（1878-1929）が尾上松之助を起用して，**立川文庫**流の忍者・英雄・豪傑ものを量産した。その数は約500本に及び，ほぼ週に1本の製作ペースであった。1926年には，同時上映作品を求めたユニバーサル社の援助で，阪東妻三郎（1901-1953）が自らの独立プロダクションの撮影所を京都・太秦に建設し，太秦は「時代劇のメッカ」となった。

　こうした背景もあって，関東大震災翌年の1924年には，国産映画の公開巻数はアメリカ映画のそれを凌駕するに至った。1936年には全国の常設映画館1130館のうち，洋画専門館は都市部の64館だけであり，混合館をあわせても，洋画上映館は497館にとどまっていた。

　もっとも，1920年代までは，日本であれ欧米であれ**サイレント映画**の時代であり，**トーキー映画**が広がりを見せるのは1930年代以降である。日本ではサイレント映画の内容説明を活動弁士（活弁）が担ったが，欧米では興行者による肉声での内容説明はサイレント映画の初期のみであった。いずれにしても，輸出入に際して，言語の違いはさほど問題にはならなかった。

　しかし，トーキー映画となると，そうはいかなかった。アメリカ映画が

立川文庫　明治末期から大正中期にかけて，大阪の立川文明堂から刊行された小型講談本シリーズ。猿飛佐助，霧隠才蔵，真田幸村などが扱われ，青少年層のあいだで熱狂的な人気を呼んだ。
サイレント映画（無声映画）　音声のない映像だけの映画。字幕や弁士が映画内の会話や物語を補足した。
トーキー映画　音声のない無声映画に対して，映像に応じた音声を伴う映画をさす。

ヨーロッパに輸出される際には吹替が主であったが，日本では字幕スーパーがほとんどだった。時代劇を中心とした日本映画は，字幕を読む必要がない分，リテラシーが低い層にも訴求した。「邦画ファンは下層階級，洋画ファンは上流階級」という二極化は当時から指摘されていたが，映画人口の圧倒的多くは前者であり，国産映画は総じて彼らに支えられていた。

　またトーキー化は，音声による解説を付したニュース映画を可能にした。それは，映像ジャーナリズムと同時に大衆宣伝にも資するものとなった。新聞やラジオであれば読者・聴取者が記事や番組を選択できるのに対して，ニュース映画の場合，上映が始まると内容選択の余地はなく，途中退出しない限り，最後まで視聴することになる。しかも，それは娯楽色のつよい劇映画上映とセットにされていた。したがって，かりに自主的に映画館に入場したとしても，国策ニュースから逃れることはできなかった。報道という名の宣伝と娯楽が結びついていたのが，映画というメディアであった。

2　活字メディアと教養主義

「不偏不党」と読者の獲得

　以上のような音声・映像メディアに対し，戦前期の活字メディアはどのような状況にあったのだろうか。

　第2章でもふれられているように，最初の日刊紙は 1871 年に創刊された政府系『横浜毎日新聞』だが，その後は政府の新聞奨励策もあって，『東京日日新聞』などが次々に創刊された。西南戦争（1877 年）やその後の自由民権運動の高揚が，新聞創刊をさらに加速させた。

　ただ，政論に重きを置く「**大新聞**」（『東京日日新聞』『郵便報知新聞』『時事新報』など）とは別に，勧善懲悪に重きを置いた大衆的で非政治的な「**小新聞**」（『読売新聞』『東京絵入新聞』『朝日新聞』など），暴露記事とセンセーショナリズムを基調とした「**赤新聞**」（『萬朝報』『二六新報』など）も見られた。

　日露戦争は新聞部数を大きく伸ばす契機となったが，1918 年の**白虹事件**は新聞と権力の関係をめぐる一つの転換点となった。『大阪朝日新聞』は1918 年 8 月 26 日付夕刊のなかで，**米騒動**の記事を差し止めた政府を弾劾した記者大会について報じたが，その記事のなかに「白虹日を貫けり」（『戦国

策』の故事で，君主に対して兵乱が起こることのたとえ）という表現があった。寺内正毅内閣はこれをとらえて，新聞紙法違反で告訴した。同紙は編集幹部を引責辞任させ，「近年已に不偏不党の宗旨を忘れて偏頗の傾向を生ぜし」との反省社告を掲載した。この事件は，『大阪朝日新聞』のみならず，大手新聞が「不偏不党」に縛られる状況を生んだ。もっとも，それは多くの読者を獲得するには好都合なものでもあった。

　関東大震災は東京の新聞社を経営難に陥らせたが，そのことは大阪系新聞社の東京進出を招いた。すでに『東京日日新聞』を合併していた『大阪毎日新聞』と『大阪朝日新聞』は東京進出を加速させ，全国紙化していった。むろん，それは『国民新聞』『時事新報』『報知新聞』など，社屋が焼失し再建途上にあった在京新聞（とくに政論新聞）のさらなる低迷を導くこととなった。

　普通選挙法の成立（1925年）は，政治の大衆化を促進し，選挙は高額納税者だけのものではなくなった。新聞にしてみれば，広範な読者を獲得することにつながるだけに，「不偏不党」の重みはいっそう増すこととなった。

　とはいえ，地方政党との結びつきがつよかった地方紙の場合は，多少状況が異なっていた。「不偏不党」どころか政党機関紙の色彩が濃いものも，多く見られた。それは，地方紙が新聞人を地方政治や国政に送り出す機能を有していたためである。地方紙が政党色を脱し，「中立」「不偏不党」に傾くようになるのは，党利党略に走りがちな政党政治が厳しく批判される1930年代以降である。

　第二次近衛内閣成立（1940年7月）に前後して政党が解散し，大政翼賛会が誕生すると，情報局の指導のもと，一県一紙の方針が徹底された。異なる政治色を打ち出していた地方各紙が同一県域において統合されるなかで，地方紙は「不偏不党」化していくのと同時に，地域での独占的なシェアを獲得したことで経営基盤が安定した。一県一紙体制は，多くの地域で戦後も温存されることとなった［福間 2018］。

米騒動（1918年）　米価高騰を契機とする全国的な民衆暴動。日本史上最大の民衆蜂起とされる。日本の第一次大戦参戦以降，物価は高騰を続けたが，とくに米価はシベリア出兵を見越した商人・地主の買い占め・売り惜しみなどによって，1917年から暴騰していた。1918年7月に富山県魚津町の主婦たちが米価引き下げを求めて起こした実力行使をきっかけに，以後3カ月にわたって民衆暴動が起きた。その範囲は1道38県，参加人員は数百万に及んだ。これによって寺内正毅内閣が倒れ，原敬内閣が成立した。また，憲政擁護運動の高揚や第一次大戦後の不況も相俟って，その後の労働運動，農民運動，婦人運動，学生運動，部落解放運動などにもつながった。

総合雑誌の盛り上がり

　「不偏不党」を掲げ，広範な読者の獲得をめざした新聞に対し，書籍・雑誌といった出版文化は，また異なる歴史をたどった。結論を先んじれば，書籍・雑誌は，どちらかと言えば，読者を興味関心や知的レベルごとに絞り込む傾向が見られた。新聞やラジオ，映画が広範なオーディエンスの存在を前提にしているのに対し，書籍や雑誌はより限定的な層に訴求することをめざすメディアであった。

　それを考えるうえで重要なのは，**総合雑誌**である。総合雑誌とは，論文，評論，エッセイ，小説等を広く収めた知識層むけの雑誌をさす。今日であれば，『世界』（岩波書店）や『中央公論』（中央公論新社）などがそれにあたる。

　明治初期の総合雑誌としては，『**明六雑誌**』があげられる。1874 年 3 月に創刊された『明六雑誌』は，当時の知識人グループである明六社が母体となって発行された。明六社には森有礼，福沢諭吉，西周，加藤弘之など，欧米留学経験者が多く集っていた。西欧の文化・文明の紹介などを通じて，日本人の知的レベルの向上をめざした雑誌だった。これは結果的に短命に終わったが，自由民権運動が高揚するなか，徳富蘇峰が手掛けた『国民之友』（1887 年創刊）や三宅雪嶺の『日本人』（1888 年創刊，1907 年より『日本及日本人』に改題）といった政論雑誌が出された。なかでも『**中央公論**』は，戦前期を代表する総合雑誌であった。

　『中央公論』は，1887 年創刊の『反省会雑誌』に端を発する。『反省会雑誌』は，西本願寺系の修養団体「反省会」の機関誌で，「禁酒進徳」を掲げていた。キリスト者に負けない清廉な生活の範を示すことで，沈滞した仏教界の改革をめざすことが意図されていた。だが，同誌は続々と創刊される総合雑誌に倣い，禁酒や進徳のみならず内外思潮の紹介や評論を掲載するようになった。『中央公論』へと改題（1899 年）ののち，瀧田樗陰（1882-1925）が編集の中枢を担うようになると，部数は飛躍的な伸びを見せた。

　瀧田は，海外思潮紹介よりも国内思潮の紹介に重きを置くのと同時に，文芸欄の拡張をはかった。幸田露伴や夏目漱石の寄稿を得たことは，部数拡大につながった。大正期に入ると，欧州留学から戻って間もない東京帝国大学法学部助教授・吉野作造（1878-1933）が常連執筆者となった。なかでも民本主義を説いた論文「憲政の本義を説いて其有終の美を済すの途を論ず」（1916 年 1 月号）は反響が大きかった。国家主義者の「君主主権」とも社会主

義者の「人民主権」とも一線を画した「**民本主義**」論は，中庸ながら清新な印象を与えた。普通選挙論や軍部改革論を唱えた吉野の議論は，大正デモクラシーを牽引したが，その論考の主要な発表の場が，『中央公論』であった。大正期の『中央公論』における吉野の執筆は，全体の1割，ときには2割にも及んだ。

　こうしたなか，『中央公論』の発行部数は12万部に達し，絶頂期を迎えた。時を同じくして，「東洋雑誌の覇者」を自任した明治期の有力雑誌『太陽』（博文館，1895年創刊）は凋落し，1928年廃刊となった。大正デモクラシーが高揚した時代は「『中央公論』の時代」でもあった。

マルクス主義の広がりと『改造』

　だが，大正後期ともなると，吉野に牽引された『中央公論』に翳（かげ）りが見え始める。第一次世界大戦後の日本では，シベリア出兵を見越した米の買い占めが横行し，米価が暴騰していた。これに憤った民衆が暴動をおこし，全国に飛び火した。先にもふれた米騒動（1918年）である。さらに大戦後の不況に関東大震災が加わり，日本は慢性的な不況に陥っていた。それは労働運動や小作争議の激化を招いた。ロシア革命（1917年）とソビエト連邦の成立（1922年）は，日本でも社会主義者・共産主義者の活動を活発化させ，ラディカルな思潮が求められるようになった。そうしたなかで脚光を浴びるようになったのが，1919年創刊の新興総合雑誌『**改造**』（改造社）である。

　創刊当初の『改造』は，『中央公論』と似たスタイルをとっており，変わり映えがしなかったこともあり，売れ行きは芳しくなかった。しかし，誌面を刷新し，特集「労働問題・社会主義」を掲げた第4号（1919年7月）は，発売2日で3万部を売りきった。その後も，「資本主義征服号」（第5号），「社会主義研究新進創作作家集秋季特集号」（第6号）など，マルクス主義や社会主義の色彩を前面に出すようになった。かくして，『改造』は『中央公論』と肩を並べる総合雑誌となった。

　労働運動が盛り上がりを見せ，『改造』が脚光を浴びる時代になると，吉野作造の民本主義は微温的で古臭く見えるようになった。『改造』の看板論者となった**労農派**マルクス主義者・山川均も先鋭さを欠いた吉野の議論のありようを批判していた。これに伴い『中央公論』も，その覇権に翳りが見えるようになった。

　こうした雑誌界の変容は，**教養主義**の変質に重なるものがあった。教養主義とは，主として文学・哲学・思想・歴史方面の読書を通じて人格を陶冶し，自己を作り上げようとする文化を指す。大正期から1960年代にかけて，旧制高校や大学における規範文化として，広く見られた。言うなれば，「エリートたる者，書を読み人格を高めなければならない」という価値規範である。

　もともと，旧制高校では国家主義と武士道的な心性が絡み合った質実剛健でバンカラな気風が目立っていた。だが，旧制第一高等学校生・藤村操が厭世観や人生の煩悶を綴って自殺すると（1903年），それがひとつの契機となって，内省的な学生文化が広がりを見せた。

　そこでは，教師の存在も大きかった。夏目漱石など，欧米留学から帰朝した若い世代がこのころから旧制高校の教師として着任するようになり，西洋の思想書を学生たちに多く紹介した。1906年に第一高等学校長に着任した新渡戸稲造（1862-1933）は，学生生活をスポーツや飲酒だけで終わらせるのではなく，文化活動や読書，精神的修養を心掛けるよう説き，自ら，ゲーテ，カーライル，ミルトン，エマーソンらの文学・思想書を紹介し講話も行った。その後，漱石門下の阿部次郎や安倍能成，和辻哲郎らが教養主義の伝道者となり，『三太郎の日記』（阿部次郎）や『善の研究』（西田幾多郎）といった内省的な思索書が学生たちの必読書となっていった。こうして，旧制高校や大学を主な舞台に，教養主義が定着した。

　しかし，大正期になると，第一次大戦後の不況や労働運動の続発も背景に，内省に飽き足りない学生たちのあいだでマルクス主義が流行した。思想界の花形だった阿部次郎は顧みられなくなり，「教養という言葉は既に黴臭（かびくさ）くなって今日の人心を牽引する力がない」とまで言われるようになった。東京帝国大学の学生団体・新人会（1918年創設）では社会主義への関心が高まっただけではなく，各地の大学・旧制高校に働きかけて，社会主義系の学生団

労農派　日本資本主義論争において，日本共産党および講座派と対立したマルクス主義者・運動家の一派で，雑誌『労農』（1927年創刊）に集ったグループ。日本共産党が再建される過程で前衛党を解体し，合法的大衆組織による社会主義革命を主張した点，および，日本資本主義の半封建的・絶対主義的性格を否定し，明治維新を市民革命とみなす点に特徴があった。対する**講座派**は『日本資本主義発達史講座』（岩波書店，1932-1933年）の執筆者たちを中心にしたグループで，明治維新後の天皇制国家を絶対主義と規定し，農業における半封建的性格を強調した。両者の論争は，**日本資本主義論争**と呼ばれる。この対立は戦後にも持ち越され，日本共産党と社会党を分かつ論点のひとつともなった。

体を次々に誕生させた。

　『中央公論』が学生たちのあいだで読まれたのも，一面では普通選挙運動や労働運動が盛り上がった大正デモクラシーが背景にあった。新人会にしても，設立当初は吉野作造が指導にあたっていた。しかし，マルクス主義が浸透するなかで，『改造』を手に取る学生も増えていった。『中央公論』の衰微と『改造』の隆盛，そして内省的教養主義からマルクス主義への転換は，ゆるやかに重なり合う社会現象であったのである。

　とはいえ，学生層に流行したマルクス主義も，教養主義の一種ではあった。マルクス主義や労働問題への関心を深めるうえでは，『資本論』のような古典や総合雑誌を読み，読書会を重ねることが不可欠だった。社会改良に身を投じようとする意識は，自己犠牲の精神や人格主義とも結びつく。その意味で，学生たちの思潮は教養主義の延長上にあり，いわばマルクス主義的教養主義とでも呼ぶべきものであった。

岩波文庫と円本ブーム

　内省的かマルクス主義的かを問わず，こうした教養主義を支えたのが，岩波文庫（岩波書店）というメディアであった。1927 年創刊の岩波文庫は，ドイツのレクラム文庫に範をとり，古今東西の古典を廉価で提供するシリーズである。古典は評価が定まったものであるだけに，一時的なベストセラーにはならずとも，息の長いロングセラーとなることが見込まれ，経営の安定につながる。そうした戦略のもとで生み出されたのが，岩波文庫だった。

　岩波文庫の創刊は，必読の教養書を学生たちが廉価に入手できることを意味しただけに，彼らに熱烈に支持された。創刊当初のラインアップが，プラトン『ソクラテスの弁明・クリトン』，リッケルト『認識の対象』，倉田百三『出家とその弟子』，カント『実践理性批判』などであったことからも，教養主義との密接な関係がうかがえる。

　今日の岩波文庫巻末にも掲載されている創刊言「読書子に寄す」は，教養主義の熱気をよく伝えている。

　　　真理は万人によって求められることを自ら欲し，芸術は万人によって愛されることを自ら求む。かつては民を愚昧ならしめるために学芸が最も狭き堂宇に閉鎖されたことがあった。今や知識と美とを特権階級の独

占より奪い返すことはつねに進取的なる民衆の切実なる要求である。岩波文庫はこの要求に応じそれに励まされて生まれた。それは生命ある不朽の書を少数者の書斎と研究室とより解放して街頭にくまなく立たしめ民衆に伍せしめるであろう。……吾人は範をかのレクラム文庫にとり、古今東西にわたって文芸・哲学・社会科学・自然科学等種類のいかんを問わず、いやしくも万人の必読すべき真に古典的価値ある書をきわめて簡易なる形式において逐次刊行し、あらゆる人間に須要なる生活向上の資料、生活批判の原理を提供せんと欲する。

「いやしくも万人の必読すべき真に古典的価値ある書」を一部の特権層や知識層から解き放ち、多くの民衆に流布させることが意図されている。とはいえ、その恩恵を最大限に受けたのは、内省やマルクス主義に関心を持った教養主義学生であった。岩波文庫は、高等教育に縁がなかった農民・労働者層にも手が届かないものではなかったが、実際に彼らが岩波文庫を購入することは必ずしも多くはなかった。岩波文庫は教養主義に支えられ、同時に教養主義は岩波文庫に支えられていたのである。

もっとも、岩波文庫の立ち上げは、岩波書店が円本ブームに乗り遅れたことの窮余の策でもあった。

関東大震災後の出版不況にあえぐなか、改造社は廉価版の全集の刊行を思い立ち、1926年に1冊1円で「現代日本文学全集」全63巻の予約を募った。これは空前の大ヒットとなり、翌年には新潮社「世界文学全集」全57巻、春秋社「世界大思想全集」全54巻など、同種の企画が続々と出された。いわゆる円本ブームである。これは読書層を拡大し、文学の大衆化を押し進めた。岩波文庫は、円本ブームに乗り遅れた岩波書店の巻き返しを企図したものでもあった。

しかし、多くの出版社が予約出版で同種の企画を展開したことは、読者の飽きを招き、円本ブームはほどなく収束した。これに対し、岩波文庫は教養主義の根強さに下支えされながら、円本ブーム以後も持続的に刊行されるに至っている。

戦時体制下の出版

こうした出版状況は、戦時下に入ると複雑な様相を見せるようになる。社

会主義・共産主義系の出版物は，当然ながら刊行が困難になった。すでに日中戦争勃発前には，社会科学を中心に扱う岩波文庫白帯や改造文庫が姿を消した。1937年末と翌年初頭に労農派の論客が多く検挙され（人民戦線事件），共産主義者の言論活動は非合法化された。労農派の書き手が多かった『改造』は，かつてのような先鋭的な論稿を掲載できなくなった。1942年には神奈川県特高警察が共産党再建容疑のフレームアップで『中央公論』『改造』の編集者数十名を次々に検挙した（横浜事件）。過酷な取り調べのため獄死者が出たのみならず，1944年には両誌とも廃刊を命じられた。

　だが，その一方で戦時期は，戦争末期を除けば，出版景気に沸く時代でもあった。当時の『出版年鑑』は，用紙統制による「幾多の不便」にふれつつも，「俄然，円本時代に次ぐ好況を呈した」「新刊書の数は夥しく出版され，しかもその印刷部数の如きも従来の2倍3倍の数に上っていた」（それぞれ1939年度版，1941年度版）と記されている。

　そのことは，戦争遂行が出版界の好況をもたらしたことを物語る。たとえば，雑誌『週刊朝日』『アサヒグラフ』『コドモアサヒ』のほか単行本も多く刊行していた朝日新聞社の出版部門を例にとると，書籍刊行点数は，1935年は59点，1936年は61点にとどまっていたが，1937年には102点，1938年には99点，1939年には114点という具合に，日中戦争が勃発した1937年を境に急増している。その傾向は，1943年ごろまで続いた［朝日新聞社出版局編 1969］。

　そこには当然のことながら，「時局もの」が多く含まれる。賀屋興宣『長期戦と経済報国』（1938年），小野直『戦線童話』（1938年），朝日新聞社編『事変をめぐる時局読本』（1938年）などが，まず目に付くところである。雑誌においても，『週刊朝日』『アサヒグラフ』では「事変」の推移が大きく扱われていたし，とくに後者は「戦争グラビア誌」と呼ぶにふさわしいものであった。

　朝日新聞社は日中戦争が進展するなか，「支那事変聖戦博覧会」（西宮球場，1938年）・「大東亜建設博覧会」（西宮球場，1939年）といった博覧会を企画・運営した。新聞社による戦意高揚イベントと新聞・出版部数拡大の相関関係を見ることができる。

　岩波書店はイギリスのペリカン・ブックスをモデルにして，「現代人の現代的教養」を掲げた岩波新書を，1938年に創刊した。だが，ドゥガルド・

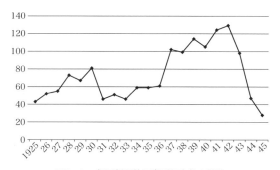

図 3-1　朝日新聞社図書刊行点数の推移

朝日新聞社出版局編『朝日新聞社出版史』(1969 年) の「図書総目録」をもとに作成

クリスティー（矢内原忠雄訳）『奉天三十年（上・下）』，津田左右吉『支那思想と日本』，フィリップ・ヴィットコップ編（高橋健二訳）『ドイツ戦歿学生の手紙』といった初期のラインナップを見てみると，そこには教養主義的なものと同時に，企画の戦時色をもうかがうことができる。

　岩波文庫のラインナップでは，たしかに社会科学系の書物は多く発禁処分となっていたが，『古事記』『日本書紀』『明治天皇御集』『葉隠』『日本外史』といった日本の古典は，戦時期にでも変わらず刊行されていた。旧制高校や大学のキャンパスでは，かつてのような自由主義・社会主義に根差した教養主義は抑え込まれていたが，ナショナリズムとも結びついた日本主義的教養は広く受容されていた。岩波文庫は戦時期の日本主義的教養をも下支えし，戦地に出征した学徒兵たちも岩波文庫版『歎異抄』『出家とその弟子』などを携行していた。

通時性・共時性・細分化

　以上から浮かび上がるのは，読者を細分化していく書籍や雑誌の機能である。総合雑誌は知識層・高学歴層を対象とし，また彼らの政治的な立ち位置ごとに分かれている。岩波文庫や岩波新書にしても，あくまで知的関心が高い層が主要なターゲットだった。総合雑誌にせよ岩波文庫・岩波新書にせよ，教養主義の風潮と密接に関わるものであったが，逆に言えば，教養主義的な価値観を共有しない層には届かないメディアであった。

　もっとも，読者たちがこれらをじっくり読んだかどうかは，さほど重要で

はない。総合雑誌を毎号，隅々まで目を通す読者はごくまれだった。円本や岩波文庫，岩波新書にしても同様で，それをつねに熟読するというよりは，部屋にこれらが並んでいることに満足を覚えることのほうが多かっただろう。これらは，自らが「知的な層」であることを読者たちに自任させ，その愉悦を感じさせるものであった。

　だが，そのことは言い換えれば，書籍・雑誌はあくまで読み手の趣味・関心・嗜好に対応するものであったことを意味する。書籍や雑誌は読者を細分化し，趣味や嗜好，ひいては階層をめぐるアイデンティティを生み出すメディアであった。

　その点，ラジオや映画，新聞は異なっていた。ラジオは階層や趣味・関心を超えて，全国民にむけて情報伝達するメディアであり，聴取者が特定の層に限定されることを念頭に置くものではない。ラジオ・ニュースはその典型である。「不偏不党」を掲げた新聞にしても，幅広い国民が読者として想定されていたことに変わりはない（その点で日本は，高級紙と大衆紙が明確に分かれている欧米とは異なっている）。映画については，洋画ファンと邦画ファンの階層差が指摘されることはあったものの，書籍や雑誌ほど，趣味・嗜好ごとに細分化されているわけではない。裏を返せば，書籍・雑誌はごく限られた層に届くだけで採算が取れることを前提にし，ラジオや映画，新聞は膨大な設備投資や製作コストを要するだけに，階層を超えた広範な層をターゲットにしなければならなかった。

　ただ，持続性や保存可能性の点では，書籍・雑誌は抜きんでていた。ラジオは放送された瞬間に消える音声メディアであり（文字通り「送りっ放し」），新聞にしても各家庭での長期保存は考えにくい。保存に適さない廉価な紙が使われているのも，そのゆえである。映画の場合，フィルムは製作会社で保存されるとはいえ，VTRやDVDのような記録メディアがない時代の一般観衆は，公開時期を逃せば作品にふれることは相当に困難だった。

　それに対して，雑誌は読者自身によって一定期間保存されることも少なくない。週刊誌であれば読み捨てられることも多いが，総合雑誌のような月刊誌となると，書棚に収められることは珍しくない。また，書籍は読み捨てられるということはあまりなく，読了せずとも書棚に並べて保存されるものである。その意味で，書籍は雑誌以上に通時性を帯びている。

　また，かりに自宅にはなくとも，図書館等で過去の雑誌・書籍を手にする

ことは難しくない。そう考えると，書籍や雑誌は細分化と通時性が際立つ分，ある時期に広範な人々に情報を届ける共時性には欠けている。逆に，新聞やラジオは通時性には乏しいものの，つよい共時性を有するメディアであった。

大衆雑誌『キング』と講談社文化

　ただ，戦前期にはこうした区分に該当しない例外的な雑誌もあった。「国民的大衆誌」と言われた雑誌**『キング』**である。『キング』は，「面白くてためになる」を掲げて1925年に大日本雄弁会講談社が創刊した雑誌で，1927年には日本雑誌史上初めて，100万部を突破した。大正デモクラシー期の『中央公論』でも発行部数は12万であったことを考えれば，驚異的な売れ行きであった。一般国民に政治参加が開かれた時期（普通選挙法成立＝1925年）に創刊されたこの雑誌は，その後も満州事変（1931年），日中戦争勃発（1937年），太平洋戦争開戦（1941年）と日本が戦時体制に組み込まれていくなかで，広範な読者を獲得し，「雑誌の黄金期」を築いた。

　その内容は，吉川英治らの大衆娯楽小説からノンフィクション物，実用記事，グラビアと多岐にわたった。児童を含めた家族全員が回し読みして楽しめることが意図されており，「わが国民ならば，全ての人びとを読者としうる」万人むけの雑誌であった。それは細分化の傾向がつよい雑誌としてはあまりに異質であり，むしろ，共時性が際立つラジオの特徴を帯びた雑誌であった。実際に，ラジオ普及が遅れた農村部では，「代用ラジオ」として『キング』が消費されていた［佐藤 2020］。

　それだけに『キング』には低俗イメージがつきまとい，大衆的な**講談社文化**と高級な**岩波文化**の対比がしばしば指摘された。しかし，実際には『キング』の読者は，小・中学生，労働者，農民から旧制高校生・大学生といった高学歴層（当時の大学進学率は3％程度で，現在の約18分の1）まで，ほぼ満遍なく広がっていた。「岩波文化」にふれる層はたしかに限られていたが，「講談社文化」は地域・階層を超えて消費されていたのである。

　『キング』は「国民的雑誌」であっただけに，戦時下では戦意高揚のメディアとなった。戦場グラビアが頻繁に掲載されたほか，「支那事変忠勇談・感激談」といった付録もたびたび設けられた。それは銃後からは見えない前線を視覚に訴え，高揚感や参加感覚をもたらすものであった。その意味で，『キング』は雑誌でありながらラジオ的な側面と同時に，トーキー映画

のような機能も有していた［佐藤 2020］。

ナショナリズムとメディア

　ここで改めて，**ナショナリズム**とメディアの関係にふれておきたい。ナショナリズムという語は，自民族の優越性・純粋性をつよく強調する議論からオリンピックで自国選手を応援する心性に至るまで，多種多様な意味で用いられるが，文化人類学者の**ベネディクト・アンダーソン**（Benedict Anderson, 1936-2015）はこれを**想像の共同体**（imagined communities）と定義した［アンダーソン 2007］。「自分も見知らぬ誰かと同じ日本人（あるいは中国人，アメリカ人など）である」という想像を生み出す心性である。

　こうした認識は太古の昔からあったように見えて，じつはそうではない。江戸時代までであれば，藩とのつながりは意識されても，「国民」「日本人」といった意識はほとんど共有されていなかった。階級差が歴然としていたことを考えれば，当然のことである。「国民」というアイデンティティが誕生したのは，近代に入ってからのことである。

　では，何が「国民」という意識の成立を可能にしたのか。アンダーソンは，その要因として，「**国語**」「**出版**」「**資本主義**」の３点を挙げている。地域・階層を超えて「国」の範囲（のみ）で流通する標準語を整備することで，「国」の中の人々を読者とする出版が初めて可能になる。ただ，「国」内での出版を進めるためには**印刷技術**（活版印刷）が不可欠であり，印刷物を流通させるためには資本主義が必要だった。そして，自国語での出版流通が可能になることで，見も知らぬ読者が自国語で同じものを読み，同じ情報を共有していることを想像できるようになる。そこから，「国民」という「想像の共同体」が芽生えることになる。新聞という出版メディアは，こうした想像を促すものであった。新聞は「１日だけのベストセラー」ではあるが，その分，「国」の範囲に同じ情報を遍（あまね）く流通させる。こうして，自国語の範囲

国語　アンダーソンの議論では，普遍言語であったものの聖職者のみに閉じていたラテン語ではなく，俗語をもとに一定地域の共通言語が作られたことを念頭に置いている。宗教改革を率いたマルティン・ルター（Martin Luther, 1483 -1546）がドイツ語（という俗語）で聖書を刊行したことは，その一例である。
印刷技術（活版印刷）　活版印刷技術は，15 世紀にドイツのヨハネス・グーテンベルク（Johannes Gutenberg, 1400 頃 -1468）によって発明された。デジタル化された今日の印刷技術とは異なり，1970 年代ごろまで一般的だった活版印刷では，活字を並べて印刷用の版を作り，印刷を行っていた。ルターによるドイツ語訳新約聖書刊行（1522 年）も，活版印刷技術のゆえに可能になった。

に重なる「想像の共同体」へのアイデンティティが生み出され，政治（選挙）・軍事（徴兵制）を国民が支える近代国民国家が成立した。

　もっとも，「国語」「文化」に「伝統」が見出されることもあるが，それはエリック・ホブズボウム（Eric Hobsbawm, 1917 -2012）が言うように，多くの場合，近代になって創られた伝統（伝統の発明）にすぎない。伝統は必ずしも太古より連綿と受け継がれたものではなく，むしろ，国民国家へのアイデンティティを高めるべく，事後的に発見されたものである。

　その意味で，メディアは「想像の共同体」としてのナショナリズムを生み出すものであったし，なかでも共時性がつよい新聞やラジオにはその点が際立っていた。普通選挙法が制定され，納税額に関係なく国民の政治参加が可能になるなかで，新聞は部数を伸ばし，ラジオ放送も開始された。そのことは，人々にとって「想像の共同体」の存在をより「リアル」なものにした。戦時動員体制期は，国民が戦争に高揚し，それに「参加」した時代であったが，これは普通選挙法に象徴される「参加」のデモクラシーと地続きであった。こうした状況を共時的に支えたのが新聞やラジオ（および映画）であり，趣味や階層ごとに働きかけたのが書籍や雑誌であった。

　では，そうしたメディア状況は敗戦によってどう変わったのか。あるいは変わらなかったのか。その点を次に見ていきたい。

3 敗戦と GHQ 占領のインパクト

占領デモクラシーと検閲

　敗戦した日本は，連合国軍の占領下に置かれた。占領政策を統括するGHQ（General Headquarters 連合国軍最高司令官総司令部）は財閥解体，農地改革，民主化，武装解除などを進めたが，メディアに対しても管理・統制を行った。占領開始から間もない 1945 年 9 月 10 日，GHQ は「言論及ビ新聞ノ自由ニ関スル覚書」を発表し，さらにそれを具体化したものとして「日本ノ新聞準則ニ関スル覚書」（プレス・コード，9 月 19 日）や「日本ノ放送準則ニ関スル覚書」（ラジオ・コード，9 月 22 日）を通告した。そこでは，日本の「民主化」をはかるために，占領批判や軍国主義賛美を抑え込む方針が示された。そこで行われたのが，事前検閲である。

戦前期でも内務省による検閲が行われていたが，出版後に発禁処分を課す事後検閲であり，それを避けるべく，しばしば「内閲」が行われ，問題の箇所は伏字にして印刷された。そのことは検閲の存在を可視化させ，読者も何が伏字にされたのかを推測しながら読んでいた。そもそも検閲は国内法（新聞紙法・出版法等）で制度化され，罰則規定は公にされていたので，検閲の存在を隠す必要はなかった。

　それに対し，GHQ のもとで行われた検閲は，事前検閲であった。そこでは事前にゲラ（校正刷り）などの提出が求められ，掲載不許可や削除の処分がなされたが，伏字が用いられることはなかった。それは，民主主義や言論の自由を唱道する占領軍（アメリカ）が検閲を行っていることを隠そうとするものであった。さらに，手紙の開封や電話の盗聴までも行われるなど，GHQ の情報統制は組織化されていた［山本 2013］。

　もっとも，1948 年には事後検閲に移行し，1949 年 10 月には検閲自体が撤廃された。だが，それによって，プレス・コードやラジオ・コードが失効したわけではなかった［内川 1989］。こうした状況のもとでは，実際の検閲の有無は別にして，メディア自身による「自己検閲」が生じるのは避けられなかった。煩瑣な確認・判断業務に手間取る実際の検閲業務よりもはるかに言論統制に資したのが，自己検閲であった。1949 年には，日本映画の倫理性を「業者自身の手で自主的に保つ」べく，GHQ の内面指導で映倫（映画倫理規程管理委員会）が設立されたが，これなどは自己検閲の好例である。

　このことを考えるうえで，「原爆」をめぐる議論のありようは示唆的である。占領下では，国家主義的言説や旧軍賛美，占領軍批判とともに，原爆をめぐる議論も総じて抑え込まれていた。投下責任の議論を喚起させ，ひいては占領軍批判に行き着きかねないことが懸念されたためである。

　にもかかわらず，永井隆（長崎医科大学教授，1908-1951）による被爆体験記『この子を残して』（1948 年）・『長崎の鐘』（1949 年）は例外的に出版が可能になったばかりではなく，それぞれ年間ベストセラー第 1 位・4 位を記録した。クリスチャンであった永井の書物に浮かび上がっていたのは，「原爆投下は神の摂理」であり，「爆心地・浦上の死者は神に捧げられた敬虔な犠牲

（GHQ 占領下の）検閲　GHQ 占領下では，CIS（Civil Intelligence Section 民間諜報部）の指揮のもと，CCD（Civil Censorship Detachment 民間検閲支隊）が検閲を行った。

である」という認識であった。こうした議論は，米軍の原爆投下責任を追及しないどころか，むしろそれを「神」の名のもとに肯定する論理でもあった。1950年にはこれらを原作にとった映画『長崎の鐘』（大庭秀雄監督）が公開され，大ヒットを記録した。GHQ の言論統制とそれによる自己検閲が内面化されたメディア状況をうかがうことができる。

レッド・パージと独立プロ

　もっとも，「自己検閲」が作動しない場合，GHQ はストレートに強権を発動した。レッド・パージ（1950年）は，それを如実に物語る。

　1950年6月，朝鮮戦争が勃発すると，GHQ は日本共産党機関紙『アカハタ』の発行を禁止し，マスコミ・官公庁・民間企業から共産党員やその同調者を追放する措置をとった。その数は1950年末までで，1万数千名に及んだ。

　終戦直後の共産主義者の威信は高く，1949年1月の第24回衆議院議員総選挙では共産党は35議席を獲得する躍進を見せた。獄中非転向を貫いた共産党員は，とくに知識人・学生・言論人から大きな支持を集め，インテリ層の入党者が相次いだ。それだけに，大学やマスメディアへの共産党の影響力は大きかった。労働運動も活発化し，読売新聞社や東宝では大規模な労働争議が繰り広げられた（読売争議・東宝争議）。

　朝鮮戦争の勃発とそれに伴う在日米軍の朝鮮半島出兵は，日本における共産党員の活動をさらに活発化させるおそれがあった。レッド・パージは，それを危惧したがゆえの措置であった。

　レッド・パージで職場を追われたマスコミ人は，当然ながら言論活動が大きく制約された。なかでも映画人は，それが深刻だった。映画製作には膨大な経費がかかるにもかかわらず，それを調達することができず，ましてや，スタジオ使用やロケの実施，さらには配給先の確保も困難だった。それだけに朝鮮戦争下，鉄屑拾いなどで糊口をしのぐ映画人もないではなかった。だが，彼らのなかには，独立プロダクションを立ち上げて，製作を続ける動きも見られた。予算はごく限られたものでしかなかったが，その分，大手映画会社の意向を気にすることなく，撮りたいものを撮ることもできた。このなかから，日雇い労働者の絶望と再起にむけた格闘を描いた『どっこい生きてる』（今井正監督，1951年）や被爆の後遺症と原爆投下責任を扱った『ひろしま』（関川秀雄監督，1953年），米兵と日本人女性の間に生まれた「混血児」の

差別と苦悩をテーマにした『キクとイサム』（今井正監督，1959年）などの秀作も多く生み出された。

『世界』の伸長

　こうした状況のなかで，つよい影響力を有したのが，1945年12月に岩波書店から創刊された総合雑誌『世界』である。もともとは保守的で年長の教養主義知識人が主な寄稿者だったが，若手政治学者・丸山眞男（1914-1996）による論文「超国家主義の論理と心理」（1946年5月号）が編集方針を転換させる契機となった。丸山はこの論文のなかで，旧日本軍の暴力が生み出された構造とそれを支えた天皇制ナショナリズムを，「抑圧の移譲」という切り口から読み解いた。自らの軍隊経験を念頭に置きつつ，マルクス主義とは異なる形で展開されるファシズム批判は，読者に鮮烈な印象を与えた。『世界』はその後，若手・中堅の気鋭言論人の論稿を多く掲載するようになり，「戦後民主主義」の代表的な総合雑誌となった。

　平和運動との関わりも，『世界』の威信を高めることにつながった。編集長・吉野源三郎（1899-1981）は，ユネスコの共同声明「平和のために社会科学者はかく訴える」に呼応する形で，安倍能成，清水幾太郎，丸山眞男ら同誌文化人に働きかけ，1949年3月に平和問題談話会を結成した（前身は1948年12月発足の平和問題討議会）。同会は，非武装中立，全面講和，再軍備反対という目標を掲げて，「戦争と平和に関する日本科学者の声明」（1949年3月号），「講和問題に関する平和問題談話会の声明」（1950年3月号），「三たび平和について」（1950年12月号）を『世界』誌上に発表した。

　朝鮮戦争は第三次世界大戦の勃発を人々に危惧させたが，時を同じくして警察予備隊（のちの自衛隊）が創設された。そのことは，徴兵制や旧軍の復活に対する懸念を生んだ。こうしたなか，平和問題談話会とその議論を掲載し

独立プロダクション（独立プロ）　東宝争議（1948年）やレッド・パージ（1950年）を機に，大手映画会社から独立した映画人たちによって立ち上げられた独立系の映画製作プロダクション。新星映画社や近代映画協会などが代表的。今井正，山本薩夫，家城巳代治など戦後の代表的な映画監督も，独立プロ作品を手掛けた。なお，東宝争議については，P.87参照。
丸山眞男　戦後思想界に多大な影響を与えた政治学者・思想史家。東京大学法学部教授を務める。自らの軍隊経験を踏まえつつ，西欧思想史と日本の古典を見渡しながら，ナショナリズムやデモクラシーを論じた。「超国家主義の論理と心理」「軍国支配者の精神形態」を収めた『現代政治の思想と行動』（増補版，1964年）や『日本の思想』（岩波新書，1961年）は広く読まれた。「現代における人間と政治」（『現代政治の思想と行動』ほか所収）はメディアや輿論（public opinion）を考えるうえでも参考になる。

た『世界』は，論壇で大きく注目されるところとなった。

占領終結の「反動」

　1951 年 9 月，日本はアメリカをはじめとする連合国とサンフランシスコ講和条約を締結した。それと合わせて結ばれたのが，米軍の日本駐留を認める日米安全保障条約（旧安保）だった。国内ではアメリカ主導の講和条約と安保条約を肯定して早期の占領終結（独立）をめざす「単独講和」論と，ソ連・中国も含めた講和を主張し中立の立場に立とうとする「全面講和」論が対立した。平和問題談話会と『世界』は，全面講和論の思想的バックボーンであったが，結果的に単独講和の形で講和条約は締結された。

　講和条約は，翌年 4 月 28 日に発効し，日本は約 7 年ぶりに独立を果たした（ただし，沖縄は 1972 年まで米軍統治下に置かれた）。それは必然的に，占領下で押さえつけられていた言論が噴出する状況を導いた。広島・長崎の原爆被害写真をふんだんに掲載した『アサヒグラフ「原爆被害の初公開」特集号』（1952 年 8 月 6 日）は，それまで原爆の惨禍を知らなかった国民に衝撃を与え，増刷 4 回で計 70 万部を売り上げた［朝日新聞百年史編修委員会編 1995: 155］。東京裁判批判や戦記物，占領軍批判の言説が多くあふれたことも，業界誌（『出版ニュース』）で特筆されていた。

　とはいえ，必ずしも社会が旧軍賛美に傾いたわけではない。『世界』をはじめとした総合誌では，「平和主義」や「民主主義」が基調だった。映画界でも『ひめゆりの塔』（今井正監督，1953 年），『二十四の瞳』（木下恵介監督，1954 年），『ビルマの竪琴』（市川崑監督，1956 年）など，「反戦映画」の代表的な作品が多く作られた。

中間文化と大衆教養主義

　時を同じくして，1950 年代半ばには読書文化の盛り上がりが見られた。1954 年の出版界は，新書ブームに沸いた。青木新書，角川新書，河出新書，カッパ・ブックス（光文社）などが続々と創刊され，ベストセラー上位 20 点のうち 7 点が新書を占めた。前年の 1953 年はかつての円本ブームさながらの全集ブームで，「昭和文学全集」（角川書店）や「現代世界文学全集」が 15 万部以上も売り上げられたが，1953 年 7 月に朝鮮戦争休戦協定が締結され，「朝鮮特需」が終焉すると，日本はデフレの重苦しい雰囲気に包まれた。そ

うしたなか，廉価で携帯に便利な新書に消費者のニーズが移っていった。都市化が徐々に進み，電車通勤のサラリーマン層が増えたことも，新書の伸びを後押しした。

　なかでも，**カッパ・ブックス**は次々にベストセラーを世に出した。光文社のカッパ・ブックスは岩波新書との明確な差別化をはかり，インテリ層に限らず，幅広い読者にとっての面白さと読みやすさを追求した。その方針があたり，1955 年には年間ベストセラー上位 20 点のうち 6 点，62 年には年間トップ 10 のうち 5 点を，カッパ・ブックスが占めた。当時の書籍出版界は，あたかも「カッパの時代」の様相を呈していた［福間 2006］。

　かといって，カッパ・ブックスは必ずしも低俗だったわけでもなかった。文化人類学や経済学，芸術論などが扱われることも多く，知識層が手に取ることも少なくなかった。

　同時期には，おもに中卒の勤労青年を対象に「教養」「生き方」「社会問題」を説いた人生雑誌（『葦』『人生手帖』など）が，多く読まれた［福間 2017］。発行部数も，総合雑誌に迫るほどのものだった。1950 年代後半には，既存の新聞社系週刊誌（『週刊朝日』『サンデー毎日』など）に加えて，出版社が週刊誌に参入するようになった（『週刊新潮』1956 年創刊，『週刊文春』1959 年創刊）。

　これらの新書や雑誌は，従来であれば活字に親しまなかった層にも広がりを見せた。加藤秀俊は『中間文化』(1957 年) のなかで，大学生のみならず「紡績会社の女工さん」も新書や週刊誌を手に取り，「人生論」が流行る状況を，**中間文化**と名付けた。それは見方を変えれば，教養主義が大衆レベルにも一定程度浸透していたことを物語る。たしかに，『資本論』やカントの読者は知識層に限られてはいたが，哲学・文学・歴史・時事問題についての平易な論説・解説を，少なからぬノン・エリート層は求めていた（**大衆教養主義**）。彼らが手にしたのが，新書や人生雑誌，週刊誌などであった。そこには，「読書を通じて視野を広げ，人格を高めなければならない」という価値観も垣間見られた。教養主義は，知識層・高学歴層だけではなく，一部の勤労青年層にも広がりを見せていた［福間 2020］。

映画の隆盛

　時を同じくして，映画産業も盛り上がりを見せていた。映画入場者数は，1958 年には年間 11 億人に達した。1940 年の映画人口は 4 億なので，その 3

倍弱にまで膨れ上がったことになる。1958年の日本の人口は約9200万人であり，単純計算で全国民が月に1回以上，映画館に通っていたことになる。主たる観衆が都市部の若年・中年層であったことを考えれば，彼らが映画に接する頻度は，おおよそ週に一度に及んでいた。

　話題作も多く作られた。興行収入の面では，『明治天皇と日露大戦争』(渡辺邦男監督，1957年)，『忠臣蔵』(渡辺邦男監督，1958年)，『任俠中仙道』(松田定次監督，1960年) など，やくざものや時代劇，戦争ものが年度内首位を獲得したが，『楢山節考』(木下恵介監督，1958年)，『隠し砦の三悪人』(黒澤明監督，1958年)，『野火』(市川崑監督，1959年) といった映画史に残る名作も多く製作された。

　映画人たちは，終戦直後の経済的な混迷下においても，さまざまな秀作を世に送り，戦争批判をテーマにした『大曾根家の朝』(木下恵介監督，1946年)，デモクラシーのために奮闘する女性を描いた『わが青春に悔いなし』(黒澤明監督，1946年) などが続々と封切られた。しかし，労働組合運動が盛り上がるなか，映画界でもストライキが頻発した。なかでも，1948年の**東宝争議**は大規模なものだった。

　東宝は，「赤字と共産主義者の二つの赤を追放する」として，共産党員・労働組合員の従業員を中心に1200名の解雇を発表したが，反発した組合側は砧撮影所に立てこもって抵抗した。これに対して，占領軍は武力介入し，米軍戦車7台，航空機3機，騎兵1中隊の護衛下に武装警官2000名が出動する事態となった。「来なかったのは軍艦だけ」と言われ，争議は4月から10月の半年間にも及んだ。

　すでに1947年3月には，組合色のつよい東宝のありようへの反感から，時代劇スター・大河内伝次郎らが東宝を離れ，新東宝映画製作所を立ち上げていた。これに伴い，映画界は，松竹，東宝，新東宝，東映，大映の五社体制が確立した。1953年には戦時統合で配給会社になっていた日活が製作再開を宣言したが，既存5社は俳優・監督の引き抜きを防止する**五社協定**を結んで対抗した。しかし，日活は石原裕次郎主演の『太陽の季節』(古川卓巳監督，1956年) をヒットさせるなど，圧倒的な興行力を背景に，業績を伸ばしていった。

　こうしたなか，1950年代後半には，日本映画の年間製作本数は500本にのぼり，1930年代をはるかに凌ぐ黄金期を迎えた。当時の大手映画会社は

製作・配給・興行を一社で網羅し，原則として全作品を同一会社の作品でまかなう専門館システム（ブロック・ブッキング方式）を採用していた。そのゆえに，自社専属スターを中心にプログラムが組まれる**プログラム・ピクチャ**が主流となった。石原裕次郎や吉永小百合主演の日活青春映画，伴淳三郎・花菱アチャコ主演の軍隊喜劇「二等兵物語」シリーズ（1955-61 年），森繁久彌・小林桂樹・加東大介らがメイン・キャストを務めたサラリーマン喜劇「社長」シリーズ（1956-70 年）のようなシリーズものが作られたのも，こうした背景によるものであった。

4 テレビ時代のメディア変容

ラジオからテレビへ

　一方，ラジオも 1950 年代半ばにピークを迎えていた。ラジオ受信契約者数は，1944 年に戦前期最高となる 747 万を記録したが，終戦翌年の 1946 年 7 月には 538 万にまで落ち込んだ。しかし，1948 年には戦前の水準に回復し，占領終結間もない 1952 年 8 月には 1000 万（世帯普及率 60.3％）に達した［日本放送協会編 2001:（上）316，（下）532］。1951 年 9 月には初の民間放送局となる中部日本放送（CBC）が開局した。その後も受信契約者数は増加し，1958 年 11 月には 1481 万 3000 件，世帯普及率は 82.5％となった。時代劇や落語，浪曲などの娯楽番組も人気を博し，1952 年には平日 1 日の平均聴取時間が 3 時間 27 分にまで上昇した。もっとも，ラジオは映画などとは異なり，過度の集中力を必要とせず，家事その他の用務をこなしながら聴取できるメディアであった。これほどの聴取時間を可能にした要因のひとつは，この点にもあった。

　しかし，1958 年をピークに，ラジオ放送の受信契約者数は下降の一途をたどった。1961 年度には 1000 万を下回り，1967 年にもなるとラジオ放送のみの受信契約は 221 万にまで落ち込んだ。その要因は，言うまでもなくテレビの普及にあった。

　日本のテレビ放送の起源は，1926 年にさかのぼる。浜松高等工業学校（現・静岡大学工学部）助教授の**高柳健次郎**（1899-1990）は，ブラウン管を用いた受像機に「イ」の字を映し出した。この実験の成功は，世界初の電子式テ

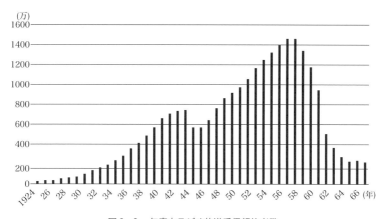

図 3 - 2　年度末ラジオ放送受信契約者数

「NHK 受信契約数」(日本放送協会編『20 世紀放送史』(下) 2001 年) をもとに作成

レビの幕開けとなった。その後も研究開発が進められ,「皇紀 2600 年」(1940 年) に開催予定だった東京オリンピックでは, テレビ中継がめざされていた。むろん, そこには国威発揚の意味合いが濃かった。しかし, 日中戦争が混迷するなか, 日本はオリンピック開催権を返上することになり, テレビ放送計画は中断された。

　世界で初めてテレビの定期放送を行ったのは, ナチス・ドイツである。ドイツは, ベルリン・オリンピック (1936 年) 中継をめざして, 1935 年 3 月に週 3 晩, 90 分番組の定期放送を始めた。ベルリン・オリンピックの際には, テレビ放送は 1 日 8 時間に及び, 選手村のほかベルリン市内 25 カ所の受像会場・劇場で中継が映し出された。その後, イギリスが 1936 年 11 月に, アメリカが 1941 年 7 月に本放送を開始した。しかし, 第二次大戦勃発により, 定時放送・実験放送・研究開発は多くの場合, 中断に追い込まれた。

　アメリカでは, ノルマンディ上陸やサイパン占領を果たした 1944 年 7 月に, CBS と NBC が放送を開始し, 1948 年 4 月に ABC がそれに続くことになる。テレビにおける**全米 3 大ネットワーク**は, ここに成立した。

　ドイツは第二次世界大戦の開戦 (1939 年 9 月) 直後からベルリンのテレビ放送を再開し, 1943 年 6 月には占領下パリでエッフェル塔よりテレビ放送を始めた。占領地テレビ放送は, 連合軍のパリ入城 (1944 年 8 月) まで続けられたが, ドイツが 1945 年 5 月に降伏すると, 翌月にはドイツ人による放

送が一切禁じられ，放送施設は占領軍に接収された。

　戦後，東ドイツでのテレビ放送再開は 1950 年，西ドイツでは 1952 年（実験放送は 1950 年 7 月）であった。戦勝国イギリスの場合でも，テレビ放送再開は 1946 年 6 月まで持ち越された。

　日本では，1953 年 2 月 1 日に NHK 東京テレビ局が本放送を開始し，その半年後に民間放送局の日本テレビ（NTV）があとに続いた。当時のテレビ受像機は高価であり（大卒初任給 8000 円のところ，17 インチ米国製受像機が 25 万円），NHK 本放送開始時点で受信契約数は 866 にすぎなかった。しかし，テレビ普及の目的で駅前や盛り場に設置された**街頭テレビ**には，連日，帰宅途中のサラリーマンらの人だかりができ，力道山が活躍するプロレス中継などに興奮した。

　もっとも，初期のテレビが，地域の電気商を含むアマチュア技術者に支えられていたことも見落とすべきではない。1953 年 2 月末に視聴契約されていた国内受像機 992 台のうち，彼らが自作したものは，その過半数を占めていた。また，山間部では難視聴対策としてケーブルテレビが任意団体によって自主的に運用されたが，その技術指導にあたったのも，各地のアマチュア無線家たちだった［飯田 2016］。

ミッチー・ブームと東京オリンピック

　テレビ普及を大きく後押ししたのは，皇太子成婚（1959 年 4 月）をめぐる一連の動き，いわゆる**ミッチー・ブーム**である。1958 年 11 月に皇太子婚約が発表されると，皇太子妃をめぐる報道が過熱した。そのことは，「パレードをテレビで見たい」という思いを人々にかき立て，テレビ購入が急速に進んだ。1958 年 5 月時点でテレビ受信契約数は 100 万件であったものが，成婚直前の翌年 4 月 3 日には倍の 200 万件を突破した。

　それでも普及率はまだ 11％にとどまっていたが，その後の経済成長の加速と東京オリンピック（1964 年）によって，テレビ普及は急成長を遂げることになる。1960 年から 62 年にかけて，受信契約数は 3，4 カ月ごとに 100 万ずつ上昇し，1962 年には世帯普及率は約 65％に達した。翌年には，テレ

全米テレビネットワーク　アメリカのテレビネットワークは，1948 年以降，実質的に ABC，CBS，NBC の 3 大ネットワークの寡占状況が続いたが，1986 年に FOX が参入し，4 大ネットワーク体制となった。

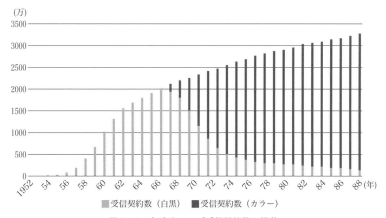

(万)

図3-3　年度末テレビ受信契約数の推移

「NHK受信契約数」（日本放送協会編『20世紀放送史』（下）（2001年）をもとに作成．なお，同
資料におけるカラー受信契約数の統計の記載は1968年以降）

ビ普及率がイギリスを抜き，アメリカに次ぎ世界第2位となった。オリン
ピック前月の1964年9月には受信契約数1633万件，普及率は79.1％と
なった。オリンピック開催が決定した1959年から約8倍の伸びだった。

　とはいえ，当初のテレビ放送は白黒であり，カラー放送の開始は1960年
9月だった。カラー放送の実施はアメリカに次ぐ早さではあったが，カラー
受像機は高価だったため，普及には一定の時間を要した。1960年には2000
台であったが，1964年には東京オリンピックのカラー放送もあって，5万台
にまで上昇した。1960年代末になるとカラー受信契約数は急増した。大阪
万博が開かれた1970年には2年前の4.5倍となる766万に達し，翌年には
1100万件を突破，白黒契約数を上回った。

　テレビの視聴時間も他国に比べて長い傾向が見られた。1965年の調査で
は，国民一人あたりの平均が，アメリカ（大都市）では2時間6分，フラン
スで1時間30分であったものが，日本は3時間に及んでおり，世界最長の
域に達していた［日本放送協会編 2001:（下）157］。テレビは高度成長期におい
て，最も基軸となるメディアとなっていた。

　このことは，テレビを囲んで一家団欒する生活スタイルの広がりにつな
がった。それ以前の日本では，正月や盆，その他特別な機会を除けば，一家
団欒はそう多くは見られなかった。たしかにラジオはかなり普及していたが，

聴覚に頼るメディアであっただけに，聴取しながら家族と談笑すれば，その後の内容理解に支障を来すという難点があった。その点，テレビは会話の最中であっても，画面を眺めていればおおよその内容が理解でき，字幕の補足もあった。一家に一台，茶の間（リビング）に置かれていたテレビは，世代を超えて家族に共通の話題を提供し，視聴しながら団欒する生活様式を生み出した。

映画の凋落とラジオの変質

　テレビの隆盛は，映画の衰退に直結した。映画館入場者数は，わずか5年でピーク時（1958年）の半数を切るようになり，東京オリンピック翌年の1965年には3分の1をも下回るようになった。大阪万博翌年の1971年には，ピーク時の2割以下の2億1700万にまで落ち込んだ。テレビが一家で視聴されるようになっていたうえに，主婦層むけのホームドラマや，『月光仮面』のような子どもむけヒーローもの，大河ドラマをはじめとした時代劇も放映されていた。家庭で気軽に娯楽番組に接することができるのであれば，戸外に出て料金を払って映画を観る層が減少するのは，当然であった。

　テレビの草創期においては，映画人はテレビ・ドラマを「電気紙芝居」と呼んで軽侮し，「五社協定」を盾に専属俳優のテレビ出演を拒む姿勢も見せていた。しかし，テレビの優位性はほどなく明らかになり，映画とテレビの

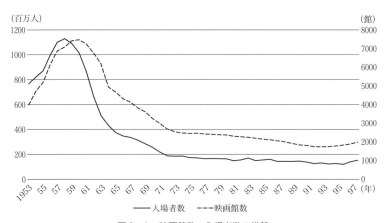

図3-4　映画館数・入場者数の推移

「映画館数・入場者数・封切り本数」（日本放送協会編『20世紀放送史』（下）2001年）をもとに作成

力関係は逆転した。

　ただ，映画界も手をこまねいていたわけではなかった。テレビはたしかに，日常的に娯楽を提供していたが，茶の間に置かれるものであっただけに，あくまで家族で視聴しても差し支えない「健全」な番組が中心であった。ホームドラマは調和的な家族像を描き，ヒーローものや時代劇は勧善懲悪のストーリーに終始した。当然ながら，同様のものを映画が作ったところで，勝ち目はなかった。しかし，「健全」な物語に飽き足りなさを覚える層も少なくなかった。10代後半や20代の若者層は，エロティシズムや暴力といった「不健全」な描写を，娯楽として好む傾向もあった。こうしたなか，「御家族そろって東映映画」という路線に見切りをつけ，「テレビに走らない成人層」にむけた映画制作に舵を切った東映は，「網走番外地シリーズ」「日本侠客伝シリーズ」「昭和残侠伝シリーズ」「緋牡丹博徒シリーズ」といったやくざ映画（任侠映画）を量産した。週末の深夜興行では，大学生をはじめとする青年層が多く集まり，任侠映画に興奮した。この路線は他社にも踏襲され，1960年代後半から70年代初頭にかけて映画界には「任侠映画の時代」が現出した［福間2007］。

　任侠映画のなかには，三島由紀夫が絶賛した『博奕打ち 総長賭博』（山下耕作監督，1968年）や同時代の沖縄返還問題を批判的に描いた『日本女侠伝激斗ひめゆり岬』（小沢茂弘監督，1971年）といった秀作も少なくなかった。だが，こうしたブームは，任侠映画を好まない観衆を映画からいっそう遠ざけることとなった。ストーリーの定型性から，1970年代前半に任侠映画が飽きられるようになると，年間映画入場者数は2億人を切るようになり（1972年），斜陽化は決定的となった。映画は「国民的な娯楽メディア」としての地位を降り，それを趣味とする人々に限定的なメディアとなった。

任侠映画　1960年代前半から70年代初頭にかけて量産されたやくざ映画の一種。明治期から戦後初期を舞台とし，近代合理的で強大な悪玉やくざに，前近代的な共同体を重んじる善玉やくざが圧迫されつつも，最終的には主人公が単身で殴り込みをかけ，勝利を手にするというストーリーを基調としていた。おもに東映によって量産され，鶴田浩二，高倉健，藤純子が多く主演を務めた。しかし，『仁義なき戦い』（深作欣二監督，1973年）が，目的のためには手段を選ばないやくざ集団の弱肉強食ぶりを，実際の暴力団抗争事件をもとに躍動的に描いて大ヒットすると，任侠映画はその定型性が飽きられ，急速に衰退した。『仁義なき戦い』のような「実録もの」はその後も多く作られ，一定の人気を博したが，いずれも欲望をぶつけあうやくざ集団を描いている点に定型性が感じとられるようになり，1970年代後半には衰退した。

　テレビのインパクトは，映画にとって代わったドラマや娯楽番組にとどまるものではない。報道の面でも，その影響力は大きかった。60年安保闘争の盛り上がりも，一面ではテレビ報道に支えられていた。

　1951年に締結された日米安全保障条約では，日本が米軍に一方的に基地を提供するものの，その年限は定められておらず，アメリカの日本に対する防衛義務規定もなかった。1957年に首相となった岸信介は，不平等条約的な状況を解消すべく，条約改定交渉にのぞんだ。その結果，アメリカに防衛義務を課す代わりに，国内の米軍基地が攻撃された場合には，日本が攻撃されたものとみなして対処すること，基地貸与の年限を10年とし，以降は10年ごとに見直していくことが，新条約に盛り込まれた。岸内閣は，アイゼンハワー大統領訪日に合わせて国会承認を取り付けるべく，国会での強硬姿勢を鮮明にした。1960年5月19日には，警官隊を国会に導入して反対派を排除し，法案の強行採決を行った。こうした強引な政治手法は，再び戦争に巻き込まれるかもしれない懸念も相俟って，国民の激しい憤りを招いた。6月15日にはストやデモに全国で580万人が参加した。同日には全学連主流派の学生らが国会に突入し，警官隊と衝突した。その渦中で，東京大学学生・樺美智子が死亡した。

　新聞，ラジオとともに，テレビもこれらを大きく取り上げた。5月19日深夜の強行採決の際には，定時番組を中断して国会の混乱と周辺のデモの模様を映し出した。6月15日の警官隊との衝突も，すぐにテレビで報道された。これは，国会周辺から離れた人々に反対運動の高揚を可視化させ，国民の関心を安保問題へと凝縮させた。60年安保闘争に対する全国民的な関心は，テレビというメディアによって生み出されたものでもあった。

　テレビは，「戦争」をも茶の間に届ける役割を果たした。アメリカは，トンキン湾事件（1964年8月2日）以降，ベトナムへの軍事介入を本格化させ，ベトナム戦争は激化した。これは，史上初めて，テレビに映し出される戦争となった。1965年5月9日の『ベトナム海兵大隊戦記・第1部』（日本テレビ「ノンフィクション劇場」）では，政府軍に殺害された解放戦線の少年の頭部が映し出されて，反響を呼んだ。結果的にその生々しさゆえに，第2部以降は放送中止とされたが，ベトナム戦争をめぐる一連のテレビ報道は，ベトナム反戦運動を活性化させたのと同時に，アメリカを支持し，米軍の後方基地と

化していた日本のありようを問いただす動きにもつながった。折しも，ベトナム戦争後半期にあたる1960年代末から70年代初頭は，カラー受像機が普及しつつある時期だった。テレビは，一家団欒で家族がくつろぐ茶の間に，戦場の悲惨な場面を「カラフル」に伝えるメディアであった。

　ベトナム戦争は，アメリカのテレビでも大きく扱われた。3大ネットワーク（ABC・CBS・NBC）は，ジャングルに倒れる米兵の姿など，戦場の惨状を伝えた。さらに，『ニューヨーク・タイムズ』がペンタゴン・ペーパーズ（米国国防総省機密文書）を入手し，トンキン湾事件がアメリカ軍によるでっち上げであったことを報じたこともあり，アメリカ国内でも政府不信と反戦の機運が高まった。

ラジオと映画の変質

　その意味で，テレビは国民的な関心の共有を可能にする共時的なメディアであった。かつてであれば，ラジオが共時的な情報伝達のメディアであったが，テレビ受像機が各家庭に行き渡るようになると，映像の迫力や臨場感を伴うテレビによって，人々は社会問題や娯楽を同時期に共有するようになった。

　テレビの普及は，ラジオの変質をも導いた。テレビが基軸メディアとなるなか，ラジオ聴取者が激減したのは前述の通りだが，だからと言ってラジオが消滅したわけではない。かつて茶の間で家族が聴取していたラジオは，個室に持ち運ばれ，パーソナルに消費されるものとなった。

　それを技術的に可能にしたのは，**トランジスタ**であった。従来の真空管とは異なり，トランジスタは長時間使用に耐え，消費電力も少なく，ラジオの軽量小型化を可能にした。そのことは，ラジオを廉価で持ち運び可能なものとし，若者たちが個室や戸外で放送を楽しむことを可能にした。彼らはラジオを通して，深夜放送や音楽番組に親しむようになった。

　メディアとしてのありようが変化したのは，映画においても同様だった。任侠映画は，「不健全さ」を娯楽として楽しむ成人層に訴求した。任侠映画の衰退後も，洋画・邦画を問わず，映画は一定のファンによって趣味として受容された。テレビはあくまで，茶の間という明るい空間で，ときに会話を楽しみながら視聴される点で，散漫さを特徴とする。それに対して映画は，暗い観客席からスクリーンを2時間近く凝視し続ける点で，集中力を要する

メディアであった。映画は，散漫なテレビ番組視聴に飽き足りない層にとって，真摯に向き合うべき「趣味」として見出されていた。

　映画もラジオも，かつては「国民的なメディア」であったが，高度成長期にもなると，その地位をテレビに奪われた。だが，それでもってこれらのメディアが消滅したわけではない。雑誌や書籍のような細分化メディアとして，人々に受容されるようになったのである。

5　テレビの退潮とインターネットの覇権

視聴スタイルの変化

　1980年代に入ると，テレビ視聴のあり方に新たな変化が見られるようになった。そのひとつの契機が，リモコンの普及である。従来のテレビは，受像機のダイヤルを回してチャンネルを切り替えることが一般的だった。超音波式のリモコンも開発されてはいたが，動作が不安定だったため，あまり普及しなかった。しかし，1970年代半ばごろから赤外線がリモコンに用いられるようになり，電源操作や音量調整，チャンネル切り替えからタイマー予約まで，さまざまな機能をリモコンに盛り込むことができるようになった。1980年代半ば以降になると，リモコン装置が普及した。リモコン所有者は1987年には53.5％，92年には86.5％に達した［日本放送協会編 2001:（下）160］。

　リモコンの普及により，番組が面白くなければ次々にチャンネルを変えたり，頻繁にチャンネルを切り替えながら複数の番組を見る視聴形態（ザッピング）が一般的になった。このことは，番組制作にも影響をもたらした。従来は番組が始まったらチャンネルを切り替えないことを前提にできたので，1時間ドラマでは後半40分前後のところに大きなヤマ場を置き，徐々に盛り上げていく構成になっていた。しかし，ザッピングが一般的になると，小さなヤマ場をいくつも設けて，視聴者の興味関心をつなぎ止めることが意識されるようになった。「お笑い」番組でも，かつての演芸場のようにゆったりと時間をとって漫談や漫才を行うことは難しくなり，短時間のうちにコンパクトに笑いを詰め込むスタイルが主流になった。

　家庭用VTRの普及は，さらに大きな変化をもたらした。VTRはすでに1960年代前半に製造されていたが，当初はオープンリール型であったうえ

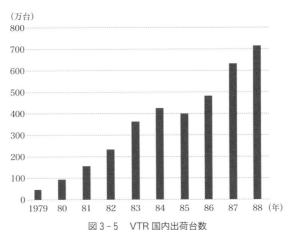

（万台）

図3-5　VTR国内出荷台数
「家庭用 VTR の国内出荷台数」（日本放送協会編『20 世紀放送史』（下）
2001 年）をもとに作成

に，規格がメーカーによって異なり，互換性に乏しかった。そのため，家庭
用としては高額で使い勝手のわるいものでしかなかった。

　しかし，70 年代末以降，ベータマックスを展開するソニーと VHS を採用
する他社とのあいだで規格をめぐる覇権争いが激化するなか，VTR の高品
質化と低価格化が進んだ。80 年代後半以降になると家庭用 VTR の普及が一
気に進み，規格が VHS に統一されたことも相俟って，レンタル・ビデオ市
場が急成長した。

　家庭用 VTR の普及は，テレビ視聴を放映時間の拘束から解き放つことと
なった。VTR は，家庭内の個々人が，好きな時に好きな番組を録画して視
聴することを可能にした。それにより，テレビは，茶の間での一家団欒を促
すメディアではなくなった。また，レンタル・ビデオが広がり，好きな映画
を自分の都合に合わせて観ることも可能になった。

　テレビ受像機や家庭用 VTR の価格が下がったことで，家庭に複数台設置
されるばかりではなく，大学生の下宿でもテレビと VTR が必需品となった。
テレビは家族と楽しむものではなく，個々人が好きなものを視聴するパーソ
ナルなメディアとなった。それは，小型化して個室に入り込むことになった
ラジオとも，軌を一にしていた。

　1989 年 1 月 7 日に昭和天皇が死去すると，テレビは数日にわたって「昭
和の終焉」を扱う番組を流し続けた。だが，若者たちは，これらの「国民的

番組」を自宅で視聴するのではなく，レンタル・ビデオ店に足を運んだ。それは，テレビがもはや，共時的なメディアではなくなったことを示していた。前にも述べたように，60年安保闘争やベトナム戦争を報じたテレビは，同時期に社会的な問題関心の共有を可能にする共時的なメディアであった。安保闘争やベトナム反戦運動のような社会運動が盛り上がったことも，それと密接に関わっていた。しかし，1980年代末にもなると，VTRやリモコンの普及もあって，個の関心に閉じたメディアへと変わろうとしていた。テレビは，社会の基軸メディアとしての地位を失い，細分化のメディアに転じつつあったのである。

細分化が加速するテレビと雑誌

　1989年6月，NHK衛星第1・第2テレビが本放送を開始した。1991年には民間初の衛星放送となる日本衛星放送（WOWOW）の本放送も始まり，映画，スポーツ，舞台中継，音楽番組など，多様なプログラムを放送した。1996年には日本デジタル放送サービスが通信衛星（CS）を用いて日本初のデジタル放送（「パーフェクトTV！」）を始めた。1999年にはケーブルテレビでもデジタル放送が始まり，テレビ界は多チャンネル時代に入った。地上波放送の優位性がなお見られたとはいえ，こうした状況はテレビ視聴の細分化を加速させた。

　同様の傾向は，雑誌においても見られた。1960年代までであれば，総合雑誌には一定の影響力が見られた。60年安保闘争期の『世界』（1960年5月号）には，清水幾太郎「今こそ国会へ――請願のすすめ」が掲載された。「1千万人の請願は，その1千万人が，幾日かかってもよい，何も叫ばなくてもよい。一人づつ国会の門を潜り，衆参両院議長に請願文を手交する時，その圧力をフルに示すことが出来るのである」と訴えたこの論稿は，請願デモの高揚を後押しした。戦後に復刊された『中央公論』も，60年代には10万から13万ほどの購読数で推移していた。

　毎日新聞社『読書世論調査』の「愛読月刊誌ランキング」でも，1960年代には『中央公論』が10位前後，『世界』が20位前後を占めていた。しかし，『世界』は1970年代末以降，50位を下回るランク外となり，『中央公論』も1985年以降，同様となる。読書に関心を有する勤労青年が愛読した人生雑誌（『葦』『人生手帖』など）も，1960年代後半には凋落が明らかとなり，

1970年代半ばまでにはいずれも廃刊となった。1960年代末の大学紛争を転換点として，大学キャンパスにおいてさえ教養主義が急速に消え失せていったことも，その背景にあった。

その一方で，趣味や関心ごとに閉じた雑誌は多く出された。その典型は，ファッション誌に見ることができるだろう。DCブランドブームやバブル経済を背景に，1980年代前半から後半にかけて，ファッション誌が続々と創刊されたが，それは性別，年齢層，服飾趣味（アメリカン・カジュアル，トラッド，DCブランドなど），ひいては読者の文化的・経済的な階層ごとに細分化されたメディアであった。それ以外でも，パソコン雑誌やゲーム雑誌などさまざまなものが出されたが，ごく限定的な趣味・関心に特化している点で，ファッション誌と同様の傾向を帯びていた。

むろん，雑誌はもともと読者を限定する細分化のメディアではあった。だが，総合雑誌はまだしも「国民的な関心事」を幅広く扱うメディアでもあった。新聞やラジオ，テレビによる報道も，それを下支えしていた。総じて知識層が手にするものであったとはいえ，大衆教養主義や中間文化の広がりもあり，1960年代ごろまでは，総合雑誌への社会的支持もある程度見られた。しかし，それ以降，総合雑誌は衰退し，雑誌は趣味や関心，階層ごとに細分化される傾向がいっそう際立つようになった。

これら雑誌の総売上は，1997年にピークを迎えた。書籍販売額や新聞発行部数のピークも，それぞれ1996年と97年である。だが，以後，出版市場は縮小傾向に転じ，雑誌・書籍のみならず，新聞も読者離れが加速した。

以上から浮かび上がるのは，「包括性」を有するメディアの衰退である。前述のように，かつてのラジオやテレビは，社会問題から娯楽・コメディまで，幅広い聴取者・視聴者に共通のプログラムを提供した。そこでは，ザ・ドリフターズの『8時だョ！全員集合』(TBS, 1969-85年)を知らない視聴者がいないのと同じく，安保闘争やベトナム戦争を知らない視聴者もいなかった。複数のチャンネルがあったとはいえ，地上波放送ではチャンネル数も限られていただけに，人々はテレビを通して，娯楽や社会問題への関心を共有できた。多くの世帯で新聞が購読されていたことも，それを下支えしていた。書籍や雑誌は，それらのメディアに比べれば細分化を促す傾向があったとはいえ，ひところまでは，教養の名のもとに人文科学・社会科学等を広く扱う書籍・雑誌が存在していた。

しかし，昭和から平成に変わるころには，そうしたメディアの存在は困難
となり，個々人の趣味・関心ごとに細分化されたメディア状況が一般化した。
それは，活字メディアからテレビ，映画に至るまで，多くのメディアに通じ
る現象であった。

　折しも「ベルリンの壁」の崩壊（1989年）を機に冷戦が終焉し，「資本主義
vs. 社会主義」という二項対立図式が失効した。イデオロギーの終焉と軽や
かな「**ポストモダン**」が語られ，教養や政治をめぐる「大きな物語」（第6章
参照）が求められる時代ではなくなった。さまざまなメディアに共通する細
分化の加速傾向も，こうした流れに沿うものであった。

インターネットの広がり

　こうした時代に基軸メディアになっていったのが，インターネットである。
　今日の情報技術やコンピュータの起源は，第二次大戦期のアメリカにおけ
る**マンハッタン計画**にさかのぼる。原爆開発のために多額の連邦政府資金と
2000名を超える最先端科学者が投入されたこの計画のなかで，情報を効率
的に処理する Memex システムが生み出された。また，弾道計算用の電子式
コンピュータ **ENIAC**（1946年）の後継機として開発された EDVAC（1951年）
で，数学者フォン・ノイマンはプログラム内蔵方式を考案した。現在のコン
ピュータの多くはこの方式に則っており，**フォン・ノイマン型**と呼ばれる。

　これらのコンピュータは，原爆や水爆の設計でも威力を発揮したが，それ
だけにきわめて大型のものだった。ENIAC には1万8000本もの真空管が用
いられており，その消費電力のあまりの大きさから，始動するとフィラデル
フィア市内の電灯が暗くなったという噂も生まれた。設置にも広大な敷地を
要し，後年の小型コンピュータとは隔たりがあった。

　今日のインターネットにつながる情報ネットワーク構想としては，
ARPANET があげられよう。ソ連の人工衛星スプートニクの打ち上げ成功
（1957年）は，米国本土への核攻撃能力を証明するものであっただけに，ア

ポストモダン　理性による啓蒙に基づく近代社会の制度・思想の一元的な原理を批判し，消費社会や情報社会
に対応した知や実践を模索する思考。フランスの哲学者ジャン＝フランソワ・リオタール（Jean-François
Lyotard, 1924 -1998）らによって提起された。
ENIAC　大砲弾道計算用に1946年に開発された世界最初期の真空管式コンピュータで，原爆設計への利用も
目論まれていた。アメリカのアバディーン弾道研究所で1955年まで，弾道計算や天気予報，原子核などの計
算に使用された。

メリカに衝撃を与えた。アメリカは，月面着陸をめざすアポロ計画（1961-72年）で対抗をはかると同時に，巨大防空システム SAGE を 1958 年に稼働させた。これは，全米に 30 ほど配置された指令センターの大型コンピュータが，担当地域内の探知機から情報を集め，他の地区の指令センターや上位のセンターに通信する情報システムだった。そこから派生して構想された指揮・統制支援システムが，国防総省の ARPANET プロジェクト（1969 年開始）である。それは，コンピュータが単体の大型計算機ではなく，対話型コンピューティングを通してコミュニケーション・メディアとなることをめざすものであった。これは，政治イベントとしてのアポロ 11 号月面着陸（1969年 7 月）以上に，情報技術史的に大きな意味を持っていた。

1989 年になると，軍ネットワーク（MILNET）が分離され，ARPANET は研究教育機関のネットワークとなった。大型汎用コンピュータの共同利用と小型汎用コンピュータ端末を組み合わせたネットワークは，膨大なアクセスを処理する大型サーバと端末としてのパソコンという今日のインターネットの仕組みの源流となった。1992 年になると，インターネット情報検索の仕組みとして，WWW（World Wide Web）が欧州原子核研究機構（CERN）で無料公開され，それを図示的に閲覧するブラウザが次々に開発された。商用利用も解禁され，企業や一般の利用者が急増し，インターネットは以後，急速に広がっていった。

大規模研究開発や企業実務のための大型汎用コンピュータ（メイン・フレーム）の開発も進んだが，それとは別に，パーソナル・コンピュータも普及し始めた。そのきっかけとしては，マイクロソフト社（ビル・ゲイツ［Bill Gates, 1955-］創業）のオペレーティング・システム MS-DOS の開発が大きかった。1981 年に発売された IBM-PC（IBM 社）が MS-DOS を採用したことから，これが IBM 互換機を含むパソコン OS の主流をなした。

アイコンとマウスで操作可能な GUI（グラフィカル・ユーザー・インターフェイス）においては，アップル社（スティーブ・ジョブズ［Steve Jobs, 1955-2011］創業）の Macintosh（1984 年）が先行していたが，マイクロソフト社も 1995 年に GUI に対応した Windows95 を発売した。それまでは，パーソナル・コンピュータと言っても，単体で作図・文書作成・表計算などに用いられることが多かったが，以後，インターネットに接続される情報端末としての使用が一般化した。

もっとも，インターネットが一般家庭に導入された当初は，電話回線が使用されていたので，伝送容量が小さかった。動画はもちろんのこと，画像・音声の送受信も容易ではなく，電子メールなど文字データのやりとりが中心だった。

　しかし，その後，通信回線の容量が拡大しただけではなく，Wi-Fiによる無線化も進んだ。情報端末も，ノート・パソコン，タブレット，スマートフォンなど，携帯可能なまでに小型化した。これにより，有線に伴う場所の拘束性がなくなり，人々は「いつでもどこでも」インターネットにアクセスできるようになった。

情報技術が生み出す「豊かな社会」

　インターネットの普及と通信の無線化，情報端末の小型化によって生み出された現代の情報社会は，さまざまな利便性をもたらした。図書館に出かけて事典や参考文献にあたらずとも，ある程度の情報収集は可能となった。スマートフォンやタブレットがあれば，電車の退屈な移動中でも，動画やマンガを楽しむことができる。FacebookやTwitterなどのSNSは，学校や仕事を通して面識がある人だけではなく，日常生活のなかでは接点がない人々ともつながることを可能にした。

　2020年春には新型コロナウイルス感染症（COVID-19）の全世界な流行が見られ，「テレワーク」や「オンライン授業」が広がった。それが可能になる基盤として，インターネットの情報技術があったことは言うまでもない。

　インターネットのもうひとつの特徴として，だれもが「送り手」になり得ることがあげられる。旧来のメディアにおいては，読者・視聴者はあくまで情報の受け手であり，彼らが自らの思考や作品を公にできる場はほとんどなかった。しかし，インターネットでは，誰もが不特定多数の人々にむけて，自らの意思を表現したり，動画・音声・画像等の作品を公にしたりすることができる。その容易さは，特定の選ばれた書き手や作家だけが情報発信できた時代を終わらせた。今日の社会運動にしても，「誰もが送り手になり得ること」と「SNSによるつながり」に支えられている側面は大きい。

　だが，こうした「情報社会の豊かさ」の内実については，少し距離をとって考えてみることも必要だろう。SNS上では，つねに開かれた冷静な議論がなされているわけではなく，事実の裏付けを欠いた排外主義的な議論も少

なくない。威勢よく「正論」を振りかざすむきも見られるが，それは物事を多面的に見る思考を後退させ，疑念を発する営みを萎縮させる点で，ファシズムをも想起させる。

　先の「テレワーク」にしても，さまざまな問題を内包していた。感染拡大を抑えるために在宅勤務が奨励されたが，医療従事者や介護関係者はむろんのこと，中小製造業などに従事する人々，ネット通販で購入された商品を運ぶ宅配事業者は，在宅勤務は不可能だった。情報技術に支えられた「テレワーク」は，それが困難な人々があって初めて成立しているのである。

　かりに「テレワーク」が可能な業務であっても，「社外でのアクセス権限を認められない」などの理由で，正社員に認められた在宅勤務が契約社員には適用されず，従来通りの通勤が強いられることもあった。情報社会は決して誰にも等しく恩恵をもたらすものではない。むしろ，その「豊かさ」が過剰に語られるなかで，そこに内在する格差や不平等が見えにくくされている。

検索と細分化

　また，本章のこれまでの議論との関連で言うならば，インターネットが細分化を促すメディアであることも，見落とすべきではない。たしかに，誰もがインターネットを通じて，さまざまな情報にアクセスすることができるようになった。自宅にネット環境と情報端末さえあれば，マンガ誌のサイトからウェブ公開されている国内外官庁の報告書・論文に至るまで，多様な資料やコンテンツにふれることができる。しかし，「誰もが情報を入手できること」と「実際に情報を入手すること」は，決して同じではない。

　インターネットでの情報アクセスは，基本的に検索に支えられている。何かを調べようとする際には，検索エンジンに単語を打ち込み，そこでヒットしたウェブサイトを閲覧する。それはすなわち，情報収集が往々にして自分の関心に閉じ，その範囲の外に目を見開くことが限られることを意味する。日本にいながら米国国務省やCNNのサイトにアクセスすることは至って容易であるにもかかわらず，実際にそのような情報行動をとる人は，ごく限られている。

　つまり，インターネット上に膨大な情報があふれているにもかかわらず，ではなく，むしろそのゆえに，知識の格差や分断が広がっている。国際政治や国際経済に関心がある人は，海外の官公庁やシンクタンクのリポートをイ

ンターネット経由で手軽に入手することができるが，そのような関心がない人（つまり，検索エンジンにそれらの単語を入力することがない人）にとっては，それらのサイトの存在は何ら知識の蓄積につながるものではない。

さらに言えば，言語の壁もそこには横たわっている。英語に堪能な人であれば，日常的に CNN や BBC，あるいは英米の新聞社の記事にアクセスするかもしれないが，そうでない場合は，どうしても閲覧するのは日本語サイトに限られる。また，かりに英語に不自由しないとしても，アラブ圏や中国語圏のサイトに接することはごくまれであろう。情報化の進展は，万人の知識量を高めるのではなく，むしろその格差を広げる方向に作用しているのである。

検索に規定されたインターネットの細分化機能は，SNS などでの議論のありようとも密接に関わっている。前述のように，SNS での議論は，熟慮と粘りづよい討議を可能にするというよりは，しばしばセンセーショナリズムと分断を生んでいる。そもそも，人々の多くは，検索（あるいは，それをもとに導かれた「つながり」）によって，自分に好ましい情報源のみにアクセスする。自分の思考に相容れない情報源にアクセスすることは，ごくまれであり，近しい思考や趣味の人々とネット上で交流を重ねるなかで，しばしば他者への妥協を許さない極論が導かれる。SNS やウェブサイトが，長文をじっくり書いたり読んだりすることになじまないことも，短絡的でセンセーショナルな議論が生まれやすいことと無縁ではない。

インターネットの言説空間は，たしかに万人に開かれてはいる。だが，そこでは総じて，「異質な他者」を内在的に理解しようとする営みは生まれにくい。その意味でも，検索に根差したインターネットは，細分化機能をじつにつよく帯びたメディアである。

共時性と包括性の喪失

インターネットのこうした特質は，1980 年代以降に見られた「メディアの細分化」傾向の延長上にある。近代以降のメディア史を眺めてみると，その時々の基軸メディアは，新聞からラジオ，そしてテレビへと移ったが，こ

CNN（Cable News Network）　通信衛星により全米および世界各地のケーブル局に 24 時間ニュース番組を配信する専門放送局。1979 年にテッド・ターナー（Ted Turner, 1938-）によって設立された。

れらはいずれも，共時性と包括性を帯びたメディアであった。ほぼ同一のタイミングで，広く国民に多種多様な情報を伝達し，人々は興味関心の有無にかかわらず，それに接した。しかし，リモコンやVTRの普及によって，テレビが細分化メディアに傾くようになると，テレビは基軸メディアとしての地位を失った。共時的なメディアを通して，受け手自身の興味関心の範囲を超えた「偶然の情報接触」が生まれることは，きわめて少なくなった。

　他方で，書籍や雑誌はその出発点から細分化メディアではあったが，それでも1960年代ごろまでであれば，多様な論点を扱う総合雑誌や人生雑誌，新書などが，それなりに読まれていた。「中間文化の時代」とは，そういう時代であった。しかし，それ以降，一定の幅の広さを持った雑誌の存続は困難になり，総合雑誌にしても，ファッション誌などと同じく，ごく限られた層のみが消費するメディアとなった。

　インターネットは，これら既存メディアの凋落のあとに，社会的な基軸メディアとなった。だが，かつての新聞・ラジオ・テレビが有していたような包括性は欠落していた。たしかに，そこには膨大な情報が公開されてはいるが，それが検索のメディアである以上，「偶然の情報接触」を生み出す可能性は，新聞・ラジオ・テレビに比べれば，明らかに少ない。もちろん，インターネットはさまざまな「おすすめ」を紹介してくれるものではある。だが，それは過去の検索・購入履歴やビッグデータから導かれる購買傾向に基づくものであって，「思いもよらない出会い」を促すものではない。

　その意味で，インターネットは書店や図書館を代替するものではない。書籍や雑誌は細分化された層のみをターゲットにするものではあるが，それが書店や図書館（という器＝メディア）に並べられることで，人々はそれまで関心を持たなかったものを偶然手にしてきた。新書や文庫のコーナーで，これまで興味がなかった本を手にしたことから関心が広がったり，気に留めることもなかったジャンルに面白さを覚えることは，決して珍しくなかった。

　レンタルDVD店も，また同様である。店内をぶらぶら歩いて，たまたま目についた外国映画や青春映画，任侠映画をきっかけに，観る映画の幅が広がる経験は，多くの人々に共通のものであった。だが，ネット通販や動画配信が主流になると，「思いもよらないものとの出会い」は限られ，これまでの趣味・関心の延長上にあるものの消費が繰り返されることになる。

　また，インターネットは瞬時に情報を発信できるものであるとはいえ，実

際には新聞・ラジオ・テレビのような共時性を有しているわけではない。空襲警報発令に備えてつけっぱなしにされていたラジオや，60年安保闘争を報じた新聞，ベトナム戦争を映したテレビとは異なり，インターネットは検索でヒットした人のみに限定的に情報を伝えるメディアである。そこでは決して，あらゆる人々に同じ情報が届くわけではない。

　インターネットは現代社会の基軸メディアではあるが，それは往時の基軸メディアを置き換えたものではない。むしろ，既存メディアが共時性や包括性を失っていく延長上にあるのが，インターネットというメディアであった。

　「情報化」の語りは，ともすれば「明るい未来」のイメージをかき立てる。だが，現代メディア史を俯瞰して見えてくるのは，必ずしもそうとは言えない現在や未来の姿ではないだろうか。だが，それは「明るい未来」を構想することと矛盾するものではない。旧来のメディアでは，何が可能になって，何が不可能になったのか。インターネットは，そのなかの何を受け継ぎ，何を削ぎ落したのか。「古いメディアが新しかった時」（キャロリン・マーヴィン）を知ることは，夢物語としてではなく，地道に「明るい未来」を模索することにつながるものである。

引用・参照文献

朝日新聞社出版局編『朝日新聞社出版局史』朝日新聞社出版局、1969年
朝日新聞百年史編修委員会編『朝日新聞社史 昭和戦後編』朝日新聞社，1995年
アンダーソン，ベネディクト／白石隆・白石さや訳『定本 想像の共同体』書籍工房早山，2007年
飯田豊『テレビが見世物だったころ』青弓社，2016年
内川芳美『マス・メディア法政策史研究』有斐閣，1989年
加藤秀俊『中間文化』平凡社，1957年
喜多千草『インターネットの思想史』青土社，2003年
佐藤卓己『増補 八月十五日の神話』ちくま学芸文庫，2014年
───『現代メディア史（新版）』岩波書店，2018年
───『「キング」の時代』岩波現代文庫，2020年
佐藤忠男『日本映画史（増補版）』（全4巻），岩波書店，2006-07年
佐藤俊樹『社会は情報化の夢を見る』河出書房新社，2010年
竹内洋『革新幻想の戦後史』（上・下），中公文庫，2015年
───『教養主義の没落』中公新書，2003年
竹内洋・佐藤卓己・稲垣恭子編『日本の論壇雑誌』創元社，2014年
竹山昭子「メディア・イベントとしてのニュース映画」津金澤聰廣・有山輝雄編『戦時期日本のメディア・イベント』世界思想社，1998年
日本放送協会編『20世紀放送史』（上・下，年表），NHK出版，2001年
福間良明『「反戦」のメディア史』世界思想社，2006年
───『殉国と反逆』青弓社，2007年
───『「働く青年」と教養の戦後史』筑摩選書，2017年
───「九州における地方紙の政治性」佐藤卓己・河崎吉紀編『近代日本のメディア議員』創元社，2018年

──『「勤労青年」の教養文化史』岩波新書，2020 年
藤野裕子『民衆暴力』中公新書，2020 年
古川隆久『戦時下の日本映画』吉川弘文館，2003 年
マーヴィン，キャロリン『古いメディアが新しかった時』新曜社，2003 年
吉見俊哉『メディア文化論（改訂版）』有斐閣，2012 年
山本武利『GHQ の検閲・諜報・宣伝工作』岩波現代全書，2013 年

おすすめ文献

佐藤卓己『現代メディア史 新版』岩波書店，2018 年
　　メディア史研究を切り拓いた第一人者による決定版ともいうべきテキスト。都市文化，新聞，
　　出版，ラジオ，宣伝，映画，テレビ，情報技術それぞれの変容プロセスを，日米英独の 4 カ国
　　比較で論じている。公共性やナショナリズム，ファシズムを考えるうえでも有益。同じ著者に
　　よる『「キング」の時代』（岩波現代文庫，2020 年）など一連の著書からも，メディア史研究
　　の面白さと視角を学ぶことができる。初学者には，吉見俊哉『メディア文化論 改訂版』（有斐
　　閣，2012 年）との併読も勧めたい。インターネットの歴史については，喜多千草『インター
　　ネットの思想史』（青土社，2003 年）が充実している。

日本放送協会編『20 世紀放送史』（全 3 巻），NHK 出版，2001 年
　　ラジオの成立期から「多チャンネル化」の現代に至るまで，放送の通史が詳しく書かれている。
　　NHK や民放の歴史はもちろんのこと，同時代における海外の動向や技術史，さらに放送メ
　　ディアの成立・変容の社会背景についても，厚い記述がなされている。図版も多いので，当時
　　の状況を視覚的にも理解できる。下巻巻末の統計資料集や年表も有益。

竹内洋・佐藤卓己・稲垣恭子編『日本の論壇雑誌』創元社，2014 年
　　『中央公論』『世界』『文芸春秋』『諸君！』など，主要な総合雑誌・論壇誌 10 誌の盛衰とその
　　社会背景を分析した論文集。各誌の歴史を対比しながら，「論壇（総合雑誌）の時代」の変容
　　プロセスを跡付けることができる。これら総合雑誌を下支えしていた教養主義の歴史について
　　は，竹内洋『教養主義の没落』（中公新書，2003 年）が参考になる。論壇ジャーナリズムにつ
　　いては根津朝彦『戦後『中央公論』と「風流夢譚」事件』（日本経済評論社，2013 年），戦後
　　の雑誌史全般については，吉田則昭編『雑誌メディアの文化史 増補版』（森話社，2017 年）お
　　よび佐藤卓己編『青年と雑誌の黄金時代』（岩波書店，2015 年）を参照されたい。

飯田豊『テレビが見世物だったころ』青弓社，2016 年
　　戦前・戦後のテレビ草創期において，アマチュアや興行師，技術者，政治家らがどのように技
　　術革新をめざし，社会的承認を得ようとしたのかを緻密に描き出している。テレビというメ
　　ディアが，その時々の社会状況のなかでどのように構想され，現代に行き着いたのか。NHK
　　や民放の経営史のみでは見落とされがちな「メディアの社会史」に気づかせてくれる。ラジオ
　　をめぐるアマチュアリズムや「もうひとつの歴史」については，坂田謙司『「声」の有線メ
　　ディア史』（世界思想社，2005 年）が参考になる。

第4章　メディアと現代社会

筒井淳也

　私たちは「社会」，つまり他の多くの人との関係のなかで暮らしている。そしてこの本の主題であるメディアも，社会から独立に存在しているわけではない。メディアは社会に埋め込まれており，社会的に必要とされる限りで普及していく。他方で普及したメディアは確実に社会のあり方を変えていく。このように，メディアと社会は相互規定的な関係にある。この章では，メディアと社会との関係に焦点を当てて，メディアの働きについて，いくつかの学問分野（主に社会学，社会心理学，経済学）の知見を援用しつつ説明していくことにしよう。

1　メディアを取り巻く社会的環境

　私たちを取り巻く社会的環境は，現在どのようなものなのだろうか。そう問われて即座に答えられる人はなかなかいないだろう。回り道になるが，避けて通れない話として，社会の基本的な仕組みについて短く説明しておこう。
　社会学や経済学では，近代社会をいくつかの**セクター**（部門）から構成されるものとして考えることが多い。それによれば，社会は大きく分けて民間セクターと公共セクターの2つから構成される。民間セクターとは「市場」とそこで活躍する私企業を，他方の公共セクターとは「政府（中央政府，地方自治体）」のことを指している。現在地球上に存在する近代国家は，ほとんどすべてこの2つのセクターを含んでいる。北欧諸国（スウェーデン等）のように公共セクター（政府）の役割が大きいところもあれば，アメリカ合衆国のように民間セクター（市場）に任される部分が大きいところもある。日本は政府の規模からすれば先進国のなかでは公共セクターがもっとも小さい部類

に入り，アメリカ合衆国型に近いと言われている。

　「物資・サービスの入手先」という観点から見れば，政府と市場以外にも重要なセクターがある。一つは家族である。私たちは生まれてから自分で稼ぐようになるまで，たいていの場合家族からの無償の経済援

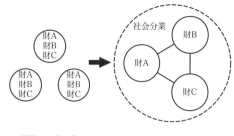

隔絶した共同体　　　　統合された経済圏
図4-1　社会分業

助を受けている。政府，市場，家族の3つ以外にも，私たちは友人・恋人といった社会的ネットワークからおもにメンタル面でのサポートを得ているし，場合によってはNPO（非営利組織）に助けられることもあるだろう。

　このように，私たちは生活に必要な財・サービスを提供する部門として，おもに市場・政府・家族・社会的ネットワークという4つの領域に囲まれている。メディア技術はこれらの領域のそれぞれに強い影響を与える。次節からは，民間セクター（市場）と公共セクター（政府）を中心に，こういった社会の諸セクターにおけるメディアの働き方を説明していくことにしよう。

2　メディアと経済

メディアと経済圏の拡大

　言うまでもなく，社会の仕組みの根本を作り上げているのは経済である。そして経済活動の多くの部分を占めるのが民間セクターである。メディアの働きについて説明する前に，簡単に経済の仕組みについて確認しておこう。

　経済発展の根本にあるのは，「**社会分業**」である（図4-1）。分業とは，個々の人間が別々の財・サービスを提供し，それを交換することで全体の豊かさを増大させるための仕組みである。日本社会を見渡してみても，多数の業種がそれぞれの財・サービスを提供し，多くの人々は無数にある職のうちの一つに就いて自分の得意とするスキルを発揮している。工場労働者は製造業で家電や自動車などの製品を，教師は教育業界において教育サービスを，それぞれ提供し，それによって給与（貨幣）を受け取り，それを他の業界が

提供する物資・サービスと交換する。社会分業は，1人の人間が自分に必要なモノを自分でまかなうよりもずっと個々の人間の生活を豊かにする。分業したほうが効率がよいからである。分業がもたらす豊かさこそが，私たちの社会でなぜこれほど多くの「仕事」の種類が存在するのかの理由である。

　とはいえ，分業が人々の生活を豊かにするには，交換が成立しないといけない。しかしその場その場で物々交換をしていると非常に効率が悪い。ここにAさん（余りの米をもっていて野菜がほしい）とBさん（余りの野菜をもっていて肉がほしい）がいたとする。AさんとBさんの間では，物々交換が成立しない。分業が進んで生産物の種類が増えれば増えるほど，たまたま出会った人間と「需要と供給」が一致する確率は小さくなっていく。ここで，Cさん（余りの肉をもっていてお米がほしい）が登場すれば，交換が成立する。したがって多数の人間が出会う場所があれば，交換が成立する確率が高まるのである。こうして**市場**が発達していく。他方で，AさんとBさんとCさんの間で交換が成立するためには，生産物の価値を測るための基準となる単位があると非常に便利がよい。さもなければ交換のたびにお米・野菜・肉の価値を同時に判断しなければならないからである。そうして，すべての生産物の価値を測るための**貨幣**が発明される。

　「人々の活動を媒介するもの」という意味で「メディア」という言葉を用いるのなら，貨幣や市場はメディアである。実際，後述するように貨幣をメディアに含めている研究者も存在する。しかしここではメディアをもう少し狭い意味で考える。すなわち「個々の人間がもっている情報を伝達・保存するための仕組み」として考える。貨幣や市場のみならず，このような意味でのメディアも，社会分業の発達，つまり経済圏の拡大にとって重大な役割を果たしてきた。というのは，分業が発達するためには，物資を運ぶための交通手段の整備と，遠方にいる関係者との連絡手段が必要になるからである。いまや私たちの経済圏は国境を優に越えている。パソコン一つとってみても，例えばハードウェアのデザインとソフトウェアはアメリカ，部品製造は日本，組み立ては中国，といった国際分業が成立している。小麦や大豆といった日本人の食生活に欠かせない生産物も，多くは海外から輸入されている。世界に広がった生産・交換体制をスムーズに進めるうえで，各々の現地の人々の間で必要な情報をやりとりすることは，通信メディアがなければ不可能である。

19世紀における経済発展は，輸送手段としての鉄道と通信手段としての電気式の**テレグラフ**（電信）によってもたらされた面が大きい。メディアがなければ，私たちが日々利用している製品は非常に高価になり，一部は一般人には手の届かないものになってしまう。これまで国内で調達していたモノが，世界の遠く離れた場所でより安く提供されていても，メディア技術がなければそれを発見することもできないかもしれないし，発見しても十分な連絡手段がなければまとまった交易が実現しない。メディアが加速させた**グローバル化**は，一面においてさまざまな弊害をもたらしつつも，基本的には経済圏の拡大を通じて私たちの生活を飛躍的に豊かにしてきたのである。

　メディアが交換に果たした影響を説明してきたが，経済の発展には生産力の向上も欠かせない。「生産力が向上する」とは，要するにより少ない労力でより多くの優れた財・サービスを提供することができるようになることである。生産力の向上にはいくつかの条件がある。一つには生産効率の上昇がある。生産効率の上昇に果たすメディアの役割は次項で説明する。生産力の向上には，資本も重要である。何らかの生産活動（商売）を始めようとするなら，資本，すなわち元手が必要になる。しかも鉄道や自動車など，生産設備に大規模な投資が必要になる生産活動もある。生産活動に必要な多くの資金を集める手段として考案されたのが，株式市場である。現在の民間企業の多くは，株式を発行することで資本を調達している。19世紀からの電信の普及は，株式市場の発達を通じて資本市場の飛躍的拡大をもたらした。電信以前にはローカルな狭い場所での取引しかできず，したがって株式売買の量にも限界があった。電信が促進した株式取引は，莫大な生産設備をもつ企業の誕生を促し，私たちの生活水準の向上に寄与してきた。

　いまや**電子ネットワーク**（インターネット）により，株式市場の多くは場所を超越している。このことは他方で，あるローカルな経済圏での失敗が，瞬く間に世界の経済に影響を与えるというリスクももたらすようになった。

テレグラフ（電信）　初期では，モールス信号などの人間に解読できる符号を用いて情報を電気的に通信する仕組みを指す。実用化されたのは19世紀，ロンドンでのことであった。現在では大半がインターネット上の通信に置き換わっている。
グローバル化（globalization）　メディアとグローバル化の関係については，二つの面から理解する必要がある。一つは，本文中でも触れたようなメディアが社会や経済のグローバル化を進めたという側面である。もう一つは，本文中でも触れたようなメディア自体がグローバル化するプロセスである。後者については，黄盛彬［2006］あるいは本書COLUMN 1を参照のこと。

2007年にアメリカのサブプライムローンの破綻から始まり，日本経済にも莫大な影響を与え，2010年度卒の学生の就職内定率を大きく下げることにもつながった「世界同時不況」の背景にも，電子メディアによってグローバルに広がった株式取引の影響がある。このように，メディアが広げた経済圏は基本的に生産力の向上という正の効果をもつが，その広がりが逆に経済をコントロールすることを難しくしている，という面もあることに気を配る必要がある。

情報技術による生産性向上

　前項の説明にマスメディアの話が登場しなかったことに気づいただろうか。メディアと聞くとすぐにマスメディアを思い浮かべる人が多いだろうが，経済分野においてはマスメディアよりは通信メディアの与える影響が大きい。そして1990年代以降，経済は電子メディアの発達によって飛躍的に発達した。これは「情報技術革命」と呼ばれるより広い意味での**情報技術**の発達のなかに位置づけることができる。情報技術革命とは，要するにコンピュータと電子ネットワークの発達によってもたらされた生産・交換の革命のことである。ここまでは財・サービスの交換の側面に与える通信メディアの影響を説明してきたが，通信メディアを含む情報技術は個々の企業の生産性を高めてきたという側面もある。これについて説明しておこう。

　いまや日本には，オフィスに1台のパソコンもない企業はほぼ存在しない。それどころか現在のオフィスの風景では，1人につき1つの机，その机の上に1台のパソコン，あるいは電子端末があるのが普通である。そのパソコンで会社員は文書を作り，業態に応じて顧客の情報を管理したり，取引先企業からの部品の納入状況を確認したり，お金の流れ（経理情報）を処理したりする。電子ネットワーク（インターネット）の普及以降は，電子メールによる通信もパソコンで頻繁に行われるようになった。業種や職種にもよるが，ビジネスマンが1日に処理する仕事関連のメールの数は数十通に及ぶことが多い。ますます量的・質的に増大する情報の処理，そして低コストの通信をコンピュータとネットワークが可能にしたのである。

情報技術（IT: Information Technology）　広義には情報を蓄積・伝達するのに使われる技術のことであるが，一般的にはコンピュータとインターネットを指すことが多い。インターネット上で展開されるメールやウェブによるコミュニケーションを強調するICT（Information Communication Technology）という言葉もある。

一般にソフトウェアといえば Word や Excel などのソフトウェア・パッケージが想起されることが多いだろう。これらは「**汎用ソフトウェア**」と呼ばれ，営業職であっても経理であっても設計職であっても（そして学生も），共通して使えるようなソフトウェアである。他方，ソフトウェアのなかにはより機能が特化されているものもある。会計ソフトウェアや統計解析ソフトウェアなどである。さらに，個々の企業の業務を効率化するために特注されるようなオーダーメイドのソフトウェアも存在する。大学でも履修システムや図書の管理システムは，多くの場合その大学に合わせて**システム・インテグレータ**と呼ばれる企業が設計・設置したものである。コンピュータの普及以降，このような個々の企業のニーズに合わせた「**システム**」を構築する仕事が生まれた。個々の組織のニーズに合わせてシステムを開発・設計するのがシステム・エンジニア（SE）であり，SE の指示に従ってソフトウェアを作るのがプログラマである。システム開発部門を企業のなかにもっている会社もあれば，システム・インテグレータに外注する企業もある。いずれにしろ，機能するシステムを導入すれば作業のかなりの部分を自動化でき，多くの場合コスト削減，ひいては製品の安価な提供に結びつくのである。

　交通手段や通信手段の発達によって経済圏が拡大するということは，同時にそうした経済圏を基盤にグローバルに活動する組織が誕生するということでもある。私たち消費者がグローバル市場を経由して外国製の安価な製品の恩恵に浴するのと同じく，企業は自社あるいは系列会社をグローバルに展開することを通じて生産性を向上させることができる。日本のほとんどの大手製造会社（家電や自動車のメーカー）は，いまや海外，特に労働力の安価な中国や東南アジアに生産拠点を置いている。そうして巨大になった組織内部の情報伝達は，電子メディアなくしては非常に効率の悪いものになってしまう。電子メディアによって，地球の反対側にいるスタッフともスムーズに連絡がとれ，また大容量の情報を一瞬で送ることができるようになった。かつて国際電話は非常に高価なものであったが，インターネットを利用した電子メー

システム・インテグレータ（system integrator）　ほとんどの企業や教育機関は，組織内にシステムを構築している。銀行のオンラインシステム，大学の学生履修管理や図書館の貸出記録などを想像するとわかりやすいだろう。組織は運営においてシステムに依存する度合いが強いので，システムトラブルは深刻な事態に発展することが多い。2011 年 3 月に発生したみずほ銀行のオンラインシステム障害は，経済のスムーズな流れを阻害するものと理解され，同銀行は行政処分を受けることとなった。日本の代表的な大手システム・インテグレータには NTT データ，日立ソリューションズなどがある。

ルやビジネスチャット，情報共有のためのクラウドといった仕組みのおかげ
で，より豊富な情報を非常に低いコストで伝えることができるようになった。

情報技術による組織変革

　情報技術は，経済圏の拡大を可能にし，その広い経済圏を舞台に活動する
大企業内部の生産性向上に寄与してきた。他方で情報技術は，経済の構造自
体を変える力ももっている。ここで経済の構造とは，企業と市場との関係の
ことを指している。現在に生きる私たちにとって，企業（会社）というのは
当たり前の存在である。では「そもそもなぜこの世に会社という組織が存在
するのか」と問われたとき，納得のいく答えができる人は少ないだろう。そ
もそもなぜ企業は存在するのか。経済学では，その理由を以下のように説明
する。

　市場取引に参加するのは個人だけではない。企業組織も市場に登場し，そ
こで個人に製品やサービスを提供したり，企業間の取引を行ったりする。企
業の経営者は，生産に必要な部品や人材を，市場（他社）か組織（自社，ある
いは系列会社）のどちらかから調達する（図4-2）。自動車メーカーは一部の
部品を系列他社から，別の部品を広く市場から調達する。現在の私立大学で
は事務スタッフの一部には外部（人材紹介会社）からの派遣社員が配置されて
いるし，先ほど述べたように管理システムの導入はたいていアウトソースさ
れる。一般に競争原理が働く分，企業は広く市場から部品や人材を調達した
ほうがコストを低く抑えられる。生産活動に必要なすべての財・サービスを
アウトソースするのならそもそも企業組織は必要なくなるが，現実にはそん
なことはない。なぜ多くの企業は内部（ここでは系列会社を含む）に部品製造部
門をもっており，また人材を直接雇用しているのだろうか。それは，総合的
に見た場合，内部から調達したほうが効率がよい場合があるからである。で
は，どういった場合に内部を利用したほうがよいのだろうか。

　「組織か市場か」の選択には，次のような要因が関係している［Malone et
al. 1987］。それは財やサービスの特殊性・複雑性である。ある企業でのみ使
われるような特殊な財（自社の自動車でしか使われないような特殊な電子部品など），
ある企業でしか通用しないような特殊な人的スキルは，市場（会社の外）で
見つけることが難しいし，見つけたとしても数が少なく，安定した供給が得
られないかもしれない。また，たまたま見つけた人間が対価として果たして

不当な値段をふっかけている
のかどうかも，他に競合する
人間あるいは企業が見つけら
れなければ判断ができない。
そういう場合は費用を払って
ブローカーを利用して取引を
代行してもらうか，ブロー
カーのコストが高い場合には
いっそのこと自社や系列会社
を利用したほうがよい。市場
で広く入手できるような，あ

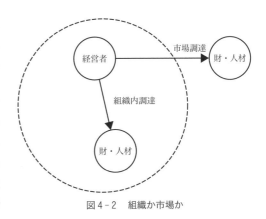

図4-2　組織か市場か

るいはその価値が簡単に判断できるような単純な財（規格化されたネジ）や人
的サービス（単純な事務作業）は，わざわざ自社で提供しなくてもアウトソー
スしたほうがコストがかからない。

　電子メディアは，この取引にかかるコスト（取引コスト）を抑制することが
できる。ネット上の市場といえばAmazonや楽天などの小売り市場が思い
浮かぶが，実際には企業間取引でも活躍している。こうした動きから，電子
メディアは市場取引のコストを引き下げ，財・サービスの調達を企業や系列
会社から市場（外部）に移していく流れを作り出していく，という見方があ
る。企業のなかで実際に働いていないとこういった動きはなかなか目に見え
ないが，私たちの生活を支える土台である経済構造は，電子メディアによっ
て大きな変化を被っているのである。

インターネットの普及で仲介業は衰退するか

　電子メディアが取引コストの抑制を通じて市場取引の範囲を拡大させてい
くなかで，これまで取引双方の間を取りもっていた仲介業が衰退していくと
いう見方がある。仲介業とはまさに取引にかかる手続きを代行し，その対価
を受け取ることで成立する業態である。現代社会には，旅行代理店，不動産

取引コスト（transaction cost）　経済学では，取引コストの考え方が非常に重要な位置を占める。取引コス
トの考え方を使って企業組織を説明したオリバー・ウィリアムソンは，その功績から2009年にノーベル経済
学賞を受賞した。興味があるなら，ウィリアムソン［Williamson 1975=1980］や菊澤研宗［2006］をみてみよ
う。

仲介業，自動車やスマートフォンの販売店，司法書士など，数多くの仲介業者が存在する。

　インターネットの普及は財・サービスの提供者と利用者を直接引き合わせる電子市場を提供するため，たしかに一部の代理業務は衰退していくことになる。航空券の手配はかつてほとんどの場合旅行代理店を通じて行われていたが，現在では航空会社が自社のウェブサイトを通じて直接販売するチケットも多い。農産物を仲卸を経由せずに直接農家から仕入れるスーパーも増えている。

　しかしすべての仲介業がなくなると考えるのは間違いである。例えば，もし不動産仲介業が，単に大家（財の提供者）と借り主が出会う場を提供するだけの業態なら，それはインターネットによって取って代わられる可能性がある。しかし不動産仲介業は賃貸契約にかかわる専門業務なども受けもっており，そういった専門サービスの提供の対価として仲介手数料を要求している面もある。インターネットは単なる情報の通路であり，それ自体が専門的な判断を下すことができるわけではない。航空券や新幹線の切符の販売がネットによる直接取引に移行しつつあるのは，その取引において特に専門的な知識が必要となるわけではないからである。出版業も仲介業の一種だが，これもインターネットによって著作者と読者が直接に取引することが可能になるわけだから，衰退すると考えることもできるかもしれない。だが，出版業は単に著作者と読者の間に立っているだけではない。著作物の質を判断し，マーケティングを行うには，ある程度の専門知識が必要になってくる。

　このように，インターネットは単純取引における仲介を省くことはできるが，仲介において専門知識が必要になる場合には，その仲介業は存続する。ただ，AI（人工知能）の発達により，仲介サービスが自動化される動きが目立つようになれば，流れが変わる可能性もある。

企業間取引　一般顧客と企業が取引する小売市場のことをＢ２Ｃ（Business to Consumer）市場，これに対して企業間取引の市場のことをＢ２Ｂ（Business to Business）市場と呼ぶことがある。どちらの場合も，買い主は多様な製品を検索機能によって比較的簡単に見つけることができる。Ｂ２ＣでもＢ２Ｂでも，電子市場はインターネットの普及を受けて2000年前後から急速に拡大している。

3 メディアと政治

市場を補完する政府

「政治とは何か」と問われてすぐに答えられる人は少ないだろうが，簡単に言えば政府の意思決定（おもに税金の使い道の決定と法律の策定）にかかわる仕事のことである。では政府とは何か。さまざまな答えがあるだろうが，近代国家においては，政府の第一の機能は**市場の補完**にある。市場は経済発展のための仕組みであり，前節で説明したように民間セクターにおける活動によって人々の生活は豊かになってきた。しかし市場メカニズムはしばしば上手く働かないことがある。不況がその最たる例である。現在の経済学では，不況時には政府は市場に介入してその機能を正常に戻す必要がある，とされている。次に貧困や失業がある。これらは民間に任せておいただけでは解決しない問題である。後者は広く社会保障と呼ばれる政府の役割によってカバーされる。景気対策（あるいは成長政策）と社会保障の2つが，近代政府の主要な使命であり，政府が徴収した税金と社会保障費の使い道として多くを占めるものになる。

　意外に見落とされてしまうことが多いのだが，これらの問題に対処するために，政府がまず必要とするのは情報である。不況対策を講じるには，不況がどの程度深刻なのかを統計データによって把握しなければならない。失業対策を講じるためには，失業者がどのくらい発生しているのかを知っている必要がある（図4-3）。これらの情報は政府が行っている各種の統計調査によって収集・分析される。こうして集められた情報の保存と分析において，電子メディアを含む情報技術が活躍している。例えば5年に一度厚生労働省によって行われる「就業構造基本調査」は，全国約45万世帯を対象に行われる大規模な**政府統計調査**である。収集したデータは膨大な量になる。データの表現方法にもよるが，これは原稿用紙数十万枚分に及ぶデータである。これほど膨大なデータは，情報機器なしには保存・分析は不可能である。紙

政府統計調査　政府が行っている統計調査には，それこそ無数のものがある。もっとも大規模な調査は5年に一度の「国勢調査」であるが，その他にも失業率算定の基準となる毎月実施の「労働力調査」などが有名である。e-Stat というウェブサイト（https://www.e-stat.go.jp）で，政府統計が簡単に検索できるようになっている。

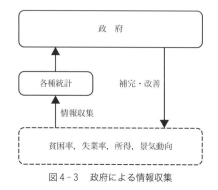

図4-3　政府による情報収集

にすると重さ数百キログラムのデータは，電子メディアであれば数十グラムのフラッシュドライブ（いわゆる「USBメモリ」）に収まる。統計分析も，専用のソフトウェアを使えばほんの一瞬である。同様のことは社会保障・福祉に関係するデータにも言える。貧困の実態を把握するには所得調査が必要になるが，正確なデータの把握には情報機器による分析が欠かせない。このように，政府の活動の多くの部分は民間セクターと同じく情報技術によって支えられており，それがなければ政府の活動は停滞してしまう。国民の福祉の基礎には，ITがあることを忘れてはならない。

政治監視とメディア

　政府は社会保障など近代社会に欠かせない役割を果たしているが，上手く機能しないことも多い。政府が市場の失敗に対処するとすれば，政府もまた失敗することがある，ということである。政府の失敗の典型的な例が政治家の不正行為である。政治家には国民や支持者から集めたお金の使い道が託されるため，それを利用した不正行為（汚職や利益誘導）は後を絶たない。近代国家では，政府の意思決定を一部の政治家に委託することが避けられない（間接民主制）。1億人以上の国民が対等の立場で物事を決めることは不可能だからである。委託主は必然的に，委託された者が不正行為を働くリスクを背負うことになる。経済学ではこれを**プリンシパル・エージェント問題**と呼ぶ。

　政府は国民の依頼先であり，したがって誰かが政府を監視しなくてはならない。現在では，私たちはその役割の重要な部分をマスメディア企業（通信社，新聞社，テレビ局の報道部門等）に託している。マスメディア企業の多くは民間部門の一部として，政府や政治家の活動を国民に伝える。しかしこの政

プリンシパル・エージェント問題　プリンシパルとは委託主，エージェントとは委託先のことである。経営者と社員であれば前者がプリンシパル，後者がエージェントであり，経営者は社員が給与に見合った働きをしているのかを（何らかのコストを払って）監視しなければならない。

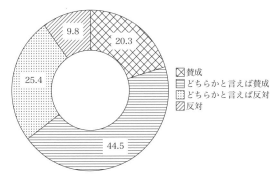

図4-4 「政治や政府は複雑なので、自分には何をやっているのかよく理解できない」という考え方に対する意見 (%)
（出典：JGSS-2010 データより筆者作成）

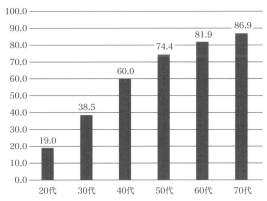

図4-5 「新聞を毎日読む」と回答した人の割合 (%)
（出典：JGSS-2012 データより筆者作成）

治情報の伝達のあり方には問題もある。ほとんどのマスメディア組織は民間企業でもあり，利益を上げなければいずれは倒産する。マスメディア企業の収入源は情報提供料（新聞購読料等）と広告料である。購読数・視聴率が下がれば情報提供料は減少するし，企業も広告の出稿・CM の提供を控えることになる。国民が政治に関する情報を知りたがっている場合には問題がないが，政府の意思決定を適性に理解するためには相応の専門知識がいるため，小難しい報道番組はどうしても視聴率に直結しない。図4-4にあるように，国民の多くは「政治が難しい」と感じている。必然的にテレビ報道はバラエ

ティー色を増していくことになる。また，調査統計（JGSS-2012）によると，「新聞をほぼ毎日読む」人は若い年齢層において非常に低くなっており，年配の世代に比べてマスメディア報道に触れる割合は小さいと言える（図4-5）。

　以上，公共部門である政府を監視すべきメディアが民間部門であるということからくる問題について説明したが，民間による監視に問題があるからメディアを公共部門（公共放送）に移管すれば問題が解決するというわけでもない。それは，公共部門が公共部門の監視をするということの限界を考えればおのずと理解できるだろう。

　国民の政治に対する無関心はおもに政治の難しさに起因するものだが，もう一つの問題が**フリーライダー**である。政府の監視は誰かがやってくれれば自分がやらなくても大丈夫だろう，という考えが政治への無関心（政治監視へのただ乗り）を生み出していると言える。環境問題においては，その解決は市場に任せておけないために政府が主導的に行っているが，政治監視は「民間部門に任せておけないので公共部門へ」という図式が当てはまらない分，難しい問題を抱えていると言えるだろう。

　短くまとめてみよう。政府には民間セクターが解決できない問題を解決することが期待される。しかし政府はしばしば失敗（腐敗）する。そこで監視が必要になり，その役割はメディア組織が担うことになる。しかしメディア組織が民間セクターにある場合，視聴者のニーズに応えるために難しい政治的問題を避けるようになる。政治的問題は理解するのが難しく，視聴者受けしないからである。これはいわば「マスメディアの失敗」と言える。次項からは，マスメディアが及ぼす負の影響について説明していこう。

公共放送　広告料を収入源とする民間の商業放送と違い，利益追求を目的としない放送である。とはいえ，日本の NHK やイギリスの BBC などをはじめ，世界の公共放送の多くは，政府からの独立性を確保するために，税金（政府からの交付金）ではなく視聴者からの受信料をおもな収入源にしており，したがって経済学的には公共部門とは言い難い。とはいえイギリスや日本においては，受信料は（テレビ受像機を所有していれば）半ば強制である。法律でこういった受信料徴収が許可されているのは，公共放送が「公共の利益」の追求という，単なる民間企業とは異なる性格を有しているとされているからである。

フリーライダー問題　フリーライダーとはもともと無銭乗車を意味する言葉であるが，社会学や経済学の分野では「誰か他の人がコストを負担してくれれば自分もその恩恵にあずかることができる」という考えから，社会的に必要なコストが負担されない状況を表している。環境問題がよい例である。「誰かが環境を意識した行動をしてくれるから，自分が行動しなくても大丈夫だろう」と考えるフリーライダーが増えると，環境問題は解決しない。

世論とプロパガンダ

　私たちは国民の政治的態度のことを世論と呼んでいる。この世論という概念がさかんに研究で用いられるようになったのは20世紀の初めであるが、その背景にあったのが新聞というメディアである。私たちが当然のように考えている「日本人」「アメリカ人」といった国民意識が形成されたのも、新聞などの大規模出版によって多数の国民が同一の情報に触れることができるようになったからであると言われている。ベネディクト・アンダーソン（Benedict Anderson, 1936-2015）はこういった国民意識のことを「想像の共同体」と呼んだ［Anderson 1983＝2007］。これは、一度も直接話をしたことがない数多くの人間が同じ「国民」としてのまとまりの意識を獲得したことを指している。世論、つまり国民がいま政治についてどう考えているかを政府、マスメディア、そして国民自身が問題にし始めたのも、こういった国民としてのまとまりの意識ができたからこそであると言える。世論調査が本格的に始まったのも、この時期（1930年代）のアメリカにおいてであった。

　世論は政治にとって独特の意味をもっている。世論とは何よりも国民が政治あるいは特定の政策（例えば消費税の増税）についてどう考えているかを通常「賛成・反対」の割合で示したものであり、そういった政策が客観的に、つまり専門的見地からどのような結果をもたらすものかについての知識ではない。要するに、世論は間違っていることがある。しかし世論は国民の投票行動に影響するため、間接民主制をとる国の政党は、その政策の善し悪しで討議することに加え、いかにして世論の支持を得るかを争わざるをえない。世論と政策の善し悪しが一致していれば問題はないのだが、政策判断には専門知識が必要であることが多く、世論と専門的政策判断は必ずしも一致しない。例えば現在の日本では政府の借金と将来世代負担を考えると消費税の増税は急務だと考える専門家が多いが、増税に対しては世論の反発が大きいため、どの政党も積極的ではない。アメリカのジャーナリスト、ウォルター・リップマン（Walter Lippmann, 1889-1974）は『世論』のなかで、私たちが世の

世論（public opinion）「よろん」あるいは「せろん」という。おもに政府の政策や制度、あるいは事件に対する国民の意見や賛否を指している。もちろん、一国内にまとまりのある一つの「世論」が存在するわけではなく、例えば同一の政策に対しては異なった集団が異なった意見をもっている。そのため、一般には政府やマスコミは頻繁に「世論調査」を行い、「特定の政策に対する支持は○％、不支持は○％」という情報を集め、それをもって世論としているのが実際である。政府による世論調査のデータは、内閣府のウェブサイト（https://survey.gov-online.go.jp/etsuran.html）に掲載されている。

中をあいまいな「イメージ」でしか理解しておらず，客観的証拠を求める前にそのあいまいな「ステレオタイプ」をもとに物事を判断してしまっていることを批判的に論じている［Lippmann 1922＝1987］。

このように適切な政策判断からは乖離することもある世論であるが，逆に言えば世論の支持さえ取り付けることができれば政権をとることができる，ということである。前項ではマスメディアが政府の監視において重要な役割を果たしているということを確認したが，政府が自らの正当性を国民に知らしめるためにマスメディアを利用することもある。**世論操作**である。マスメディアを通じて政治的主張を行うこと（しばしば自らにとって都合のよい情報を伝達すること）を「**プロパガンダ**」と言う。政府によるメディアを利用したプロパガンダは，しばしば国民の総動員を必要とする戦時においてさかんに行われた。プロパガンダにおいては，政策に関する客観的な知識を国民に伝えるのではなく，むしろ感情に訴えかけた宣伝により世論を操作することが目指される。

効果研究

世論概念の普及に伴って，社会心理学の分野ではマスメディアが世論操作においてどれほど効果をもつのかについての研究がさかんになされることになった。いわゆる「マスメディアの効果研究」と呼ばれる研究分野である。

初期の効果研究においては，ちょうどドイツのナチス党がマスメディアを活用したプロパガンダを展開して効果を上げていた時期でもあり，マスメディアの強力な効果を強調するものが代表的であった。アメリカの世論研究者**ハドレー・キャントリル**（Hadley Cantril, 1906-1969）は『火星からの侵入』という研究書において，ラジオドラマが引き起こしたパニックを分析した［Cantril 1940＝1971］。ラジオではハーバート・ジョージ・ウェルズの有名なSF小説『宇宙戦争』をもとに，あたかも火星人が地球に侵略を開始したかのような放送を行った。時々「これはフィクションだ」というメッセージを流したにもかかわらず，放送の臨場感も手伝って「火星人侵略」を事実として受け止めてしまった人が多数発生した，というのである。こういったメディアの強力な効果を強調する理論は，「**弾丸理論**」あるいは「**皮下注射理論**」と呼ばれている。キャントリルは「いったいどういった人々がパニックに陥ったのか」という問いを立て，それをおもにインタビュー調査を通じて

明らかにしようとした。ただ，後の研究によれば，実際にはメディアの効果は『火星からの侵入』で言われているほどパニックを引き起こさなかったのではないか，という指摘もある（たとえば佐藤［2019］など参照）。

　マスメディアの効果の強力さを説いた弾丸理論に続いたのは，むしろメディアの影響は限定的であるとした一連の「**限定効果研究**」であった。つまりマスメディアの効果理論はすぐに転機を迎えたのである。アメリカの社会学者**ポール・ラザースフェルド**（Paul Felix Lazarsfeld, 1901-1976）は「**コミュニケーションの二段の流れ**」仮説を提起した［Lazarsfeld et al. 1944=1987］。「コミュニケーションの二段の流れ」とは，マスメディアの情報は直接に個人に効果を及ぼすのではなく，その個人の周囲にいて記事について論評を行う「**オピニオン・リーダー**」を経由して，そこで一定の留保を付けられて伝わる，という理論である。また**ジョセフ・クラッパー**（Joseph T. Klapper, 1917-1984）は，マスメディアの情報は人々に直接影響してそれを変えるのではなく，むしろ人々が初めにもっている態度を強化する，と論じた［Klapper 1960=1966］。これは「**選択的受容**」理論と呼ばれている。人々は自分の考え方に反する情報を遠ざけ，自分の態度と共鳴する情報を近づける，というものである。これらの限定効果理論によれば，いくら政府が強力なプロパガンダを展開しても，多くの国民にその情報が直接効果をもつことは考えにくく，もし間に入っているオピニオン・リーダーが政府の方針に批判的なコメントを表明する，あるいは政策が多くの人々の共感を得られないようなものであれば，プロパガンダは効果をもたない，ということになる。

　限定効果理論が学会において標準的な見方となった1960年代以降，理論を批判的に発展させたさまざまな効果理論が展開されるようになった。なかでも「**議題設定効果**」理論は重要である［McCombs and Shaw 1972］。議題設定効果理論とは，現在どういった問題が社会に存在しているのかを設定する機能がマスメディアにはある，というものである。ある社会問題を「メディアが取り上げない」ということが典型的な議題設定機能である。一般にマスメディアによる報道においては，2つの種類の情報が提供される。それは「事実と論評」である。事実の報道は主張を含んでおらず，それに対して論評（コメント）は何らかの主張を含んでいる。例えば「政府が年金制度を改革した」というのは事実の報道であるが，論評はその政策の善し悪しについてのコメントである。「二段の流れ」仮説や「選択的受容」理論は，そもそ

も主張を含む論評の効果についての理論であり，簡単に言えば「政府やマスメディア組織の「意見」は一般人に直接的効果をもたないよ」ということである。しかし事実の報道についてはどうだろうか。マスメディアは，この世に生じているすべての出来事を報道しているわけではない。マスメディアが何を報道し，何を報道しないのかについての判断には，必ずメディアを運営する者の意見・考え方が入り込む。そしてメディアに取り上げられない問題については，私たちはそれについて何らかの態度をとることさえできない。そもそも存在を「知らない」からである。このようにマスメディアは情報の取捨選択を通じて「何がいま社会で問題になっているのか（議題）」を決めることができる。マスメディアは「いまはこれこれこのことが問題になっている，だから世論はここに注目すべきだ」という隠れたメッセージをつねに送っている。マスメディアの議題設定機能は，一見主張を含まないように見える事実報道の背後にマスメディアの判断が存在していることを明らかにしたのである。

　以上のように，マスメディアは前項で述べたような問題（マスメディアの失敗）を抱えている。

マスメディア自体の問題

　マスメディアの効果研究の発端はプロパガンダ（政治宣伝）の普及にあったが，効果理論が展開するにつれてマスメディア組織自体の主張・判断の効果を含めた研究になっていった。マスメディアはおもに議題設定機能を通じて世論を誘導し，政府の動向・政策を左右するほどの力をもっている。マスメディア（特にテレビ）は政府が抱える難しい問題を国民に伝えるだけでは利益を上げられないので，どうしても「受けのよい」出来事を優先する。いまや政治家のスキャンダルはテレビニュースの定番であるが，これは人々が本来は公共的な政治問題についても，（友達の善し悪しを考えるときに使うような）「身近な尺度」で考えてしまいがちだからだ。アメリカの社会学者**リチャード・セネット**（Richard Sennett, 1943-）はこれを**親密性の専制**と呼んで批判した［Sennett 1977＝1991］。

　また，親密性の専制による情報バイアスに加えて，マスメディアはどうしても身内の不祥事の報道には及び腰になってしまう。インターネットという代替メディアに触れているからか，国民のマスメディア企業に対する信頼は

若年層ほど低い（次頁，図4-6）。マスメディアの内部の仕組みを見抜くために，情報の受け手の側でもマスメディア企業から批判的に距離をとる能力（メディア・リテラシー）がますます必要になるだろう。

4　メディアとその他の社会領域

インターネットの普及で「旧メディア」は衰退するか

　これまでメディアが経済や政治に与える影響について説明してきたが，では当のメディア自身は，新しいメディア技術の登場によってどう変わっていくのだろうか。

　マスメディア業界（新聞・テレビ）はしばしば**オールド・エコノミー**の典型であると言われる。新聞に広告を出そうとすれば数十万円から数千万円必要だが，インターネットであれば，端末であるパソコン，ネット接続環境などを負担すれば，うまくいけば非常に安価に新聞以上の効果を上げることができる。報道で取り上げてもらおうにも，新聞やテレビの場合，何を報道するのかは組織の側が決める。ネットであれば自分の好きな情報を好きなだけ公開することができる。このようないわば「全員マスメディア」の時代にあって，マスメディアはすでに役目を終えたのではないかという疑問が，マスメディアが「古い産業」として衰退していくという考え方の背景にあるのだろう。

　しかしこの見方は一面的である。すべての情報において，ネットを経由して情報発信者と受け手を直接に結びつけ，その間に立つ旧メディア組織をスキップすることができるというわけではない。これは「報道」という情報コ

親密性の専制（tyranny of intimacy）　「身近な判断基準（親密性）が公共的判断を支配する」ということである。例えば支持率に対しては，リーダーの政治的態度よりは，その「人柄」が重要になる。アメリカの大統領選挙で行われるテレビ討論においては，各候補者は政策判断だけではなく自らの「口調」「視線」といった感覚情報に対して極度の配慮を行う。実際アメリカでは，大統領選挙の行方を，候補者がテレビに露出しているときのまばたきの回数で予測することができる，という学者もいるくらいである [Tecce 1992]。というのは，まばたきが多いことは自信がないことの表れであり，リーダーとしての「頼りなさ」を伝えてしまうからである。
オールド・エコノミー　オールド・エコノミーとニュー・エコノミーという言葉は使う論者によって意味が異なることがあるが，おもに（1）工業（第二次産業）を中心とした経済から情報・サービス産業（第三次産業）を中心とした経済への転換，（2）そのなかでも特にITを利用した新しい産業への変化のなかでの従来型の経済や産業を指していることが多い。

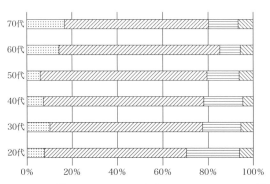

⊞とても信頼している ▨少しは信頼している ☰ほとんど信頼していない ◧わからない

図4-6 「テレビについて、あなたはどれくらい信頼していますか」という質問に
　　　対する回答（年代別）
（出典：JGSS-2010 データより筆者作成）

ミュニケーションについて冷静に分析すればすぐにわかることである。何の
資源もノウハウも，また組織力もない一般人が，事件を報道することができ
るはずはない。新聞社や放送局は膨大な報道機器，貴重な情報を入手するた
めの独自の人的ネットワーク等の「取材資源」において，一般人とは大きな
差をつけている。いわゆるリーク情報を除けば，一般人が事件報道において
報道機関に勝てる要素はない。

　他方，新聞記事や報道番組には取材による情報収集の他にもう一つの機能
がある。先ほども説明したが，それは論評機能である。テレビの報道番組で
も，ある事件や政府決定が報じられたあと，コメンテーターが報道の内容に
ついて「見方」を示すことがある。少子高齢化の進展度合いを受けて，政府
が年金制度を改定した，という報道がなされる。年金の専門家ではない視聴
者は，それについてどう反応してよいのかわからないことがある。報道番組
のコメンテーターや新聞の社説・コラムは，記事の見方を伝えることで一般
人の判断のサポートをしたり，場合によっては一定の世論に誘導したりする
のである。

　ここで，取材には大きな初期投資が必要になるが，論評はそうではない。
つまり取材と違って論評は一定の専門知識があれば提供可能である。実際，
インターネットのブログやネットニュースサイトでは膨大な論評が展開され
ている。試しに検索サイトのどれかにアクセスして「年金」で検索してみる

とよい。数え切れないほどの解説記事があり，しかもほとんどは独自取材というよりも，報道機関の記事を利用した論評なのである。マスメディア企業がウェブ上に掲載するニュース記事をリンクで参照してそれに対してコメントを加えるという定番の形式によって，つまり従来のマスメディアとの連携によって，インターネットではまさに論評文化が開花したのである。

　最初の問いに戻ろう。マスメディアはインターネットによって衰退するのか。答えは単純であり，一般市民がインターネット経由で提供できない情報内容については，依然としてマスメディア企業の役割は続く，ということである。一次取材された情報がそうであるし，スポーツ中継やコストのかかるドラマなども，メディア企業による提供が必要であり続けるだろう。「旧メディア」は，インターネットを活用することがあっても，それによって「独自」の機能を失うことはない。このことは他方で，独自の機能以外の，インターネットで代替可能な機能については利益を上げられなくなる，ということでもある。例えば新聞のテレビ欄しか見ていなかったような読者層は，いまやインターネット上で（ネット企業による）番組表の提供がなされているため，新聞社の提供する情報を必要としなくなることが考えられる。

5　メディアの普及——社会に埋め込まれたメディア

インターネットの柔軟性

　インターネットは，他のパーソナル・メディアと比べて普及速度が非常に速かったメディアである。この普及スピードの速さに，インターネットの特徴が表れている。従来のメディアと比べたときのインターネットの特徴とは何だろうか。双方向性，速報性などいろいろな答えが思い浮かぶかもしれないが，これらの特徴は多かれ少なかれインターネット以前のメディアにも備わっていた（例えば電話は双方向メディアである）。インターネットの最大の特徴は，その柔軟性にある。この場合の柔軟性とは，さまざまなコミュニケーションをそのなかで可能にする，という意味である。この特徴から，インターネットはそのなかに多様なメディアや活動を移植することができる。インターネットは電話にもなるし，新聞にもなる。テレビ的役割を果たすこともある。したがって「インターネットはマスメディアか，それともパーソナ

ルメディアか」というよく聞かれる問いには意味がない。考えるまでもなく「両方」である。

　しばしばインターネットによってオールド・メディアは衰退するといったことが聞かれるが，そうとは限らない。新聞社がインターネットに媒体を移していったとしても，新聞社は新聞社である。たとえ紙媒体の新聞の発行部数がゼロになっても，インターネット上の報道から利益を上げるシステムがもしできあがれば，新聞社は存続する。たとえ電波経由の放送がなくなっても，ネット上で番組視聴が可能なシステムが可能になれば，番組を提供する組織は存続する。インターネットは将来的に，情報提供機能を担う企業と情報を運ぶメディアを運営する企業を切り離していくと考えられる。情報提供と情報伝達の両方を行ってきた旧来の「垂直統合」型の企業の対義語として，これを「水平分業」と呼ぶ。インターネットがメディアの水平分業を進めるかどうかはこれからわかるだろうが，少なくとも理論的にはインターネットはその柔軟性ゆえに水平分業を促進する力をもっている。

研究における「メディア」という概念の広がり

　言葉というのは一般に，研究者が何らかの基準をもって決める以前に，人々によって日常的に使われているものである。「メディアとは何か（どういうものをメディアに含めるか）」という問いに関しても，私たちはある程度共有した範囲をもっている。たいていの場合，メディアと聞いて思い浮かぶのは新聞・テレビ・ラジオなどのマスメディアか，電子的記憶媒体 (DVD，ハードディスク等) であろう。研究者の観点からはパーソナル・メディアとして分類される電話をメディアに含めるかどうかについては，人によって違和感の強さは違うだろう。私たち（少なくとも日本人）は日常的にはパーソナル・メディアという言葉を使わない。また，電子的仕組みを使わない紙のことを，場合によっては「紙媒体」と呼んだりするが，記憶メディア（媒体）といえば通常は電子メディアのことを指すことが多い。

　他方，研究者のなかにはそういった日常的語法を離れてメディアを定義することが多い。例えば，メディアを「相互行為を可能にするもの」「人間の感覚を身体を超えて拡張するもの」として考える人たちもいる。「行為を媒介し，相互行為を可能にするもの」としてメディアを考えると，例えば貨幣や権力がメディアの定義に入ってくる。貨幣という仕組みがなければほとん

どの経済取引が生じえないので，「相互行為を可能にするもの」としては貨幣は立派なメディアである。貨幣だけでなく，法律などの社会的制度もこの定義ならメディアに入ってくるだろう。メディアをこういった定義で使ったのは社会学者のニクラス・ルーマン（Niklas Luhmann, 1927-1998）である（ルーマンについての詳細は第5章を参照）。ルーマンはこういった広い意味でのメディアを「**象徴的一般化メディア**」と呼び，これをもとに社会を分析した［Luhmann 1990］。

　メディアを「人間の感覚を身体を超えて拡張するもの」として使ったのはマーシャル・マクルーハンである。マクルーハンはメディアを「情報を伝達するもの」としてではなく，それ自体が私たちの経験・感覚を広い世界に向けて拡張するものであるとした。したがってマクルーハンにとっては，メディアはそれが運ぶ情報（メッセージ）をもっている必要がない。電球が（私たちの生活経験を変えるものとして）メディアの例として挙げられているのも，こういった定義の反映である。同じように自転車も電子レンジも，この定義では立派なメディアとなる。

　ルーマンにせよマクルーハンにせよ，メディアという概念を日常の用語法よりもあえて拡張して用いることで，それまでは見えてこなかった社会や人間の側面についての鋭い説明を可能にしたと言える。この章ではこういった方向とは逆に，メディアの定義はできるだけ日常用語に固定したまま，メディアとそれを取り巻く社会の関係について，社会や人間行動についての理論を拡張する形で説明してきた。いずれのやり方でも「メディア研究」は可能だが，いずれにしろ理論が現象を「うまく説明できているか」をつねに意識しておく必要があるだろう。

謝　辞
日本版 General Social Surveys（JGSS）は，大阪商業大学 JGSS 研究センター（文部科学大臣認定日本版総合的社会調査共同研究拠点）が，東京大学社会科学研究所の協力を受けて実施している研究プロジェクトである。JGSS-2000～2008 は学術フロンティア推進拠点，JGSS-2010～2012 は共同研究拠点の推進事業と大阪商業大学の支援を受けている。

引用・参照文献
菊澤研宗『組織の経済学入門——新制度派経済学アプローチ』有斐閣，2006 年
佐藤卓己『流言のメディア史』岩波新書，2019 年
黄盛彬「グローバル・メディア」柳澤伸司執筆代表『メディア社会の歩き方（第二版）』世界思想社，2006 年
Anderson, B., *Imagined Communities: Reflections on the Origin and Spread of Nationalism*,

Verso, 1983.（＝白石隆・白石さや訳『定本 想像の共同体』書籍工房早山，2007 年）

Cantril, H., *The Invasion from Mars: A Study in the Psychology of Panic*, Princeton University Press, 1940.（＝斎藤耕二・菊池章夫訳『火星からの侵入——パニックの社会心理学』川島書店，1971 年）

Katz, E. and Lazarsfeld, P. F., *Personal Influence: The Part Played by People in the Flow of Mass Communications*, Free Press, 1955.（＝竹内郁郎訳『パーソナル・インフルエンス——オピニオン・リーダーと人びとの意思決定』培風館，1965 年）

Klapper, J. T., *The Effects of Mass Communication*, Free Press, 1960.（＝NHK 放送学研究室訳『マス・コミュニケーションの効果』日本放送出版協会，1966 年）

Lazarsfeld, P. F., Berelson, B. and Gaudet, H., *The People's Choice: How the Voter Makes Up His Mind in a Presidential Campaign*, Duell, Sloan and Pearce, 1944.（＝有吉広介監訳『ピープルズ・チョイス』芦書房，1987 年）

Lippmann, W., *Public Opinion*, Macmillan, 1922.（＝掛川トミ子訳『世論』上・下，岩波文庫，1987 年）

Luhmann, N., *Essays on Self-Reference*, Columbia University Press, 1990.

Malone, T. W., Yates, J. and Benjamin, R. I., "Electronic Markets and Electronic Hierarchies," *Communications of the ACM*, vol. 30, 1987.

McCombs, M. E. and Shaw, D. L., "The Agenda-Setting Function of Mass Media," *Public Opinion Quarterly*, vol. 36, 1972.

Sennett, R., *The Fall of Public Man*, Knopf, 1977.（＝北山克彦・高階悟訳『公共性の喪失』晶文社，1991 年）

Tecce, J. J., "Eyeblink Analyses of the 1992 US Presidential Debates," public lecture presented at St. Florence Church, Wakefield, Massachusetts, 1992.

Williamson, O. E., *Markets and Hierarchies, Analysis and Antitrust Implications: A Study in the Economics of Internal Organization*, Free Press, 1975.（＝浅沼萬里・岩崎晃訳『市場と企業組織』日本評論社，1980 年）

おすすめ文献

伊藤公雄編『コミュニケーション社会学入門』世界思想社，2010 年
　　本章でも説明したように，メディアとは基本的にコミュニケーションの道具である。そして，コミュニケーションを理解することは，メディアの理解にとって本質的な作業になるはずである。本書はコミュニケーションについての多様な見方をコンパクトにまとめた入門書である。ミクロ社会学，精神分析，言語行為論など，さまざまな学問分野から眺めたコミュニケーションについて学んでみよう。

辻泉・南田勝也・土橋臣吾編『メディア社会論』有斐閣，2018 年
　　本章では，経済と政治を基軸に「メディア社会論」を解説している。これとは異なった視点からではあるが，さまざまなメディアを社会変化の観点から解説しているのが，ここで紹介する『メディア社会論』である。2010 年代に急速に発達・変化したネットメディアまでを視野に入れ，「流動化」「個人化」といった社会変化をメディア論として詳しく，しかし平易に解説している。SNS に関心があるのなら，まずは第 5 章を読んでみよう。

竹下俊郎『メディアの議題設定機能——マスコミ効果研究における理論と実証』学文社，1998 年
　　本章でも説明したマスメディアの「議題設定機能」は，マスメディア研究の重要なテーマの一つである。本書は議題設定理論について，理論と実証の両面からアプローチした貴重な成果である。ネット・メディアについても議題設定機能は多かれ少なかれ働いていることが考えられるので，この本を足がかりにして「ネット・メディアにおける議題設定仮説」の検証を研究テーマにしてみてもよいだろう。

第5章　メディア研究と社会学理論

高橋顕也

　何か自分の好きなものを思い浮かべてほしい。音楽や料理，スポーツやアート，あるいは「推し」の有名人やキャラクターでもいい。その素晴らしさについて，それをよく知らない友人に伝えるとしよう。説明を聞いてもらったり，視聴してもらったり，あるいは体験してもらったりする。ところが，その友人には素晴らしさがどうやら通じないらしい。そのとき，あなたはどう考えるだろうか。自分と友人とでは好き嫌いの趣味が違うのだと思うだろうか。確かにそうかもしれない。しかし，別の解釈も可能である。つまり，同じ情報を受け取っていても，自分と友人とでは見方が違い，理解の深さが異なるのだと。人が何かを見聞きして理解するとき，必ず自分の頭の中にある特定の見方を通して理解している。自分の好きな物事を体験するとき，あなたはこれまでに得てきた知識と見方を総動員することによって，「どこに価値があるのか」「何が新しいことなのか」「いま体験していることは，どのような文脈に置いて理解されるべきなのか」ということを一緒に理解しているのである。そのような見方をもっていない友人は，あなたほど深い理解ができなかったのかもしれない。「理論」とは，そのような物事の見方の一種である。特に，ある特定の物事について，きちんと定義された概念を用い，論理的に一貫した互いに矛盾のできるだけ少ない様々な判断を提供してくれる見方が，理論と呼ばれる。

1　理論を学ぶということ

メディア研究にとって社会学理論にはどのような意味があるか

　メディアも社会を構成する要素である以上，社会学の研究対象となりうる。

それでは　メディアを対象に研究を行う際，社会学理論（sociological theories）はどのように役立つのだろうか。ここではその役割を2点，指摘しておきたい。

　1点目に，現代社会を成り立たせている社会的条件の一つとしてメディアを発見する場合に，社会学理論は有用である。物事や現実を批判的に捉えるということは，それらを成立させている条件を発見し，「他でもありえたのに，なぜ今あるようになっているのか」を考えることである。次節以降でも触れるが，様々な社会学理論が，そのような社会的条件の一つとして多種多様なメディアを指摘してきた。したがって，ある社会学理論を知っていれば，自分が取り上げたいと思っている研究対象がどんなメディアによって支えられて成立しているのかに，いち早く気づくことができるだろう。

　2点目に，研究対象であるメディアをより広い社会的文脈や問題に位置づける参照枠として，社会学理論は有用である。社会学理論を参照枠として用いれば，メディア自体も社会の中に埋め込まれ条件づけられたものとして捉えることができる。対象のみに目を向けているだけでは，その対象を深く捉えたことにはならない。メディアを研究対象とする場合であっても同様であり，そのメディアが社会の中でどうやって成立しているのか，そしてそれらの成立条件が，メディアにどのような影響を与えるのか，ここまで捉えてはじめてそのメディアを深く把握し分析することができるのである。この深い把握のためにも，社会学理論を知っていることが大いに役立つだろう。

「行為と秩序」という問題と，現代的なメディア現象への視線

　本章で取り上げる社会学理論は，それぞれアンソニー・ギデンズ，ニクラス・ルーマン，そしてユルゲン・ハーバーマスという3人の社会学者によって展開された理論である。これらはもちろん社会学が対象とする物事についての理論である。ただし，社会学の対象には社会で起こる物事なら何でも含まれてしまうので，その範囲は非常に広く内容も多様である。

　そこで本章では，まず，社会学理論に広く共有されている一つの基本的な問題からそれぞれの理論を整理し，紹介していきたい。その基本的な問題とは，個人と社会の関係である。もう少し正確に述べると，個人の行為（action）と社会的な秩序（social order）の関係である。社会学という言葉がヨーロッパで生まれ，19世紀後半に社会学が学問として制度化されていく

際，社会学の取り扱うべき対象とされたのは，社会学が生まれた当の社会，つまり現代社会（modern society）であった。そして，この現代社会の際立った特徴の一つが「個人の自由」を最大限に尊重しようとする価値観であり，もう一つが，非常に高度で複雑な秩序から成り立っていることである。ところが，自由な個人と高度な社会的秩序の両立は一つの謎である。たくさんの個人が自由に行動すれば，社会がバラバラになってしまうようにも思える。現代社会を対象とする社会学は，その誕生のときからこの謎に挑んできた。つまり，「個人の自由な行為にもかかわらず，なぜ社会的秩序が生まれるのか」「個人の行為は，どのように社会的秩序と関わっているのか」という問いが，多くの社会学理論に共通する基本的な問題設定なのである。したがって，この問題にどのような解答を与えるかという視点から，様々な社会学理論を整理することが有用である。

次に，それぞれの理論においてメディアがどのように位置づけられているかを確認する。3つの理論いずれにおいても，メディアは独自の定義を与えられつつ，非常に重要な役割を果たしている。社会学理論におけるメディアの扱われ方を知ることで，常識的な発想を超えたメディアと社会の関係についての見方を身につけることができるだろう。

最後に，各理論の構成とメディアの位置づけを踏まえた上で，現代的なメディア現象に対して，それぞれの理論からどのような問題設定が可能かを例示してみたい。ここで想定している「現代的な」メディア現象とは，例えば，スマートフォンの浸透，放送と通信の一体化，ウェブ上でのソーシャル・ネットワーキングの日常化，日常生活や経済活動のデジタル化・オンライン化，プラットフォーマーによるウェブ・サーヴィス提供の寡占化といった事態である。これらは2010年代に入ってから急速に，そして日本のみならず世界中で同時に進行している社会的現象であり，20年代においてもますます展開していくであろうと予想される。

プラットフォーマー（platformer）　プラットフォーム（platform）はもともと「土台」「足場」という意味だが，情報技術の文脈では「サーヴィスの基盤」を指し，プラットフォームを提供するグローバル企業を，日本ではプラットフォーマーと呼ぶことがある。具体的には，Google（を子会社とする Alphabet），Apple，Facebook，Amazon（いわゆる GAFA）が有名である。これらの企業には，ユーザーの個人情報や行動履歴を大量に収集しながら世界中で事業を展開しているという共通点がある。

2 再帰性とメディア

ギデンズの社会学理論──行為と社会的秩序

他の多くの社会理論と同じように，**ギデンズ**（Anthony Giddens, 1938-）の理論がとりくんでいる基本的な課題の一つが，個々人の行為と社会的な秩序がどのような関係にあるのかという問題だ。まずは彼の「行為」に対する捉え方を確認することから始めよう。

社会学において**行為**という概念は，何らかの「意味をもつ振る舞い」を指すことが多い。ところが，この「意味」というのが厄介なのだ。というのも，**行為の意味**というのが何を指すのか，また，それをどのように確かめるのかという問題への答えが，自明のようでいて実は様々に考えられるからだ。むしろ，行為の意味の捉え方は社会学の様々な理論的立場が分かれる一つの重要な分岐点であると言っても過言ではない。

まず「常識的に」考えてみよう。自分の家族や友人の行為の意味を確認したいと思ったとき，あなたはどうするだろうか。おそらく最も簡単でありそうなのは，なぜそのようなことをしているのか，本人に直接その行為の理由を尋ねることだろう。そしてその回答として行為の目的（何のためにしているのか）を教えてもらったとき，あなたはその行為の意味を最もよく理解できたと感じる。この理解を支えているのは，行為の目的がその行為の意味であるという発想である。このような発想を，目的論的と言うことができる。目的論の考え方によれば，行為の意味は，その行為を行っている本人がその行為に与えている目的のことだということになる。どんな行為にもあらかじめ定まっている目的が一つあって，行為者はその目的を意識してから自分の行為を始めているはずだというわけだ。目的論的な行為の捉え方は私たちの日常的な感覚からも乖離していないので，とても説得力があるようにみえる。ところが注意深く考えてみると，この捉え方は人々の行為を捉える上で狭すぎるのである。行為の目的論的な捉え方に対する批判は，20世紀に展開された社会学の様々な理論において共通の問題意識になっている。その例にも

アンソニー・ギデンズ　イギリスの社会学者。構造化理論（structuration theory）やモダニティ論，第3の道（Third Way）などで有名である。主著に『社会学の新しい方法規準』（1976, 2nd ed. 1993），『社会の構成』（1984），『近代とはいかなる時代か？』（1990），『親密性の変容』（1992）など。

れず，ギデンズ理論の行為概念も目的論的な発想に対する批判を多く含んでいる。ここでは，①身体性，②知解能力，③反省的なモニタリングという3つの論点を確認しておこう。

身体性（corporeality）とは，行為が身体の動きとして行われることを指している。当然のことと思われるかもしれない。しかし，あえて身体性に注目する理由は，一つは，日々繰り返し行われる**ルーチン**が無意識的な身体の動作として行われるからであり，もう一つは，人々が一緒にいる場合，互いの表情や身体を知覚しながら行為を行っているからである。多くの場合，人は他人から見えないところで孤立して行為をするのではなく，周囲の人間を知覚しつつ，また彼らから知覚されながら行為をしている。その際，他人から自分がどう見えるか，そして他人に自分をどう見せたいかを多かれ少なかれ意識しつつ振る舞っている。言い換えれば，周囲からどう見られるかをまったく気にしないで，行為の目的だけを実現しようとすることはほとんどないといってよいだろう。ギデンズが行為の身体性に注目する理由も，目的論的な行為の捉え方に対するこの批判的視点から理解できる。

さらに，行為者は自分が何をしているのか，なぜその行為をしているのかについて，また，その行為を実行する際に自分が置かれている様々な制約や条件について，ある程度の知識をもって理解している。その知識を自分の言葉で説明できる場合もあれば，言葉にはできなくとも直感的にわかっているという場合もあるだろうが，いずれにしても行為者には自身の行為についての**知解能力**（knowledgeability：知識能力とも訳される）があるということになる。このことには目的論の発想を超える含意がある。というのも，知解能力をもつ行為者は，行為をしながらその行為の意味について絶えず考え直すことができるし，また行為が終わった後に振り返ってその行為の意味について反省することもできるからだ。つまり，行為者は自分の行為について**反省的なモニタリング**（reflexive monitoring）を行うことができる。モニタリングの結果，当初考えていた目的が行為の途中で変わったり，あるいは，すでに完了した行為に後から新しい意味が与えられたりすることもありうる。この点にも，目的論的行為概念に対するギデンズの批判的意図が認められよう。

次に，社会的秩序の捉え方を確認しよう。人々はまったくランダムに，勝手気ままに行為をしているわけではない。ある行為をするときには，何らかの**規則**（rules）に従っている。この規則には，法律や校則，ゲームのルール

のように明文化されているものもあれば，暗黙の了解や常識といった明文化されていないものもある。いずれにせよ規則は，その規則に従って為された行為よりも安定している。つまり，様々な人の様々な行為に同じ規則が適用されうるし，また個々の行為が終わった後も規則は存在しうるし，また規則が破られたからといってその規則がただちに無効になるとは限らない。そのような意味で規則は社会的な**構造**の一種であるといえる。規則に従わなければ行為ができないという点で規則は行為の条件であるとともに，規則は行為の結果として維持され，変更され，または無効化されたりする。規則には，行為の制約条件でもあり結果でもあるという二重の性格が認められるのだ。

　また，ギデンズ理論で規則と並んで構造に数え入れられているのが**資源**（resources）である。お金のようにモノをコントロールする資源であれ，地位のように他人をコントロールする資源であれ，何か行為を実行しようとする際には，自分が所有する資源を手段として利用しなければならない。もし必要な資源が不足していれば，望み通りの行為を行うことができない。その意味で，資源は行為を可能にしつつ制約する条件である。また，行為の結果として所有する資源が増減したり，資源の所有者が変わったりもする。資源にも，規則と同様，行為の制約条件であり結果でもあるという二重の性格が認められるわけである。

　規則や資源といった構造にみられるこの性格を，ギデンズは**構造の二重性**（duality of structure）と呼んでいる。構造は，行為を可能にしつつ制約する条件であるとともに，行為の結果でもあるのだ。つまり，社会的な構造と個々人の行為との間には，構造→行為→構造→行為…という過程が認められる。この過程をギデンズは構造化（structuration）と呼ぶ。個人の行為と社会的秩序の関係を問うとき，彼の理論的な視線はこの構造化の過程に向けられるのである。

　さらにギデンズは，2種類の社会的秩序を区別している。一つは**社会的統合**（social integration）と呼ばれる。社会的統合は，互いの姿を知覚し合える

構造（structure）　人文社会科学において構造は非常に多義的な概念であるが，総じて「時間的に安定した関係」を意味しているといえる。学校という組織を考えてみよう。学校には校長をはじめ教職員の様々な役職があり，また生徒たちは学年や学級に分けられ教室で授業を受ける。教職員や生徒は毎年のように入れ替わるが，役職間や学年・学級間の関係はそれよりずっと変わりにくい。このとき，学校は「個人という要素」と「個人間の安定した関係である構造」から成り立っていると解釈できる。

人々の間の秩序を意味している。秩序と言うと難しく聞こえるかもしれないが，複数の人々の間で行為がうまく噛み合っている状態だと考えてもらえばいい。例えば，家族や友人との旅行も，店員との会話や医師への受診も，組織での会議や大学での講義も，やりとりをしている人々が互いの表情やジェスチャーや声を知覚し合っているという点で，社会的統合が成り立つケースだと捉えることができる。それに対して，互いを知覚し合える状況を超えたやりとりによって成立している秩序が**システム統合**（system integration）である。例えば，生産者と消費者の関係を考えてみてほしい。あなたが食べている料理の食材や着ている衣服，自宅で使っている日用品も，生産者から世界中に拡がっている供給網を介して消費者であるあなたの手元に届いている。その生産者も，間に入っている様々な個人や組織も，小売店舗の店員を除いてあなたと面識すらないだろう。そういう意味で，現代社会の市場経済はシステム統合の代表例といえる。他にも，国家における法律の制定や組織における決定など，現代社会は広範囲にわたってシステム統合によって支えられているのである。

　ここまで，構造，社会的統合，システム統合という社会的秩序に関わる3つの概念を確認してきた。それでは，この3者の関係はどう考えられるのだろうか。まず，システム統合は様々な規則や資源配分（つまり，構造）によって可能になることは明らかだろう。先に挙げた現代の市場経済も，お金という資源が法律や慣習などの規則に従って商品と交換され続けることによって成立している。またすでに述べたように，どんな構造も個人の行為を通して維持されたり変化したりしている。そして個人の行為は多くの場合，複数の人々の間の直接のやりとりの中で行われている。したがって，システム統合は，社会的統合によって構造が再生産されることを通して，維持されていると捉えられるのである。

「時間・空間の分離」と再帰性——ギデンズ理論におけるメディア

　前項のような構成となっているギデンズ理論において，メディア・テクノロジーやメディア産業が占めている位置づけを確認しよう。社会学の最も大きなテーマの一つは，私たちが生きている社会，つまり現代社会とはどのような社会なのかという問いである。ギデンズ自身もいくつか現代社会の特徴を挙げているが，そのうち「時間・空間の分離」と「再帰性の増大」という

２つの論点をみていきたい。

　伝統的な社会と比べて現代社会における**時間**や**空間**はずっと抽象的になっている。言い換えれば，時刻や地点，またはそれらの間の間隔・距離といった単なる数量になっている。しかし人間の歴史を振り返れば，時間は天体の運行や季節の移り変わりと，空間は地域の人々にとって大事な土地や場所と不可分に結びつき，時間と空間は互いに密接に関連していた。それに対して，時間や空間の捉え方がそうした局地的な文脈を離れて数量化・一般化していき，その結果，伝統的な社会では分かちがたく結びついていた時間と空間が互いに独立していく過程を，ギデンズは「時間・空間の分離」と呼んでいる。そして，この過程は社会が利用できるメディア・テクノロジーの速度の増加と範囲の拡大に支えられている。高度に発達したメディア・テクノロジーを基盤としてはじめて，現代社会における複雑で，ときにグローバルな規模にも達するシステム統合が可能となっている。そのことは，日々インターネットを経由して，空間的に遠く離れた地で発信された情報や生産されたサーヴィスを瞬時に消費し続けているあなたの経験からも明らかだろう。

　メディア・テクノロジーの発達およびそれに伴うメディア産業の成立は，ギデンズが指摘する現代社会のもう一つの特徴である「再帰性の増大」とも密接に関わっている。**再帰性**（reflexivity）とは，ここでは，自己や社会についての知識がその自己や社会のあり方そのものに影響を与えることだと理解しておこう。現代社会に生きる個人は，自分の人生を自分で選択していくことができるし，していかざるをえない。出生の時点で，性別や出自といった自分の属性によって人生のレールが敷かれているわけではないからだ。すでに述べたように，ギデンズ理論では，自分の行為についての人々の知解能力に注目する。そして知解能力をもつ個人は自分の行った行為について反省的な（＝再帰的な）モニタリングを実行しながら，自分の振る舞いを変化させていくわけだが，現代はこの個人によるモニタリングの可能性を生活／人生の全般にわたって開いている社会だといえよう。反省的なモニタリングが行われる際，人々は自分の周囲の他者からの反応だけでなく，教育課程やマスメディアといった様々なチャネルを通して得た知識を用いることができる。**ジョージ・ハーバート・ミード**（George Herbert Mead, 1863-1931）の概念を用いれば，家族や友人といった**重要な他者**のみならず，自分が生きている社会の**一般的な他者**からの期待に基づいて，自身の振る舞いについての判断を下

していく。その際，メディア効果（→ 第4章）に関する研究が指摘しているように，メディアの中で繰り返し登場する人物造形や価値判断の影響から自由な現代人はいないだろう。

　また，このような再帰性とメディアの関係は個人の**ミクロ**な水準のみならず，社会全体の**マクロ**な水準でも認められる。現代社会は日々大量の知識を生み出し続けているが，知識がそれを生み出した社会そのものに影響を与えるとき，まさに再帰性が生まれている。その一つのあり方として，その社会についてのある知識が知られるようになった結果，知解能力をもつ人々の振る舞いが変化し，社会のあり方が変わっていくという場合もある。特に社会学をはじめとする社会科学は，現代社会を構成する要素であると同時に，まさにその社会を対象とする知である。学術成果の公開や高等教育という形であれ，あるいは雑誌やテレビ等のマスメディアを通じた形であれ，その知が広く社会に受容されることで社会の構造そのものを常に更新しているという意味で，社会科学はすぐれて再帰的な営みなのである。

ソーシャル・ネットワーキングと再帰的モニタリング

　ここまでギデンズ理論の構成と，その中でメディアが占めうる位置について確認した。最後に，現代的なメディア現象に対して，この理論でどのような問いが設定できるのかを考えてみよう。

　ウェブ上におけるソーシャル・ネットワーキングの日常化を取り上げる。社会学理論からみてソーシャル・ネットワーキングの興味深い特徴の一つは，それが以前にはほとんどみられなかった個人間のやりとりであるということだ。つまり，直接に対面せずに日常的に個人と個人がコミュニケーションをとれるということである。もちろん電話に代表される通信技術は対面しない個人間コミュニケーションを可能にしていたのだが，それはあくまで人々の社会生活において補助的な役割にとどまっていたといえよう。だからこそギ

ジョージ・ハーバート・ミード　アメリカの哲学者・社会心理学者。哲学者としてはプラグマティズムの立場で知られ，社会学では後のシンボリック相互作用論の流れに影響を与えた。彼の死後に出版された『精神・自我・社会』では，I（主我）と Me（客我）や，「一般的な他者」といった概念が展開され，自我形成の社会性を指摘した議論として有名［Mead 1934=2005］。
マクロ（macro）／ミクロ（micro）　マクロは「大きな」，ミクロは「小さな」という意味で，社会学で用いる場合はそれぞれ，「社会や集団という水準（からみた場合に）」，「個人という水準（からみた場合に）」という含意がある。社会科学では，個人の特徴や行動からは見えてこない現象が，個人が集まった集団や社会で生じること（あるいは，その反対）がよく観察される。社会的な現象を捉える際には，マクロとミクロ両方の視点をもつことが必要である。

デンズ理論においても，時間や空間を共有し相互に知覚できる状況における秩序（社会的統合）／時間的・空間的に離れた相互に知覚できない規模の秩序（システム統合）という二分法が可能だったのだ。対してソーシャル・ネットワーキングの新奇な点は，それが生活の中で主要な役割を果たしうるというところにある。現代では，顔も本名も知らずウェブ上でのみ交流のある知人や友人のいる人も多いし，少なくともそのことを異常だと思う感覚はほとんどなくなっている。加えてソーシャル・ネットワーキングの著しい特徴として，その名の通り，コミュニケーションのネットワークの範囲が非常に大きくなる可能性をもつという点が挙げられる。言い換えれば，あるソーシャル・ネットワーキングには，潜在的な公衆（ネットワークへ参加しうる人）が常に大量に存在している。いわゆる「バズ」ったり「炎上」したりする可能性がつきまとうわけだ。こちらの方はこれまでの通信にはなかった特徴で，印刷や放送のようなマスメディアにより近いといえるかもしれないが，誰でも情報発信ができるという点で従来のマスメディアとも大きく異なっている。

　ソーシャル・ネットワーキングという現象に対してギデンズ理論から一つ問いを立ててみよう。例えば自己の再帰性をめぐる問題である。ソーシャル・ネットワーキングが日常化した現代において，人々はどのようにして自己を物語り，演じ，反省的にモニタリングしているのだろうか。日記は自己を見つめなおす最も典型的な営みであるが，もともとは他人に公開するものではなかった。ところが現在，自分の行動や考えを日々，文字のみならず視聴覚情報を伴って，ウェブ上のネットワークに公開する人も多い。むしろ，公開し他者から承認を得ることの方が目的になっている場合もしばしばであるし，それこそがソーシャル・ネットワーキングというサーヴィスに対する主な需要の一つでもある。**ドラマツルギー**という社会学の視点によれば，人は他者の前で自分の行為を通して常に自己を呈示しており，またときに意識的に演技している。ソーシャル・ネットワーキングの登場によって，この自己呈示と演技の場が拡大し多様化している。メッセージに載せる文章を推敲し画像や動画を編集・加工し，また複数のアカウントを使い分けて異なる

ドラマツルギー（dramaturgy）　社会的な行為を舞台における演技との類比関係で考察する社会学の方法。アメリカの社会学者アーヴィング・ゴフマン（Erving Goffman, 1922-1982）によって提唱された。人々の行為の原因を明らかにしようとする通常の社会学の立場とは異なり，この方法で目指されているのは，ある文脈に置かれた人々が彼らを見ている他者の前でどのように演技をしながら自己の印象を管理したり，自他のアイデンティティを保護したりしているかなどを記述することである。

ネットワークの中に入ることで，現実の自分とは異なる自分を演じ分けることもできる。ギデンズが強調するように，現代社会に生きる私たちはモニタリングを通じて自己を形成していくことができるし，していかざるをえない。そのような私たちは，ソーシャル・ネットワーキングに参加することによって，どのような仕方でモニタリングを行い，どのように自分の置かれている状況を自覚し，どのように自らの振る舞いを変化させ，そしてどのようなアイデンティティをもつようになるのだろうか。

3　機能システムとメディア

ルーマンの社会学理論におけるコミュニケーション

ルーマン理論では独自に定義された非常に多くの概念が用いられ，それらの間の関係も錯綜しており，その全体像を示すことは紙幅が足りなくなるだけでなく，本章の目的にもかえって沿わない。ここでは，コミュニケーションの捉え方の簡潔な紹介にとどめておきたい。

ルーマン（Niklas Luhmann, 1927-1998）が展開した社会学理論を理解する上で出発点になる概念は，**コミュニケーション**である。彼によれば，コミュニケーションは「情報」が受け手に「伝達」されたと受け手が「理解」した時点で成立する。このように書くと当たり前のことしか言っていないようだが，ポイントはこのコミュニケーションの定義には「受け手」しか出てこないということだ。まず常識的なコミュニケーションの考え方を確認しておこう。その場合，コミュニケーションの一方にはメッセージの送り手がいて，もう一方に受け手がいる。そして自分の頭の中にある情報を受け手に伝達しようと送り手が意図して，実際に伝達行動を行い，情報がメッセージとして受け手にまで届き，そして受け手の頭の中にその情報が再現されればコミュニケーションが成立したことになる。このような常識的なコミュニケーション観には，情報を伝達しようとする送り手の意図や，送り手と受け手の間の情報の一致がコミュニケーションの成立に必要な要素として含まれている。と

ニクラス・ルーマン　ドイツの社会学者。主なフィールドは，社会学的システム理論，観念史，近現代社会論。主著に『目的概念とシステム合理性』(1968)，『社会システム』(1984)，『社会の社会』(1997)，『社会学的啓蒙（全6巻）』(1970-95)，『社会構造とゼマンティク（全4巻）』(1981-95)，『情熱としての愛』(1982) など。

ころがルーマン理論のコミュニケーション概念にはそれらの要素は含まれない。つまり，「情報が伝達された」と受け手が受け取りさえすれば十分なのであって，送り手側がその情報の伝達を意図していたかどうかとか，送り手と受け手の間で情報の内容が一致しているかどうかとかは，コミュニケーションの成立にとって不可欠な要素ではないのだ。

　この発想を貫くと，社会学にとって基本的な分析対象である「行為」の捉え方も変わってくる。ルーマン理論においては，行為がコミュニケーションの一種なのであって，その逆ではない。この見方によれば，人々の行為は常にその行為の受け手がいてはじめて成立する。しかも，行為者にそのような振る舞いをする意図があると，受け手がみなしただけで成立するのだ。したがって，行為者（とされる人）に本当にそのような意図があったかどうかや，行為者の意図を受け手が正確に把握しているかどうかは，ある行為の成立にとって不可欠ではないのである。例えば，視線が交わったのが偶然であったとしても，その視線に相手の何らかの意図（好意であれ悪意であれ）が表れていると理解されれば，そこから（目をそらしたり，見つめ返したりといった）何らかの行為のやりとりが始まることになるし，たとえ互いの意図を正確に把握できないままであっても（というよりむしろ，完全には把握しきれないからこそ）コミュニケーションは継続しうる。ルーマン理論において，行為の意味の決定権はもっぱら行為の受け手が握っているのである。

メディアとコミュニケーション

　ルーマン理論において，メディアはコミュニケーションと同様に基礎的な用語の一つである。ここでは，コミュニケーションとの関係で理解しておきたい。ルーマン理論では，メディアは「コミュニケーションが成立する確率を高める装置」と捉えられている。すでに述べたように，コミュニケーションは情報が伝達されたと受け手に理解されることで成立するのだが，彼によれば，ここには3つの困難が含まれている。

　1つ目の困難は，そもそもこのような理解が成立することである。情報が伝達されてきたと理解するということは，相手にその情報の伝達意図があると受け手がみなすということだが，これが継続的に起こるようにするには，意図があるだろうと推測されやすい印が必要である。それは，表情やジェスチャー，あるいは何らかの記号であってもよいだろうが，ルーマンは特に言

語というメディアを挙げている。音声であれ文字であれ，言葉が伝われば，そこに何らかの意図があるだろうと確実に理解できるからである。

　続いて２つ目の困難は，受け手にまで情報が到達することである。例えば音声は，せいぜい互いに相手を知覚できる範囲までしか届かず，発生した瞬間に物理的には消え去ってしまう。それに対して，文字，印刷，あるいは電波といった彼の言うところの「拡散メディア」を利用することによって，時間的あるいは空間的に離れた位置の間でもコミュニケーションが成立しうるようになる。

　さらに３つ目の困難は，コミュニケートされたメッセージの内容が拒否されずに受容されるということである。先程述べたように，言語によって理解可能性は非常に高まるのだが，同時に，伝達された情報の内容に対して，受け手側が拒否をする可能性も高まる。例えば，「このような事実がある」というメッセージに対して「それは事実ではない」と否定する場合や，「このようにしてほしい」に対して「そのようにはできない」と断る場合である。言語的メッセージを与えられると，人はその否定もなかば自動的に思い浮かべてしまうため，このような事態が発生しやすくなるのだ。しかしコミュニケーションにおいて拒否という否定的反応ばかりが起こってしまっては，多数の人々が参加する複雑な社会は形成されえないだろう。この困難に対処するメディアとして，ルーマンは「象徴的に一般化されたコミュニケーション・メディア」と総称される一群のメディアを指摘している。具体的には，お金，権力，法，真理，愛などが挙げられるが，代表例としてお金の場合で説明しよう。もし商品と交換するためのお金というメディアがなく物々交換しか存在しなければ，私たちの経済生活はたちまち不便で原始的な水準に陥ってしまうに違いない。というのも，物々交換というコミュニケーションが成立するには，ある人が所有しているが不要のものを，別の人が欲しがっていて，その別の人が所有しているが不要のものを，そのある人が欲しがるということ（＝欲望の二重の一致）が一度に起きなければならないからだ。そうでなければ，交換し合おうというメッセージは少なくともどちらかに拒否されてしまうだろう。それに対してお金が存在する場合はどうだろうか。まず，お金は誰もが欲しがるので，値段交渉がうまくいきさえすれば交換，つまり売買が成立する。そうなると，今度は売却した人がお金を所有するので，同じことが別の機会に繰り返されることになる。さらに重要なのは，コミュ

ニケーションが拒否されても，つまり売買が成立しなくても構わないということである。売買が成立しなければ，お金は買い手のもとにとどまるので，また別の機会に誰かと取引をすればよいだけである。つまりお金は，売買が成立してもしなくても，次の売買の可能性を保存し続けるわけである。このことを一般化すれば，象徴的に一般化されたコミュニケーション・メディアは，ある種のコミュニケーションが受容されても拒否されても，常にその種のコミュニケーションが継続することを保証するメディアであるといえる。

　以上，ルーマン理論において，メディアはコミュニケーションの成立に伴う3つの困難を乗り越える装置として，その機能から整理分類されていることがわかる。

現代社会と機能システム

　メディアについての捉え方を確認したところで，ルーマン理論における現代社会論も一瞥しておきたい。彼によれば，現代社会は様々な機能を担うシステムが並存している社会である。前項で触れたように，象徴的一般化メディアは，特殊なコミュニケーションが連鎖していくことを可能にする。例えば，お金というメディアが売買というコミュニケーションの可能性を常に保存しているように。他にも同様に，権力の奪取をめぐる政治的コミュニケーションや，真／偽の決定をめぐる学術的コミュニケーション，合法／不法の判断をめぐる法的コミュニケーション等々，現代社会には特殊なメディアと結びついたコミュニケーションの連鎖（＝機能システム）が存在している。そしてこういった特殊なシステムは，社会の中でそれぞれの機能を果たしている。例えば，経済システムであれば希少材の分配，政治システムであれば政治的な決定，学術システムであれば知識の生産，法システムであれば期待の安定化といったように，である。ルーマン理論では，これらの機能システムが並存しているという点に現代社会の最大の特徴をみている。

　彼自身が取り上げている例として，環境問題をみてみよう。現代社会は環境問題にどう対処しているだろうか。ルーマン理論に従えば，現代社会は機能システムごとに対応することができるし，またそうすることしかできない。例えば，経済システムは炭素税や排出権取引といった形で，政治システムは環境政策を選挙の争点にするといった形で，法システムは裁判による判決という形で，学術システムは環境問題についての研究という形で，教育システ

ムは環境問題をカリキュラムに含めるという形で対処しうるのだが（もちろん必ずそうなるわけではない），それぞれの機能システムのコミュニケーション同士は調整されているわけではなく，互いに促進し合うこともあれば衝突し合うこともある。例えば，環境問題についての学術的な成果が，必ずしも政治的に有効な決定を促すわけではないように。さらに，それでも処理しきれない葛藤や拭いきれない不安は機能システムに対する抗議の**社会運動**という形で登場する。つまり，それぞれの機能システムが自身の論理に従ってコミュニケーションを進めていくし，互いに調整されないままであってもそうせざるをえないのだというのが，ルーマン理論における現代社会論の概観なのである。

　さてこのような現代社会論において，メディアはどのような位置を占めるのだろうか。2点，確認しておきたい。1点目は，現代社会においてそれぞれの機能システムが独自の論理に基づくコミュニケーションを進めていくためには，印刷などの拡散メディアが不可欠だということである。拡散メディアによって大量の情報が生み出され流通し記録されることがなければ，契約であれ，民主的選挙であれ，法律の制定であれ，研究成果の共有であれ，大学の講義であれ，たくさんの人々が参加する機能システムの一貫したコミュニケーションは成立しえない。この点については，メディア・テクノロジーの発達によって時間・空間の分離が進展し，それがシステム統合を可能にしているというギデンズ理論の主張との比較ができよう。

　2点目として，マスメディアの果たしている機能を挙げることができる。現代社会では，マスメディアが存在することによって，複数の機能システムの間に複雑な影響関係が生じる。例えば，ある学術上の新発見があったとしよう。それはまず，その専門分野の中でコミュニケートされていくが，マスメディアにおいてニュースとしての価値があると判断されれば報道されることになる。その結果，例えば経済システムにおいては株価が変動したり，政治システムにおいては法規制や予算編成に向けた議論が始まったり，教育システムにおいてはカリキュラムやテキストの変更が起こったり，芸術システムにおいては芸術作品のテーマとして取り上げられたりするかもしれない。このように，1つの機能システムでコミュニケートされたテーマが，マスメディアの報道を通じて他の機能システムのコミュニケーションを刺激するということが，現代社会においては日常的に生じているのである。この点につい

ては，メディア・テクノロジーの発達およびそれに伴うメディア産業の成立
によって，現代社会における再帰性が増大しているというギデンズ理論の主
張との比較ができるだろう。両者はともに，社会の様々な領域で生産された
情報や知識がマスメディアを媒介にして大量にやりとりされることによって
社会の変化が促進されている点に，注目しているからである。

コミュニケーションをめぐる包摂と排除

　ここまでルーマン理論の構成と，その中でメディアが占める位置について
確認した。最後に，現代的なメディア現象に対して，この理論でどのような
問いが設定できるのかを考えてみよう。

　彼の現代社会論には包摂（inclusion）と排除（exclusion）という概念ペアが
ある。包摂とは，個人がコミュニケーションの宛先（＝受け手）となってい
るということ，排除とはそうなっていないということである。そして，コ
ミュニケーションの宛先となっている個人を人格（person）と呼ぶ。例えば
経済システムの場合，個人は人格として経済的コミュニケーションに包摂さ
れ，消費者や労働者などの役割を担っている。現代において，個々人は様々
な機能システムに人格として包摂され，それぞれの役割を担いつつ生活して
いるわけである。この認識のもと，ルーマンは現代に特徴的な排除のあり方
を指摘している。その特徴とは，ある機能システムにおいてコミュニケー
ションから排除されてしまうと，他の機能システムから連鎖的に排除される
リスクが高まるということだ。象徴的な例は難民のように国家に所属できな
い人々であろう。彼らは単に政治システムから排除されているだけでなく，
そのために経済，教育，医療，福祉等々様々なシステムからも広く排除され
ている。そこまで厳しい水準ではなくとも，お金というメディアを社会の中
で相対的に少なくしか所有できていない個人が，経済システムのコミュニ
ケーションから排除されやすく，それが，他の様々な機能システムへの参加
をより困難にするということは，広く認められることである。

　包摂と排除，そして人格というアイデアを，現代的なメディア現象に適用

役割（role）　役割とは，ある集団や社会の中である地位を担っている個人の行為に対する期待の束であり，
その集団や社会の中の他者から当人に向けられるものである。社会学において，社会的な秩序を捉えるための
基本的な概念の一つ。例えば，家族の一員，学生，友人，後輩，店員，消費者，有権者などのように，現代社
会において一個人が多くの役割を担っているが，役割に含まれる期待同士が矛盾し，役割葛藤が生じることも
ある。

してみよう。ここでは，ウェブ上の様々なサーヴィスやアプリケーションを通じた社会への包摂と呼びうる現象を取り上げる。今日のようにウェブ上のコミュニケーションが発達していなかった社会であれば，一人の個人は多くの場合，本名と結びついた一つの人格のみをもって社会に包摂されていたといえよう。もちろん公私の区別はあったが，有名人のような特殊な立場を例外とすれば，公の場であっても互いに顔の見える実在の個人同士として他者と接する場合がほとんどであった。対して現在では，人々は生活上の様々な活動ごとに，消費者として，労働者として，有権者として，公衆・観衆・視聴者として，学生として，友人として，病人として，趣味仲間として，あるいは何かの専門家として，ウェブ上の別々のサーヴィスのアカウントやIDを通して参加することができようになっている。コミュニケーションの宛先であるという点で，これらのアカウントやID一つひとつが人格であると解釈できる。そして，これらの人格たちは匿名であることも多く，そのためそれを利用している個人に結びつかず，互いに紐づけされないまま独立に使用されている場合もある。一人の個人が互いに独立した複数の人格を介して社会へ包摂されるようになってきているのだ。

　このことをポジティヴに捉えれば，人々が自分の選択に従ってより自由に様々なコミュニケーションへ参加したり，逆にそれらから離脱したりできるようになっていると解釈することもできる。他方でチャンスにはリスクも伴う。検索，閲覧，投稿，売買などのウェブ上の行動履歴は，それぞれの人格ごと日々大量に保存され続け，既読情報やサーヴィス・商品の推奨といった形でフィードバックされている。こういった行動履歴は，まさにその人格を形成する要素であるものの，情報の量があまりにも膨大であり，機械的に処理され，サーヴィスを提供する企業によって利用されるため，ユーザー個人が自由にコントロールできる範囲は非常に限られている。新たな不自由の誕生である。もちろん，自身の情報を企業等の他者に提供したくないのであれば自らその人格を棄てる自由はあるが，その代わりに，その人格を通した社会への包摂はあきらめなければならない。

匿名（anonymity）　匿名とは「名前がわからないこと」を意味するが，現代の情報環境では匿名という事態は複雑であり，様々な匿名の捉え方が提案されている。一例を挙げれば，ウェブ上で「誰が発言したか」がわからないことと，ウェブ上の仮名が実在の人物に結びつかないことは異なる匿名性のあり方である。また，ウェブ上の匿名性に対しては，言論の自由などの視点からの賛成論もある一方，人権侵害やフェイクニュースなどの視点からの批判もある。

次のように要約することができるだろう。すなわち，ウェブを介した社会への包摂は，現代を生きる個人に，より自由で多様な人格の利用を可能にしているのだが，その代償として，そのような包摂に伴う不自由と，そしてウェブから排除されることによる不自由を，ともに新たに生み出しているのである。以上はあくまで理論から導かれた一般的な問題意識に過ぎない。具体的にどういった包摂と排除，自由と不自由がウェブ上で新たに現れているのかという問題は，個々のケーススタディによる探究に委ねられている。

4　公共圏とメディア

ハーバーマスの社会学理論——行為と社会的秩序

　ハーバーマス理論では，対立する2つの概念のペアが重要な用語として使われている。例えば，「戦略的行為」と「コミュニケーション的行為」や，「システム」と「生活世界」といったようにである。批判という目的のために設定された一連の概念ペアに注目しながら，ギデンズやルーマンの場合と同様，個人の行為と社会的秩序それぞれについて確認しておきたい。

　ハーバーマス（Jürgen Habermas, 1929-）はしばしば批判理論家の一人に挙げられる。批判理論の目的は，単に現実を観察し，記述し，分析することではない。現実をただ客観的に捉えるだけでは，人間の自由を抑圧しているこの社会の構造を見逃し，肯定することになりかねないからだ。それに対して，批判理論はその名の通り，現代社会の批判を目的としている。ここでいう批判とは，ただ否定するというだけの意味ではない。哲学的な語法では，批判には「ある物事が可能になる条件を明らかにする」という意味がある。言い換えると，批判をするということは，批判対象がもっている可能性と限界を確定するということだ。この哲学的な考え方を受け継いでいる批判理論は，現代社会を成り立たせている条件を明らかにし，その条件に含まれている問題点をつきとめ，それによってより望ましい社会のあり方を示そうとするのである。

ユルゲン・ハーバーマス　ドイツの哲学者・社会学者。フランクフルト学派第2世代と呼ばれることもある。実証主義論争，システム論論争，歴史家論争など，数々の論争で有名。主著に『公共性の構造転換』（1961），『コミュニケーション的行為の理論』（1985-87），『事実性と妥当性』（1992）など。

まず，行為について，とりわけ自分以外の他者を相手にする社会的な行為について考えてみよう。こうした状況には3つの要素が含まれる。1つ目は行為者自身，2つ目は他者（複数いてもよい），3つ目はその両者の生きている世界である。このとき行為者は他者と世界に対してどのような態度をとることができるだろうか。ハーバーマスは大きく2つの態度を区別する。一つは，自分の行為を通して世界に介入し，世界を自分にとって都合のよいものに変えようとする態度である。例えば，欲しいものを手に入れたいとき，目的の場所へたどり着きたいとき，困った状況を改善したいとき，または，何らかの計画を実現したいとき，私たちはそのような態度をとっている。このとき，他者は行為者にとって目的を実現するための手段として現れる。他者を手段として利用するというと良い印象を受けないかもしれないが，例えば，顧客が店員に，旅行者が駅員に，患者が医師に，上司が部下にとる態度でもあるように，私たちが日常的に行っていることだ。もちろん他者自身ももう一人の行為者として独自の意図や目的をもって振る舞っている。したがって，他者を手段とするとき，行為者はその他者の行為を予想しつつ，それに合わせて自分の目的が実現するように行為する。手段となる他者の行為を考慮しつつ，自分の目的実現のために世界に介入しようとするこのような行為を，ハーバーマスは**戦略的行為**と呼ぶ。

　それに対して，彼は社会的行為を行う際にとりうるもう一つの態度を指摘している。それは，自分たちの生きている世界について，他者との間で了解を達成しようとする態度である。了解しようとする内容は大きく3つある。1つ目は客観的な事実についてだ。例えば，天気について，時刻について，今日のニュースについて，あるいは授業の内容についてなど，日常生活を簡単に振り返っただけでも，私たちは会話や質問を通して常に事実について了解を得ようとしていることに気づくだろう。了解内容の2つ目は，社会的な約束事についてだ。例えば，この場にふさわしい態度はどのようなものか，言い争っている二人のどちらが正しいのか，先方の謝罪を受け入れるべきなのか，望ましくない事態を改善する責任を追っているのは誰なのかなど，制度上の正当性や道義的な正しさ，あるいは責任の所在をめぐっても，人々は社会生活において他者との間で了解を得ようとしている。そして3つ目の了解内容は，それぞれの人々の心の裡である。相手は嘘をついているのではないか，先程の発言の真意は何なのか，言っていることと行っていることが矛

盾しているのではないか。人の心理もまた一種の世界，主観的世界であり，私たちが了解を得ようとする内容に含まれる。

　このように自分たちの生きる世界について了解を得ようとするとき，他者は行為者の目的を達成するための手段としてではなく，共通の了解を獲得するための対等な相手として現れる。というのも，了解を達成するためには自分だけでなく相手も納得することが必要であり，了解を相手に強制することはできないからだ。世界について他者との間に了解を達成しようとするこのような行為を，ハーバーマスは**コミュニケーション的行為**と呼ぶ。他者を手段として世界に介入する戦略的行為と，他者との間で世界について了解するコミュニケーション的行為，ハーバーマスは人々が行う社会的な行為をこの2つのタイプに区別するのである。

　つづいて社会的な秩序についてのハーバーマスの整理を確認しよう。彼の秩序についての捉え方は，上記の行為についての二分法に直結している。まず，戦略的行為が連なることによって成立している高度に複雑な社会的秩序を，彼は**システム**と呼ぶ。「システム」という言葉からもわかるように，ハーバーマス理論のシステム概念は，ギデンズ理論におけるシステム統合やルーマン理論における機能システムと，理論的な定義や位置づけは異なるものの，指し示している対象は部分的に重なっている。彼がシステムとして挙げているのは2つ，経済と政治である。具体的には，経済システムは現代の資本主義的な市場経済のこと，政治システムは民主的な法治国家のことと考えてよい。経済システムにおいて，人々は消費者であれ生産者であれ，あるいは労働者であれ使用者であれ，個人の利益が最大になるように行動する（少なくとも理論上は）。このとき，自分以外の他者はあくまで手段として利用されているのだから，人々は戦略的行為を行っている。そして誰もが戦略的に振る舞うことによって市場による調整がはたらく結果，最適な配分が生じ，みなが自分の得たいものを最も効率的に手に入れることができる（少なくとも理論上は）。また，政治システムにおいては，民主的な立法過程によって正統化されつつ，高度に組織化された行政が行われている。そこでは議会や政府で決定されたことが末端の行政組織にまで行き届くことによって，非常に大規模で複雑な施策が可能となり，国民生活の維持・向上に役立っているわけである。以上の2つの秩序は，それらに参加している多数の人々の間で目的と手段の関係が成立しており，それが連鎖することによって高度な秩序が

達成されているのだ。

　それに対して，システムと並ぶもう一つの社会的秩序が，了解を目指す行為によって成立している**生活世界**（life-world）である。生活世界において，人々は言語的なコミュニケーションを通じて，客観的な事実や社会的な約束事，あるいは自分たちの内面の世界について了解し合いながら暮らしている。システムにはみられない生活世界だけの特徴として，ハーバーマスは，そこで**象徴的な再生産**（symbolic reproduction）が起こっていることを指摘している。私たちは，家庭生活や教育課程，あるいはメディア視聴などを通して，周囲の自然や社会についての様々な知識や技術を伝統や文化として学び身につけ（文化的再生産），了解を通じて他者との間で行為を調整し（社会的統合），また他者との交流から自分の価値観や生き方を育んでいく（アイデンティティ形成）。文化的再生産，社会的統合，そしてアイデンティティ形成は，いずれも言語という象徴（シンボル）を通じた他者とのコミュニケーションによって達成されているので，象徴的な再生産と呼ばれている。

　以上のように，ハーバーマス理論において，現代社会はシステムと生活世界という2種類の社会的秩序から成り立っていると捉えられているのである。

メディアと公共圏

　前項のような構成となっているハーバーマス理論において，メディアはどのような位置を占めているのかを確認しよう。ここでは，2つの論点を取り上げる。一つは「生活世界の植民地化」，もう一つは「公共圏」である。

　まず，1つ目の論点を取り上げよう。すでに述べたとおり，システムは多数の人々の間で戦略的行為が連鎖していくことで成立している。ハーバーマスは，行為者たちの間で目的と手段の関係を次々に連鎖させていく媒介装置があることを指摘し，その装置を「制御メディア」と呼んでいる。具体的には，経済システムにおけるお金と，政治システムにおける権力である。ルーマン理論においても，象徴的に一般化されたコミュニケーション・メディアの例として，お金と権力が挙げられていた。ハーバーマスも同様の発想を自分なりに採り入れているわけだ。戦略的行為はお金や権力という制御メディアに媒介されることによって連鎖していき経済システムや政治システムを形成しているのだが，コミュニケーション的行為の場合はそうではない。コミュニケーション的行為において一般的に用いられるメディアは言語である。

お金で買収したり，権力を行使して命令したりしても，事実や規範や本心について確かめ，他者との間で合意を形成することはできない。そうではなく，対等な立場で言葉を使って主張し，議論することによってしか合意は実現できないのだ。ハーバーマス理論では，制御メディアと言語という異なるメディアに注目することによって，システムと生活世界という2種類の社会的秩序の本質的な違いが明らかにされている。

　最初に触れたように，ハーバーマス理論の目的は批判にある。したがって，戦略的行為とコミュニケーション的行為，システムと生活世界，制御メディアと言語という一連の二分法も，現代社会の批判を可能にするために設定されている。そして，これらの概念を用いてハーバーマスが現代社会について指摘するのが**システムによる生活世界の植民地化**という現象だ。これは生活世界に別のタイプの秩序であるシステムが侵入してくることによって，生活世界で生じるはずの象徴的な再生産が歪められ阻害されてしまうことをいう。メディアに注目して言い換えるなら，言語的なコミュニケーションを通して了解が達成されることによって解決されるべき問題が，お金や権力という別種のメディアが使われることによって強制的に解消させられてしまうことである。その結果，文化が継承されなかったり，規範が守られなくなったり，個人の水準では，精神的な病理や生きがいの喪失が起こったりといった問題が生じるとされる。ハーバーマスは，経済システムや政治システムが現代社会にもたらした豊かさを評価する一方で，それらのシステムが生活世界のコミュニケーションに取って代わろうとする越権行為を厳しく批判するのである。

　それではこの「植民地化」現象に対抗するにはどうすればよいのだろうか。この問題に，第2の論点である公共圏が関わってくる。**公共圏**（public sphere）とは，多くの個人が集まって自由に議論し，公共の問題を取り上げ，ときに政治的な活動にも影響を与えるような社会的な空間のことである。ハーバーマス理論の視点から解釈するなら，公共圏は，コミュニケーション的行為によってシステムのもつ問題点を批判し，システムによる生活世界の植民地化に対抗する場といえよう。例えば，喫茶店や図書館，サロンや大学，公園や街路といった物理的な空間も，そこで自由で開かれたコミュニケーション的行為が為されているならば公共圏である。

　しかし，人口的にも空間的にも巨大な現代社会において最も影響力のある

公共圏が，マスメディアによって成立していることは明らかだろう。コミュニケーション的行為には何より言論の自由なやりとりが必要だが，現代社会において最も大量かつ広範囲に言語というメディアを流通させているのはマスメディアだからである。ただし，マスメディアが国家権力や市場経済に対抗し，もっぱら批判の役割のみを果たしているという対立図式で捉えてしまうのは誤りであろう。というのも，マスメディア自身が，情報の生産・流通手段を所有し，国家の法規制のもとで経済活動を行う巨大な組織であるからだ。したがって，公共圏に資本（経済システム）の論理や国家（政治システム）の論理が侵入する入口に，マスメディア自身がなってしまうリスクは常に存在している。ハーバーマス理論からみれば，マスメディアを，現代社会において公共圏を成立させるための重要な条件であると捉えることができるとともに，経済システムや政治システムとの間に両義的な関係を有していると批判することができる。

ソーシャルメディアと公共圏

　ここまでハーバーマス理論の構成と，その中でメディアが占めうる位置について確認した。最後に，現代的なメディア現象に対して，この理論でどのような問いが設定できるのかを考えてみよう。

　マスメディアが現代の公共圏の成立に果たす役割はすでにハーバーマス自身が指摘しているところである。それでは，近年マスメディアと並んで重要な情報生産・流通手段となっている，いわゆる**ソーシャルメディア**は，公共圏としての機能を果たすことができるのだろうか。あるいは，ソーシャルメディア上で実現されるコミュニケーションがどのような形態になれば，より理想的な公共圏を実現することができるのだろうか。ハーバーマス理論からは，このような問いを立てることができるだろう。

　ソーシャルメディア上で実現されるコミュニケーションには，コミュニケーション的行為という点から興味深いいくつかの特徴がある。まず対面状況ではないので，空間的あるいは時間的に離れた他者とコミュニケーション

ソーシャルメディア（social media）「ソーシャルメディア」は近年よく用いられるようになった言葉であり，SNS を中心に多様なウェブ・サーヴィスを指す総称である。おおよその含意として，ユーザーが自ら他のユーザーとの関係のネットワークを構築し，ユーザー自身が生み出した情報をユーザー間でやりとりすることを促すサーヴィスであるといえる。

をとることができる。また、コミュニケーションの履歴が自動的に保存され
ていく場合も多いので、中断したコミュニケーションをいつでも再開しうる
し、過去のコミュニケーションへの言及がされやすい。他にも、現実社会で
はまったくつながりのない他者（その中には、ある問題の当事者や関係者、専門家
や責任者も含まれる）ともコミュニケートすることが可能であり、あるコミュ
ニケーションが非常に多くの人々に届く可能性も秘めている。また、個人で
あっても、言語のみではなく画像・音声・映像といった多様な情報を用いて
発信を行うことができる。以上のような特徴が、公共圏の成立にとってどの
ような影響を与えるのかは、具体的なケーススタディに委ねられるべきだろ
う。

　また、合意形成という観点からも、ソーシャルメディアの特徴がみられる。
客観的な事実の確定という点では、いわゆる「フェイクニュース」という現
象を指摘できるし、社会的な統合という点では、いわゆる「炎上」や**集団分
極化**といった道徳的判断をめぐる集団的な対立現象の存在を指摘できる。加
えて、システムという視点も有用である。情報の生産・流通手段が特定の組
織によって寡占状態にあるマスメディアと異なり、ソーシャルメディアの場
合、インターネットという情報インフラを前提として、各個人がパソコンや
スマートフォンなどの端末から情報の発信や流通を行うことができる。その
点でより自由で多様な言論が生まれるチャンスが与えられていると捉えるこ
ともできよう。他方で、ソーシャルメディアに代表される現在のウェブ上の
サーヴィスは、プラットフォーマーと呼ばれる企業によって供給されている
ことも多い。ウェブ上で影響力の大きなコミュニケーションを行うためには、
そのようなプラットフォーマーが提供しているサーヴィスを利用せざるをえ
ない。したがって、そこでの言論活動は、プラットフォーマーという企業を
介して、経済システムや政治システムにさらされている。マスメディアがシ
ステムに対して有していた両義的な関係が、形を変えて、ソーシャルメディ
アにも現れているのだ。公共圏の形成という問題意識に立ったとき、既存の
マスメディアと新興のソーシャルメディアにはどのような相違点や共通点が

集団分極化（group polarization）　社会心理学の用語で、ある集団が、その集団のメンバーがもともともっ
ていた傾向に比して、より極端な方向に決定を下しやすくなることを指す。近年のソーシャルメディアの普及
によって、人々がウェブ上で自分に近い考え方や価値観の集団を形成しやすくなり、その結果、この集団分極
化が多発し、世論や社会の分断が助長されているのではないかと指摘されるようになってきている。

あり，それぞれどのような役割を担い，また互いにどのような関係を結びうるのか。これらの問題を立てられるところに，ハーバーマス理論の現代的な意義の一つがある。

引用・参照文献

新睦人編『新しい社会学のあゆみ』有斐閣，2006年

Giddens, A., *The Constitution of Society: Outline of the Theory of Structuration*, Polity Press, 1984.（＝門田健一訳『社会の構成』勁草書房，2015年）

Habermas, J., *Theorie des kommunikativen Handelns*, Suhrkamp, 1981.（＝河上倫逸・平井俊彦・藤澤賢一郎・岩倉正博・丸山高司・厚東洋輔他訳『コミュニケイション的行為の理論』上・中・下，未来社，1985-1987年）

Hodkinson, P., *Media, Culture and Society: An Introduction*, SAGE Publications, 2010.（＝土屋武久訳『メディア文化研究への招待——多声性を読み解く理論と視点』ミネルヴァ書房，2016年）

Joas, H. & Knöbl, W., *Social Theory: Twenty Introductory Lectures*, Cambridge University Press, 2009.

Luhmann, N., *Soziale Systeme: Grundriß einer allgemeinen Theorie*, Suhrkamp, 1984.（＝馬場靖雄訳『社会システム——或る普遍的理論の要綱』上・下，勁草書房，2020年）

Luhmann, N., *Die Gesellschaft der Gesellschaft*, Suhrkamp, 1997.（＝馬場靖雄訳『社会の社会』1・2，法政大学出版局，2009年）

Mead, G. H., *Mind, Self and Society: From the Standpoint of a Social Behaviorist*, University of Chicago Press, 1934.（＝稲葉三千男・滝沢正樹・中野収訳『精神・自我・社会』現代社会学大系10 復刻版，青木書店，2005年）

おすすめ文献

新睦人編『新しい社会学のあゆみ』有斐閣，2006年
　　本章で紹介した3名のものを含む現代の10の有力な社会学理論について，日本の著名な研究者たちが1人1理論ずつ概説している。社会学の現代的理論を日本語で鳥瞰できる貴重な書。また編者による「リンク」コーナーには，様々な現代理論の間の関係や歴史的・思想的背景が書かれており理解もより深まる。一読ですべて理解するのは難しいかもしれないが，本書から自分なりに面白いと思える理論や概念や問題設定を見出してほしい。

作田啓一・井上俊編『命題コレクション　社会学』ちくま学芸文庫，2011年
　　社会学を中心とする人文社会科学で提唱されてきた50の命題を紹介，解説している。目次を一瞥すれば，人間観，行為観，秩序観，現代観など，主体としての人間が関わるあらゆる現象についての，社会学の見方が載っている。目次を読んで気になる言葉や話題があれば，その命題から読んでも構わない。どのページからも社会学の広大な世界へ入れるだろう。原著は昭和も終わる頃に上梓されているが，この命題集の意義は現代でも色あせていない。

ポール・ホドキンソン／土屋武久訳『メディア文化研究への招待——多声性を読み解く理論と視点』ミネルヴァ書房，2016年
　　本書はメディア研究で用いられる様々な概念・論者・理論・視点・論点などをコンパクトかつ網羅的に解説している。また，イデオロギー，ニュースの構築性，メディアの公共性，想像の共同体，ジェンダー，コミュニティ，アイデンティティといったメディアに関わる現代的課題ごとに章が割かれている。具体例の紹介も多く，メディアという社会的現象を理論的に捉えたい人には，自分で考えるときのヒントも与えてくれるだろう。

第6章　メディアと文化の理論

瓜生吉則

1　メディア／文化を読み解くということ

日常生活の中の「メディア／文化」

　通勤や通学のために乗っている電車やバスの車内で，近くにいる人の様子をそっと見てほしい（凝視するのはお勧めしない）。友人とおしゃべりしている人がいる。寝ている人がいる。ただぼぉっと外の景色を見ているだけの人もいる。また，最近はめっきり減ったが，新聞や雑誌を読んでいる人もいる。今ではスマートフォンの画面を眺めている人がほとんどかもしれない。さて，彼らはいったい何をしているのだろうか。そして，彼らのしていることの「意味」を考えるには，どんな切り口が考えられるだろうか。

　まずは，彼らが手にしているモノに注目してみよう。新聞，雑誌，スマートフォン……。彼らはみな，「メディア」と呼ばれているものを用いて，ニュースを読む，音楽を聴く，SNS に書き込むといった情報のやりとり＝コミュニケーションを行っている。彼らと誰か別の人やモノとの「あいだ」に存在するのが「メディア」である。「メディア」と聞くと新聞社やテレビ局など，いわゆる「マスメディア（の，とりわけ企業名）」を思い浮かべる人も多いだろうが，本章では《何かと何か，誰かと誰かの「あいだ」にあって，情報や意味のやりとりを媒介するもの》という，少し広い定義を「メディア」に与えることにしたい（だから，本章を読んでいるあなたと，本章の著者である私との「あいだ」にある文字／活字もまた「メディア」ということになる）。

　そして，そんな「メディア」を用いて彼らが（そして，われわれが）していることを，本章では「文化」と呼ぶこととしたい。「文化」と言うと，クラシック音楽の演奏会やルネサンス期の美術展など，「高級」「教養」といった

イメージと結びついたものが想像されがちである。また,「文化」という言葉から,絵画や映画,マンガや歌など,何らかのタイトルが付いて作者の名前がクレジットされた「作品」を想起する人もいるだろう。しかし,英語の「文化」に当たる単語 culture の語源に「耕す」という意味が含まれているように(だから農業は agriculture なのである),土に鍬を入れて畝を作るような,《人々の「ふつう」の生き方や振る舞い》もまた「文化」である,と考えることもできる。とすれば,冒頭で列挙した人々の行動を「文化」と呼んで差し支えないだろう(さらに,「メディア」によって/を用いているという点で「メディア文化」と呼ぶことができる)。

「メディア/文化」について考えるために

このように定義を与えた上で,では「メディア」や「文化」を研究してみよう,といっても,切り口は実に様々なものが挙げられる。具体的な作家・作品や事象を「テクスト」と見ることもできるし,社会的制度や構造を考えることも,あるいは「メディア」を利用している人々(読者,視聴者など)に焦点を当てることもできる。さらには,「文化」を実践することで社会変革を目指そうとする方向もまた,広義の研究に入るかもしれない。そのうちどれかに優劣をつけるのではなく,複数の視角がありうることを並列的に記述し,読者諸君が身近な話題から調査・研究を出発できるよう,メディア/文化をめぐる理論の大まかな地図を示すことが本章の目標である。

なお,本章で紹介する「理論」は,メディア/文化について正しく,きれいな見方を必ず提示してくれるというわけではないし,同じ事象や作品を取りあげていても,正反対の議論をしている場合も少なくない。だが,それは「理論」を学ぶことの利点ですらある。多様な分析を可能とする「開かれた(オープンな)」ものとしてメディア/文化を捉えることで,自分自身の日常をメディア/文化の観点から改めて考えるきっかけにしてもらえれば幸いである。

2 「テクスト」としてのメディア/文化

さて,「メディア/文化」を分析するとして,どのようなやり方が考えら

れるだろうか。新聞の記事，テレビの CM，SNS での書き込み…。人々が「メディア」を介してやりとりをしている「内容」について分析すれば，その「メディア」の特徴や，情報をやりとりするわれわれの「文化」のありようが見えてくるのではないか。そう思う人も多いだろう。そのときに参考になるのが，「テクスト」としてメディア／文化をとらえようという視角である。

「テクスト」と聞くと，教科書 textbook のことを思い出す人もいるかもしれない。しかし，メディア／文化研究の分野では，もう少し広く，《何らかの情報が含まれた表現全般》を広く「テクスト」と呼んでいる。だから，紙の上に書かれたり印刷されたりしている文字・活字による表現形式（本や新聞，その電子形態としてのウェブサイトなどの文章部分）のみならず，音楽やラジオのように聴覚に訴えかけるもの，写真のように視覚に訴えかけるもの，映画やテレビなど視聴覚に複合的に訴えかけるものもまた「テクスト」と呼ぶことができる。

メディア／文化の記号と構造

先に述べたように，広義の「テクスト」は文字／活字／音声／写真／動画といった様々な表現形態を採っているわけだが，何らかの情報をわれわれに提示しているという意味で，「左折禁止」「一方通行」などを示す道路標識や建物の中の「非常口」表示と同じく「記号」としての側面を持っている。われわれが小説を読んだり，映画を見たり，音楽を聴いたりするときに抱く，「何が書かれているのか？」「ミュージシャンがこの曲に込めたメッセージは？」といった疑問は，そうした「テクスト」を構成している「記号」の作用を読解していくことで明らかになる（こうした研究手法を「記号学」と呼ぶ）。

ところで，「記号」は何によって成り立っているのか。**フェルディナン・ド・ソシュール**（Ferdinand de Saussure, 1857-1913）の定義によれば，何かを

記号学　ソシュールからバルトに至る（ここで取り上げている）系譜を「記号学（Semiology）」と呼び，チャールズ・サンダース・パース（Charles Sanders Peirce, 1839-1914）を嚆矢とする記号研究の系譜を「記号論（Semiotics）」と呼んで両者を区別する場合もある。パースの「記号」分類は大きく3種あるが，最も有名なものは，対象との関係性からの分類である「インデックス（index）指標」「イコン（アイコン）（icon）類似」「シンボル（symbol）象徴」である（パース [1986] を参照）。ソシュールの「記号」概念が言語記号を主に扱ったことから，文芸批評など文字・活字を表現媒体とする狭義の「テクスト分析」が（バルトのように）派生していったのに対して，自然事象をも「記号」としてとらえようとするパースの「記号」概念は，認知科学や精神分析学などに応用されることが多い。

表すもの（シニフィアン　仏語でsignifiant　「記号表現」「能記」と訳されることもある）と，そのシニフィアンによって表されたもの（シニフィエ　仏語でsignifié「記号内容」「所記」と訳されることもある）とが表裏一体となって構成されているのが記号（シーニュ　仏語でsigne）である［ソシュール 1972］。具体的に言えば，「ハ・ト」という音の連鎖や「鳩」という漢字表記がシニフィアン，それによって意味・想起される鳩の概念がシニフィエ，その一対の関係が鳩という記号（シーニュ），ということになる。ただし，この「記号」を構成するシニフィアンとシニフィエとの関係は恣意的，つまりある記号の表し方と意味されるものとの関係は必然的ではない，というのがソシュールの強調するところであった。日本語や漢字を知らない人に「ハ・ト」と言っても（あるいは「鳩」と書いても），街角や公園にいるあの鳥のことを想起してもらえない，ということである。

　「テクスト」はこうした「記号」の集積だが，本章（これもまたひとつの「テクスト」である）の成り立ち方からも分かるように，複数の単語がひとつの文を，複数の文がひとつの段落を，複数の段落がひとつの節を，そして複数の節がひとつの章を構成している。とすれば，「テクスト」分析では「記号」とともに，その「構造」を分析することも必要となる。登場人物の機能に着目し，ロシア民話や魔法物語を分類したウラジーミル・プロップ（Vladimir IAkovlevich Propp, 1895-1970）［プロップ 1987］や，文化人類学のフィールドから部族の神話の構造を分析した**クロード・レヴィ=ストロース**（Claude Lévi-Strauss, 1908-2009）［レヴィ=ストロース 1972］などは，「物語構造分析」の始祖と呼べる人たちであり，アルジルダス・ジュリアン・グレマス（Algirdas Julien Greimas, 1917-1992）は，プロップの理論をさらに精錬し，「行為者」による状態の変容の連鎖として物語の構造を分析した［グレマス 1992］。

　こうした記号学的テクスト分析の対象は，もちろん昔話や小説など，狭義の「物語」に限定されるわけではない。同じ活字ということで言えば，新聞や雑誌の文章についても同様の分析を加えることができる。1970 年代以降になると，記号学の対象は写真，映画やテレビ番組など，いわゆる映像テクストの分析にも応用されてきた。記号学から出発し，物語構造分析において

クロード・レヴィ=ストロース　本業は社会人類学。『親族の基本構造』（1949 年，邦訳は 2000 年，青弓社）や『野生の思考』（1962 年，邦訳は 1976 年，みすず書房）などで展開された，「未開社会」の親族構造や思考様式の分析が，後に"構造主義"の祖としてレヴィ=ストロースの名を刻むこととなった。

も独自の理論を展開した**ロラン・バルト**（Roland Barthes, 1915-1980）も，写真や広告ポスターがどのような現代的「神話」を構成しているのかについて，実に示唆に富む分析を行っている［バルト 1984，1985 など］し，映画についての代表的な記号学的分析は，クリスチャン・メッツ（Christian Metz, 1931-1993）による一連の研究がある［メッツ 2005 など］。また近年では，映画以上に多様な映像を人々に提供しているテレビに関して，視覚と聴覚という二つの感覚に作用する記号表現のありようを考察する「マルチモーダル分析」も提唱されている［日本記号学会編 2007 など］。

表象の政治学へ

　文や音声，映像などを「記号」の束として分析するのが記号学的テクスト分析の基本ではあるが，その「記号（という部分）」を改めて組み上げていけば「テクスト（という全体）」がそっくり再構成できる，というわけではない。別の言い方をすると，「**テクスト分析**」は小説や映画やテレビ番組の構造を示すことでは終わらない。というのも，テクストを解読して「何を意味しているのか」「どのように構成されているのか」を理解していくと，当のテクストが無味無臭，透明で中立的な「記号」の集積体である，とは言い切れないことがよりはっきりと見えてくるからだ。

　第 1 章で詳しく説明されているように，メディア・リテラシー理論においてはメディアを媒介としてかたちづくられる「表象」を批判的に解読することが重要な実践となっている。「批判的に解読する」とは，難癖をつけたり，意味のないものとして放逐したりすることでは全くない。そうではなく，「テクスト」と真摯に向き合い，その社会的な意味を丁寧に読み解いていくことである。

　「テクスト」の批判的解読の模範的な一例として，バルトによる一枚の写真の分析を紹介しておこう。先に述べたように，記号学の前提は，シニフィアンとシニフィエとの結びつきは初めから決められているわけではない，という点にある。バルトは，その偶然的な結びつきによる（歴史的，社会的な特定の条件の下で成立したにすぎない）記号／文化があたかも「自然（当たり前）」であるかのように見えてしまう事象を，現代社会における「神話」として批判的に検討した。少々長いが，そのうち最も有名なものを引用する。

160

わたしは理髪店にいて『パリ・マッチ』誌を一冊，手渡される。その表紙には，フランスの軍服を着た一人の若いニグロが，軍隊式の敬礼をして目を上げているが，おそらくその見つめる先には，三色旗がひるがえっているのだろう。こうしたことが映像の意味である。だが，純粋であろうがなかろうが，わたしにはその映像がわたしにとって何を意味しているかがよくわかる。すなわち，フランスは偉大な〈帝国〉であること，そのすべての息子らは，肌の色の区別なく，その旗に忠実に仕えるということ，いわゆる抑圧者に仕えるこの黒人の熱意ほど，いわゆる植民地主義を非難する人たちに対する最良の応答はないということ。それゆえ，わたしはここでもまた，価値の高められた記号体系を目の前にしていることになる。すでに，前提となる体系（「フランス軍隊風の敬礼をする黒人兵士」）から，それ自体形成されたシニフィアンがある。それからシニフィエがある（ここではそれは，フランス性と軍隊性の意図的な混合である）。そして最後に，シニフィアンをつうじての，シニフィエの現前がある（［バルト 2005：328-329］強調は原文）。

　バルトの「**神話**」批判は，単にシニフィアン—シニフィエの一対（表紙の写真）が何を意味しているのか，という「（一次的な）意味」解釈（敬礼をしている黒人兵士）のみならず，その「（一次的）意味」をひとつのシニフィアンとして，二次的なシニフィエ（帝国としてのフランスの植民地主義）と表裏一体となった記号が成立していることを鮮やかに示してみせる。こうした表象分析は，「中立的」な区分と思われている男性／女性，黒人／白人といったカテゴリーに基づいた「記号」が，社会的な差別へと結びついていきかねないことに注意を喚起する。「テクスト」としてのメディア／文化の分析は，「何が書かれ／描かれているのか」を純粋に取り出すことにとどまらない。一冊の本や一枚の写真，ひとつの映画に常に—すでにはらまれている「**政治性**」を暴露する，非常にスリリングな実践なのである。

3　メディア／文化をかたちづくる〈モノ—コト〉

　前節で見たように，広義の「テクスト分析」は，メディアを介してやりと

りされる情報を「記号」としてとらえ，その構造的なありようを分析するものであった。さて，ではその「記号」や「テクスト」はどのようにして生み出され，われわれの元へと届けられるのか。「記号」や「テクスト」の意味が無味無臭ではないように，その社会的なありよう（物質的存在形態）もまた透明で中立的なものではない。メディア／文化の「テクスト分析」が，対象に限りなく近づいていくミクロ的視角であるとすれば，以下の諸理論は《社会の中でのメディア／文化》というアプローチを採っているという点で，マクロ的な視点と言ってもいいだろう。メディア／文化を取り巻く様々な社会環境，およびその社会環境の中で人々が行っているコミュニケーションに照準し，その社会的様態を探究する理論を紹介していこう。

メディア／文化の社会的装置

　メディア／文化は「テクスト」であると同時に，社会の中で特定の機能を担う「システム」でもある。**マルクス主義**では，上部構造 (superstructure) としてのメディアや文化は，何よりもまず経済／資本という土台（下部構造，base）によって規定されている，という前提が採られる。ただし，マルクスが活動していた19世紀と異なり，20世紀に入ると新聞や雑誌は部数を伸ばしてマスメディアとなり，映画やラジオ，レコードといった新しい技術／システムが大衆に大量の娯楽を提供していった。こうした情況を「**文化産業**」という概念を用いて批判的に検討したのが，「**フランクフルト学派**」のマックス・ホルクハイマー (Max Horkheimer, 1895-1973) と**テオドール・アドルノ** (Theodor Adorno, 1903-1969) である。「文化産業が提供する製品の一つ一つは，否応なしに全文化産業が当てはめようとしてきた型どおりの人間を再生産する」[ホルクハイマー／アドルノ 1990：195]という言い方に象徴的に見られ

文化の政治性／政治学　「政治」と聞くと，具体的な法律策定や政治家の丁々発止のやりとりのような，どこか生々しい利権闘争を想像するかもしれないが，「文化の政治性」という場合はもう少し抽象的な，「合意」や「意思決定」がなされる過程として「政治」という言葉を用いる。たとえば，「競合したり対立したりしている諸力の組み合わせが，もろもろの制約と契約により編制されている空間の中でいかにして多様な戦術を繰り広げてゆくのか」[セルトー 1999: viii] を考察することが，「文化の政治学」となる。
フランクフルト学派　ドイツ・フランクフルト大学に1923年に設立された「社会研究所 Institut für Sozialforschung」を中心に，マルクス主義を土台とした批判理論を展開した一群の研究者たちを指して言われる。ホルクハイマー，アドルノのほか，エーリッヒ・フロム (Erich Fromm, 1900-1980『自由からの逃走』など)，ヘルベルト・マルクーゼ (Herbert Marcuse, 1898-1979『一次元的人間』『エロス的文明』など) らを第一世代（ベンヤミンをここに入れることもある），ユルゲン・ハーバーマス (Jürgen Habermas, 1929-『公共性の構造転換』『コミュニケイション的行為の理論』など) らを第二世代，アクセル・ホネット (Axel Honneth, 1949-『承認をめぐる闘争』など) らを第三世代と呼ぶ（ジェイ [1975] を参照）。

るように，彼らは「文化産業」が画一化した娯楽を提供することで，「芸術」の持つ"毒"の部分が削がれていくこと，ひいては大衆が（無意識的に）権力に従順していくことを批判的に指摘した。

　二人のメディア／文化産業への辛辣な批判は，当時のニューメディアが大資本から続々と生み出されていく情況を痛罵しているために，オペラやクラシック音楽などの「高級文化」こそホンモノであり，ラジオで流れるジャズやディズニーのアニメーションなどの「マスカルチャー」などはマガイモノにすぎない，と本質主義的な憤りを表しているようにも見える。しかし，彼らの「文化産業」論が，1920〜30年代アメリカの「大衆社会」情況への批判的なまなざしから生まれているという背景は考慮しておく必要があるだろう。大量生産・大量消費を前提とする〈商品〉として「メディア文化」が流通する消費社会は，まさにこの第一次大戦後のアメリカを起源としているし，さらに高度化した消費社会に生きるわれわれもまた，スタジオジブリやニンテンドーといった「文化産業」が生み出した情報や作品を日常的に受容しているとすれば，彼らの議論は今もなお参照すべき部分をたたえていると言えよう。

　メディア／文化は，貨幣の交換による経済活動だけではなく，社会的な制度によっても規定される。たとえばルイ・アルチュセール (Louis Althusser, 1918-1990) は，〈イデオロギー装置〉として「学校」を挙げている。「人々は学校で，正しい慣例の諸規則，すなわち分業のあらゆる担い手が将来において占めるべく「予定されている」ポストに応じて守らねばならない礼儀作法の「諸規則」を学ぶのである」[アルチュセール 2005: 325]。朝になれば起床し，8時頃には登校し，1時間弱の授業と10分程度の休憩を繰り返し，夕方に帰宅する。日本であれば満6歳になると，こうした習慣を否が応でも身につけなければならない。それは単に「規則正しい」生活による健康な身体を涵養することだけが目的となっているのではない。そこで教え込まれる様々な

本質主義　essentialism。ある事象の中には何かひとつ（ときには複数）の不変の要素があらかじめ含まれている，とする立場・ものの見方。たとえば「演歌は日本の心です」という物言いは，「演歌」のメロディや歌詞には「日本人」が何百年もの長きにわたって保持してきた「心」をゆさぶるものがある，つまり「日本（人）の本質」が（不変のまま）存在することを前提としている。こうした考え方に対して，「日本人」の範囲にしても，また「演歌」というジャンルにしても，ある特定の歴史的・社会的な産物であり，「日本（人）の本質」は「社会的に作られた」ものである，とする立場・ものの見方が構成主義もしくは構築主義 (constructionism/constructivism　社会的構成／構築主義 social constructionism/constructivism とも）である（上野編［2001］を参照）。

「ノウハウ」は，「支配的イデオロギーに対する服従を保証し，あるいは支配的イデオロギーの「実践」の習得を保証する諸形態のなかで行われる」（[同：326]強調は原文）のだ。テレビ番組と学校の時間割がともに「1週間」という単位で編成されていることは，決して偶然ではないのである。

メディア／文化の物質性をめぐって

　メディア／文化は，社会的な「制度」として人々の意識を拘束しているだけではない。たとえば，テレビという「メディア」がある。テレビの「内容」は，週単位で時間ごとに編成された様々なジャンルの番組と，民放であればその合間に挿入される各種のCMである（コンテンツ制作費の観点からすると，民放テレビの場合，本当はコストを負担するスポンサーによるCMの合間にニュースやバラエティやドラマが挿入されているのだが）。では，われわれはその「内容」とどのように接しているのだろうか。

　昭和30年代の日本では，家族どころか近隣の人まで集まって，ブラウン管を通して映し出される白黒の映像を見ていた。やがて受像機の価格が下がるにつれて，テレビは居間だけでなく各部屋に置かれるようになり，今では家の外にいてもカーナビやスマートフォンでワンセグ放送を受信することができる。日本でテレビ放送が始まってから間もなく70年，その間ずっとテレビは番組やCMという「内容」を送り届けてきたが，そのテレビという「メディア」への接し方は大きく様変わりしてきた。ビデオテープからハードディスクへと変遷した記録機器によって，あるいはネットの「見逃し配信」サイトで，自分の好きな時間に番組を見ることも珍しくはない。さてそのとき，「テレビを見る」という行為は，かつてとどこが同じで，どこが異なっているのか。メディア／文化について考えるためには，こうした「モノとしてのメディア」の機能についても考慮しておく必要がある。

　マーシャル・マクルーハン（Marshall McLuhan, 1911-1980）は，「モノとしてのメディア／技術」と人間との関係を，グーテンベルク以降20世紀にいたるまでの人間の感覚比率の変容過程として歴史的にとらえた。「メディアこそメッセージである」という有名な託宣，「熱いメディア／冷たいメディア」という不思議な分類，そして「グローバル・ヴィレッジ」の予言…と，彼の用語は晦渋かつ生煮えな部分も多くあるが，たとえば「どんなメディアでもその「内容」はつねに別のメディアである」[マクルーハン 1987: 8]とい

う一文をとってみても，テレビという 20 世紀マスメディアの王様をも呑み込もうとしているインターネットのメディア／文化について考える上では，今なお参考にできる部分が多い。

　そのマクルーハンの著書の中で「オング神父」として言及されている**ウォルター・J・オング**（Walter J Ong, 1912-2003）は，「声の文化→文字の文化→活字の文化→電子の文化」というメディア／文化の発展図式を描いている。これは**ハロルド・イニス**（Harold A. Innis, 1894-1952［イニス 1987］）やマクルーハンらと同じ，文明史観とも交差したメディア／文化論と言ってよいだろう［オング 1991］。

　スマートフォンを一人一台持つようになった現在，われわれはグーテンベルク以来 500 年以上続いてきた，紙の上の活字を目で追っていくことだけではなく，液晶画面に表示された電子的な信号を受信することをも「読む」と呼ぶ時代に生きている。そうした行為が従来の紙の印刷物を「読む」経験とどこが異なっているのか（あるいはいないのか）を考えたいのであれば，**ロジェ・シャルチエ**（Roger Chartier, 1945-）による**「読書行為論」**とでも呼ぶべき一連の論考が参考になる。単なる書物・印刷物の歴史ではなく，印刷技術によって現出した書物・印刷物を人間がどのように用いてきたのか，すなわち「読むこと」の経験を丹念に追っていくシャルチエの歴史学的視角［シャルチエ 1992］は，ともすれば〈今－ここ〉のメディア／文化環境を当たり前に思ってしまうわれわれの思考様式がどのようなコミュニケーション技術によって成立しているのか，について考えるヒントを与えてくれる。

メディア／文化と人間

　メディア技術がコミュニケーションに与える（直接的な／潜在的な）影響を強調するこれらの議論は，「メディア」を透明無垢な存在として，その「効果」に照準する社会心理学的メディア研究への批判としては今なお有効である一方で，新しいメディア技術が登場するたびに「バラ色の未来」を提出する**技術決定論**となってしまう危険性をはらんでいる。しかし，技術は社会の中で生まれ，人々に選択されて定着していく。**ヴァルター・ベンヤミン**（Walter Benjamin, 1892-1940）の**「複製技術時代の芸術作品」**は，映画などの複製技術が，旧来の芸術作品の「**アウラ**（唯一性がまとう後光）」を凋落させることを指摘している点で有名ではあるが，フランクフルト学派のようにそれ

を嘆いているわけではない。天賦の才に独占されていた「芸術」から人々が解放され，複製技術によって新時代の「芸術作品」を生み出す可能性を希望的に語っている点にも注目して読み返す意味があるだろう［ベンヤミン 1995］。

ミシェル・ド・セルトー（Michel de Certeau, 1925-1986）は，文化人類学において「器用仕事」の意味で使われていた「**ブリコラージュ**」を，既成のメディア／文化を利用しつつ新たなものを作り出すという積極的な意味で用いた。カール・フォン・クラウゼヴィッツ（Carl von Clausewitz, 1780-1831）の戦争論における「戦略／戦術」の用語を借りながら，セルトーは人々の「戦術」が持つ意義を次のように語る。既存の権力の「監視のもとにおかれながら，なにかの情況が隙をあたえてくれたら，ここぞとばかり，すかさず利用するのである。戦術は密猟をやるのだ。意表をつくのである。ここと思えばまたあちらという具合にやってゆく。戦術とは奇略である。要するに，それは弱者の技なのだ」［セルトー 1987: 102］。

ベンヤミンやセルトーの視角は，フランクフルト学派の文化産業論やマクルーハンらのメディア論に内包された，「操作されやすい／技術に振り回される主体」としての大衆観を批判的に捉え返すヒントを与えてくれる。それは次節でふれる**カルチュラル・スタディーズ**のメディア研究における「オーディエンスの能動性」とも通底する，メディア／文化理論の重要な水脈となっている。

4　「カルチュラル・スタディーズ」の実践

テクストの意味の複雑さ，テクストの社会的存在形態，その両者を融合させつつ，新たなメディア／文化研究の道を開いたのが，イギリスをひとつの起源として始まった「カルチュラル・スタディーズ」と呼ばれる研究（群）である。この潮流をひとつにまとめることは難しいが，1960年代以降に先

技術決定論　新たな技術が開発され，広く使われるようになると，社会のあり方が大きく変化する，という思考様式。インターネットが普及するとマスメディアは消滅する（あるいは，一方通行ではない人々の相互交流が広がる），AIが普及すると人間の仕事がなくなる，といった「未来予想」の多くが，この技術決定論をベースにしている。「革新的な技術によるバラ色の（あるいは暗黒の）未来」を社会（に生きるわれわれ）がどのように夢見てきたか，技術が社会の中で生まれていることを忘却する歴史がいかに繰り返されてきたかについては「おすすめ文献」の佐藤［2010］を参照のこと。

進資本主義国が抱えた様々な問題を「文化」という観点から批判的に探究しようとしたことに，最大公約数的な特徴を指摘できる。

「カルチュラル・スタディーズ」という視角の登場

「カルチュラル・スタディーズ」の源流のひとつは，**T・S・エリオット** (Thomas Stearns Eliot, 1888-1965) や **F・R・リー ヴィス** (Frank Raymond Leavis, 1895-1978) ら雑誌『スクルーティニー』に集った人々に求められる。劇作家・詩人であり文芸評論家でもあったエリオットは，広告や公教育の普及によって，芸術や文化の水準が下がってきたことを嘆いた［エリオット 1967］。リーヴィスもまた，「少数者の文化」(それはとりもなおさず，イギリス貴族社会の文化であった) を擁護し，エリオットと同様にラジオや映画など20世紀的「マスカルチャー」による文化水準の低下に批判的だった［Leavis and Thompson, 1933］。「高級／低級」という文化の階層性を前提としつつ，映画やレコードなどが資本主義的な商品として生産され，労働者階級の文化水準を押し下げているとする彼らの視角は，現在からすれば「上から目線」のエリート主義的な批判に見える面もあるが，20世紀の大衆社会情況におけるメディア／文化の位相を無視するのではなく，その現状を変革するための教育を提案していた点で，後のカルチュラル・スタディーズの実践 (大学空間に限定されない社会教育活動) にしっかりと引き継がれている。

　イギリスにおける「文化研究」の転換点は，**リチャード・ホガート** (Herbert Richard Hoggart, 1918-2014)，**E・P・ トムソン** (Edward Palmer Thompson, 1924-1993)，**レイモンド・ウィリアムズ** (Raymond Henry Williams, 1921-1988) らによるマルクス主義の土台―上部構造図式，およびその経済決定論への批判から始まった，と言っても決して大げさではない。教条主義的なマルクス解釈への批判は1950年代後半から60年代にかけて「**新左翼** (ニューレフト)」運動として (主に先進資本主義国で) 盛り上がったが，フランクフルト学派がメディアに翻弄される (ように研究者たちには映った) 大衆の脆弱さを強調したのに対して，彼らは上部構造としての「文化」に一定の自律性を認め，一部のエリート層ではなく，民衆を「文化」の担い手として強調した (このことから，後に彼らは「文化主義者 (culturalist)」と呼ばれるようにもなった)。彼らは，旧来のマルクス主義的なメディア／文化観に内包されていた決定論的視角に異議を申し立てたのである。

ただし，ホガートの議論には，「高級／低級」とは形を変えた本質主義的な（フランクフルト学派とも共通した）文化観が見られる。それは，19世紀までの「民衆」文化が20世紀の「メディア産業」による文化によって駆逐されてしまった，という郷愁的歴史観でもある［ホガート 1986］。一方，ウィリアムズの「ある意味や価値を，芸術や教育においてだけでなく，慣例や通常の振る舞いにおいても表す，特定の生活様式の描写」［Williams 2001: 57］という「文化」観は，日常的な生活を営む人々こそが「文化」の担い手であることを強調しつつも，歴史的・社会的諸条件の下で「文化」が複合的に成立することを指摘している点で，やはりニューレフト的な視角と呼べるだろう。

　1964年，バーミンガム大学に現代文化研究センター（Centre for Contemporary Cultural Studies: CCCS）が設立されると，「カルチュラル・スタディーズ」と後に総称されることになる一連の研究が本格的に始まった。ここで言う「カルチュラル・スタディーズ」は，本来単数形である研究 study が複数形になっていることに象徴されるように，何かひとつの原理原則にもとづいて「文化」を研究していくわけではない。また，「文化」についての定義を先に行い，正統／異端の判定をしていくようなものでもない。自らの研究活動もまた，歴史的・社会的に構成された「文化」の中で行われ，同時にその研究活動が「文化」にフィードバックされていくことこそが求められる，ひとつの「文化的（cultural）」実践なのである。

“エンコーディング／デコーディング”から“アクティブ・オーディエンス”へ

　マスメディアは読者や視聴者に一方向的に大量の情報を提供する。だから，その影響力も計り知れない。それを数値化して示そうとしたのが，主にアメリカで発展した「**効果研究**」である（第4章を参照）。「効果研究」は，効果が強力であるか否かを問わず，テレビやラジオ，新聞といったマスメディアの受け手は，その圧倒的な情報を浴び，右から左へと向きを変えさせられる受動的な存在である，ということが前提となっている。そこで問われているのは，あくまで送り手にとっての「効果」であり，受け手の側の「自由な読解」の余地などどこにもないことになってしまう。しかし，それは本当か。

　スチュアート・ホール（Stuart Hall, 1932-2014）は，マスメディアによる意味の生産と受け手による意味の読解が支配的／交渉的／対抗的という三つの立場の混交から成るとする“**エンコーディング**（encoding）／**デコーディン**

グ（decoding）"モデルを提起し，マルクス主義を批判的に参照してきたカルチュラル・スタディーズのテクスト分析，さらにはメディア／文化理論を大きく飛躍させることとなった[Hall 1973]（詳しくは第1章「メディア・リテラシー」を参照）。そこではアルチュセール的な「イデオロギー装置」の作用よりも，**アントニオ・グラムシ**（Antonio Gramsci, 1891-1937）の**「ヘゲモニー」**概念が参照され，権力が一方的に社会的な意味を確定していくのでも，また人々が好き勝手に意味を読み取るのでもない，可視的・不可視的な闘争の中で社会的な意味が確定していくことが強調されている。

1980年代になると，デヴィッド・モーレイ（David Morley, 1949-）やドロシー・ホブソン（Dorothy Hobson, 1942-）らによって，テレビ番組の「テクスト」の意味がヘゲモニックに構築されていく状況が，参与観察やインタビューなど**エスノグラフィー**的手法によって明らかにされた（Morley [1980]／Hobson [1982] など）。テレビのテクストに「意味」が内在しているのではなく，視聴者による解釈を経て初めて「意味」が構成される，という（バルト流の）論点の浮上は，人々がマスメディアから一方的に操作されるだけでなく，自らの解釈を生み出すことを強調し，能動的な受け手（active audience）像を提示することとなった（その点で，いわゆる"メディア・リテラシー"の実践に理論的な寄与を行っていると言える）。

「サブカルチャー」の効用

「テクスト」に対して能動的に振る舞う主体としてのオーディエンスの発見と並行して，既存のメディア／文化から得た情報を読み替え，さらには自分たちの生活スタイルに組み込んでいく主体にも注目が集まった。フランクフルト学派が批判的にとらえた「マスカルチャー」でも，また民衆による伝

ヘゲモニー hegemony。辞書的には「覇権」，すなわち現実の「政治」における権力の掌握を意味するが，ホールらカルチュラル・スタディーズでの「文化」概念においては，その"エンコーディング／デコーディング"モデルに見られるように，マスメディア（もしくは権力）側と受け手（大衆）との社会的な〈意味〉をめぐる闘争として把握されていることに留意しておきたい。
エスノグラフィー ethnography。語源（ethno [民族] -graphy「記述」）から「民族誌」と訳されることもある。文化人類学や社会人類学で用いられる，ある特定の現場（フィールド）に一定期間滞在しながら，聞き取り調査や参与観察（あるグループと生活をともにしながらの観察）を行う手法を指す。質問紙を用いて大量のデータを分析する「量的調査」に対する，「質的調査」のひとつでもある。人類学で「未開社会」に関して行われていたこの手法は，シカゴ学派の都市研究（代表例はウィリアム・フート・ホワイト William Foote Whyte, 1914-2000 の『ストリート・コーナー・ソサイエティ』1943 年）以降，「先進国」内の事象にも援用されるようになった。

統的な慣習も含んだ「フォークカルチャー (folk culture)」でもない，都市―消費社会における「文化」のありようを示す概念として，カルチュラル・スタディーズは**サブカルチャー (subculture)**に早い段階から注目していた。「サブカルチャー」概念自体はアメリカの都市社会学（シカゴ学派）における都市の「逸脱者」調査において提示されていたが [Gelder 2005]，カルチュラル・スタディーズにおいては「正常／逸脱」の二項対立図式とは一線を画し，既存の文化を人々がどのように消費し，さらには組み替えていくのかに着目した点に特徴が見られる。

　たとえばディック・ヘブディジ (Dick Hebdige, 1951-) は，テディボーイ，モッズ，パンクなど，第二次大戦後のイギリスの労働者階級の青年たちによって担われた文化現象を，先に見た「ブリコラージュ」概念やバルトの記号学を援用しながら分析した。「サブカルチャーはスタイルで識別されるが，このスタイルを「高度のアート」であるというのは苦しい表現であり，無駄である。むしろサブカルチャーはコミュニケーションのシステムとして，表現と描写の形態として，より広い意味での文化を明示する。……伝統的な美学の不変の基準によって「永遠の事物」として判定されるのではなく，「盗用」，「盗み」，「破壊的な変形」として，「運動」として，認められる」[ヘブディジ 1986: 182]。このように「サブカルチャー」をとらえるヘブディジが強調するのは，既存のヘゲモニーに対抗していく（先に見たセルトーの言う「戦術」を駆使する）若者たちの振る舞いにはらまれた政治性である。ポール・ウィリス (Paul Willis, 1945-) も，学校生活と就職を通して若者たちがどのような集団性と価値観を形成していくのかを，3年にわたる労働者階級の若者のエスノグラフィー調査において提示した [ウィリス 1996]。

　しかし，カルチュラル・スタディーズが複数形である以上，「サブカルチャー」へのまなざしも決してひとつの決まった形があるわけではない。たとえばアンジェラ・マクロビー (Angela McRobbie, 1951-) は，ヘブディジの「サブカルチャー」概念が「青年男性」に極端に偏っていることを批判している。サブカルチャーの舞台となったストリートにはまるで女性は存在しないかのようだ，とするマクロビーの批判は，フェミニズムやジェンダー研究と相まって，「文化の担い手」の複数性をめぐる問題提起として今後も参照されることだろう [McRobbie, 1990]。

　また，初期 CCCS の「文化主義」から「サブカルチャー」研究にいたる

系譜において，「イギリス」という国民国家が所与の前提とされていたことも現在では批判的に捉え返されている。第二次大戦後，アフリカやアジアに存在した欧米の植民地は独立を果たしていったが，旧宗主国による間接的な支配・影響は今もなお残っている。こうした「**ポストコロニアル**（postcolonial）」情況において，民族性（ethnicity）の問題が浮上する。たとえば，ひとつのジャンルとして確立している（ように見える）「黒人音楽」のありようを，啓蒙主義（とその延長上にある帝国主義）を経た「イギリス」社会と黒人ミュージシャンとの葛藤から浮かび上がらせる**ポール・ギルロイ**（Paul Gilroy, 1956-）の研究からは，「サブカルチャー」というメディア／文化的カテゴリーもまた中立ではありえず，現代的な政治性を否応なく抱えていることが分かる［ギルロイ 2006］。

　このように必ずしも統一した理論の下でひとつの学派を形成しているわけではない「カルチュラル・スタディーズ」ではあるが，「メディア／文化」が決して無色透明ではなく，様々な権力関係の下で歴史的・社会的に形成されているということを様々なアプローチで探究する姿勢については，大いに参照すべきであろう。

5　「日本のメディア／文化」をどう考えるか

　ここまで主に欧米諸国のメディア／文化理論について見てきたが，日本においてもそうした海外の動向と直接・間接に関わった「文化研究」が展開されてきた。われわれは得てして「日本独特のメディア／文化」というものを見つけたがるが，そうした欲望もまたメディア／文化研究においては論究の対象とすべきであることは言うまでもない。われわれが日々接しているメディア／文化はどのように構成されているのか，そしてわれわれはそこからどのような「意味」や「スタイル」を生み出しているのか。以下で紹介する議論を参考にしながら，自分たちの〈今 - ここ〉を改めて考えてみてほしい。

〈今 - ここ〉の文化研究

　1920 年代の日本社会は，明治維新以降の近代化がひとつの完成を迎える時期であった。映画やラジオといったニューメディアは欧米とさして時間差

なく普及し，新聞の大衆化や出版産業の大資本化も進んだ。全国各地から様々な階層の人々が集う都市には，「文化産業」の提供する娯楽があふれていた。そのころ，学生から民衆娯楽の参考書を教えてもらいたいと質問された権田保之助（1887-1951）は，次のように答えたという。「民衆娯楽問題の原書は丸善にはありません。浅草にあります」。洋書や専門書が並ぶ書店にではなく，人々が日々暮らし集っている場所にこそ「問題」はあるとする視角が，都市に住む人々がどのような暮らしを送り，どのような娯楽（映画，芝居など）に興じていたのかをエスノグラフィー的手法でとらえようとした彼の浅草調査の根底には据えられている［権田 1974］。

今和次郎（1888-1973）と吉田謙吉（1897-1982）による「**考現学**」も，〈今 - ここ〉へのまなざしに貫かれている。権田が調査した浅草とは対照的にモダンな銀座の街に出向き，そこに集う人々の服装や髪型などを細かく記述していくエスノグラフィーは，考「古」学ならぬ考「現」学と名付けられた［今・吉田 1986］。その手法は体系的な学術性に欠けていたものの，後に 1980 年代の「路上観察学会」や，街角のヘンなものをおもしろがる「VOW」（雑誌『宝島』の読者投稿コーナー）といった，民間レベルでの「文化研究」へと引き継がれている。日々，何気なく生活している場においても／そういう場所にこそ，「ふつう」の人々による生活が，そして彼らの趣味や娯楽が存在する，という視角は，メディア／文化を研究する出発点として今もなお参照すべき点が多い。

「大衆文化」へのまなざし

鶴見俊輔（1922-2015）や丸山眞男（1914-1996）らを同人とする「**思想の科学研究会**」は，第二次大戦終結間もない時期から，アカデミズムの内外を問わずにメディア／文化に関して自由な議論を展開した。「大衆文芸」を真正面から取りあげた同研究会の共同研究論集『夢とおもかげ』［思想の科学研究会編 1950］は，その最も早い段階での成果である。鶴見は，専門家がつくり専門家が享受する「純粋芸術」，および専門家がつくって大衆が享受する「大衆芸術」を生み出す基盤＝「最小粒子」として，非専門家がつくって非専門家（大衆）が享受する「**限界芸術 (marginal art)**」のあり方を歴史的に捉え返そうとした［鶴見 1999］。『思想の科学』誌の常連となった佐藤忠男（1930-）による任侠映画論・少年雑誌論や尾崎秀樹（1928-1999）による大衆文学論な

どは，対象こそ鶴見の言う「大衆芸術」ではあるが，人々が日常的に娯楽として享受している泥臭いメディア／文化の中に（こそ）「限界芸術」の萌芽がある，という前提を鶴見と共有しており（佐藤［1993］／尾崎［2001］など），日本社会における「カルチュラル・スタディーズ」的なまなざしの先駆と呼ぶこともできる。

メディア／文化を，資本や制度といった「外側」からではなく，人々の日常的な振る舞いとの関係から捉えようとする視角は，**加藤秀俊**（1930-）のテレビ論にも見いだせる。加藤はテレビという（当時の）ニューメディアを論じる上で，「それ以前」の日本社会におけるコミュニケーション様態を視野に入れることの重要性を訴えた。「わたしは，テレビのかわりにむかしの人がなにを見ていたのか，という子どもの素朴な質問に答えなければならない責任を感ずる。テレビ出現以前の日本の視聴覚文化についての知識を空白にしたままでテレビだけをとりあげて論じていたのでは片手落だ」［加藤 1965: 8］。ともすれば単一の対象の分析で終わってしまいがちな「メディア」研究とは対照的に，人々の生活のあり方，コミュニケーションの歴史的な変容過程の中で「メディア／文化」をとらえようとする加藤の語り口は，情報通信技術が日々進化している現在においてこそ噛みしめる必要があるのではないだろうか。

日本のサブカルチャーと「おたく的なるもの」

1980 年代以降，社会学や民俗学，現代思想など様々なバックボーンを持った論者たちによるメディア／文化研究はますます盛んになった。戦後社会における「サブカルチャー」をコミュニケーションの形式の変容過程として描き出した宮台真司ら［宮台・石原・大塚 2007］や，マンガ編集者・原作者としてのキャリアを活かした少女研究やマンガ研究などを発表した大塚英志［大塚 2001 など］による論考は，マンガやアニメ，ビデオゲームなど，現在では"クール・ジャパン"の象徴とされているメディア／文化に対する同時代的な探究となっている。

また，「**大きな物語**」が終焉した 1990 年代以降の"**ポストモダン**"情況を，膨大な「データベース」から各自が「小さな物語」を紡いでいく「動物化」の時代としてとらえた東浩紀［東 2001］や，家電の街から「おたく」の街へと変貌を遂げた秋葉原を建築学・都市論的視角から考察した森川嘉一郎［森

川 2003] らの論考は，国民レベルで共有される「大衆文化」が希薄化し，愛好者たちが狭い範囲で集うようになった 21 世紀のメディア／文化情況への鋭い分析を提示している。

こうした「おたく／サブカルチャー」研究は，それぞれ単独でも参照すべき論点を数多く提示している一方，ともすれば能・狂言・歌舞伎・浮世絵などの現在版として「おたく文化」を称揚するだけの「日本文化特殊論」へと横滑りしてしまう危うさもはらんでいる。「おたく」という言葉自体は確かに日本独自のものではあるが，あるメディア／文化への熱狂的な愛好の態度は世界各地で確認される。その態度は果たして「カルチュラル・スタディーズ」の探究した「サブカルチャー」とどう重なり，どこがずれているのかは，メディア／文化の（質的）優劣判定に早上がりすることなく，丁寧に観察しておかなければならないだろう。

ネット＝グローバル時代のメディア／文化

「おたく」が 1990 年代以降の日本のメディア／文化にとって重要なキータームだったとすれば，2000 年代以降に注目されるのは，言うまでもなくインターネットの普及に伴うメディア／文化の変容であろう。これらは現在進行形であるため俯瞰的に検討することは難しいが，たとえばローレンス・レッシグ（Lawrence Lessig, 1961-）の「**アーキテクチャ**」概念を援用した濱野智史のネット文化論はひとつの参考になるだろう。レッシグは，法律，市場，規範とは位相の異なる，人々に意識させずに行為を拘束するものを「アーキテクチャ」と呼んだ［レッシグ 2001］が，濱野はこの拘束性を逆に文化の豊かさをもたらしうるものとして，「日本独自」の発展を遂げた（ように見える）ネット文化を分析した［濱野 2008］。

「2 ちゃんねる」という巨大な掲示板群，はてなやアメブロのようなブログ，GREE や Mobage などのオンラインゲーム，YouTube やニコニコ動画

大きな物語 ジャン・フランソワ・リオタール（Jean-François Lyotard, 1924-1998）は，『ポスト・モダンの条件』において，「近代 modern」を支えていた啓蒙思想やマルクス主義といった「大きな物語」の終焉（そこに帰依することで「正解」を得られる（と信じられる），という効用の失効）と「ポストモダン postmodern」の到来を論じた。原著は 1984 年の出版だが，その後 1989 年のベルリンの壁崩壊，1991 年のソ連邦解体などが起こり，「冷戦」構造を支えていた「資本主義 vs. 共産主義」というイデオロギー対立がなくなった（かのように見えた）ことから，1990 年代以降の "ポストモダン" 情況を説明する際に頻繁に参照されるようになった（リオタール［1986］を参照）。

などの動画投稿サイト，そして mixi や Twitter，LINE，Instagram などの SNS…。この 20 年を振り返るだけでも，様々なネットサービスが提供され，人々はそこで多種多様なコミュニケーションを行い，そこから多くの表現や作品が生まれてきた。あるサービスが人気を博すたびにその「新しさ」が喧伝されることが多いが，マクルーハンが言っていたように，これらのサービスは 20 世紀までのメディア／文化を「内容」としているものがほとんどである。ただし，それがパソコンやスマートフォンという単独の機器でまかなえてしまえることは，人類史上初めての経験でもある。さて，これは「新しい」事態なのか，それとも「表紙を付け替えただけ」のことなのか。

　21 世紀に入ってから，政府は国をあげて「世界に誇る日本の文化」を海外に売り込もうと躍起になってきた。しかし，本章をここまで読み進んできたならば，そこで「日本の文化」と指し示されているものが決して一枚岩でもなければ「自然（当たり前）」なものとして存在しているわけでもないこと，文化産業による思惑もあれば消費者たちによる様々な改変が日々行われている，矛盾やせめぎあいをはらんだものであることに気付くはずだ。

　メディア／文化を読み解くことは，本章で紹介した理論を参考にしながら，自分が拠って立っている〈今 - ここ〉のありようを丁寧に考え抜くことである。本章を読み終えた後，「メディア／文化」論を読者諸君一人ひとりが展開することを期待したい。

引用・参照文献

東浩紀『動物化するポストモダン』講談社現代新書，2001 年

アルチュセール，ルイ／西川長夫・伊吹浩一・大中一彌・今野晃・山家歩訳『再生産について』平凡社，2005 年

イニス，ハロルド／久保秀幹訳『メディアの文明史——コミュニケーションの傾向性とその循環』新曜社，1987 年

ウィリス，ポール／熊沢誠・山田潤訳『ハマータウンの野郎ども』ちくま学芸文庫，1996 年

上野千鶴子編『構築主義とは何か』勁草書房，2001 年

エリオット，T・S ／深瀬基寛訳『文化とは何か』弘文堂書房，1967 年

大塚英志『定本物語消費論』角川文庫，2001 年

尾崎秀樹『大衆文学論』講談社文芸文庫，2001 年

オング，ウォルター・J ／桜井直文・林正寛・糟谷啓介訳『声の文化と文字の文化』藤原書店，1991 年

加藤秀俊『見世物からテレビへ』岩波新書，1965 年

ギルロイ，ポール／上野俊哉・鈴木慎一郎・毛利嘉孝訳『ブラック・アトランティック——近代性と二重意識』月曜社，2006 年

グレマス，アルジルダス・ジュリアン／赤羽研三訳『意味について』水声社，1992 年

今和次郎・吉田謙吉編『モデルノロヂオ』学陽書房，1986 年

権田保之助『民衆娯楽論』『権田保之助著作集』第2巻，文和書房，1974年

佐藤忠男『大衆文化の原像』岩波書店，1993年

ジェイ，マーティン／荒川幾男訳『弁証法的想像力——フランクフルト学派と社会研究所の歴史 1923-1950』みすず書房，1975年

思想の科学研究会編『夢とおもかげ』中央公論社，1950年

シャルチエ，ロジェ編／水林章・泉利明・露崎俊和訳『書物から読書へ』みすず書房，1992年

セルトー，ミシェル・ド／山田登世子訳『日常的実践のポイエティーク』国文社，1987年

————————／山田登世子訳『文化の政治学』岩波書店，1999年

ソシュール，フェルディナン・ド／小林英夫訳『一般言語学講義』岩波書店，1972年

鶴見俊輔『限界芸術論』ちくま学芸文庫，1999年

日本記号学会編『テレビジョン解体』慶應義塾大学出版会，2007年

パース，チャールズ・サンダース／内田種臣訳『パース著作集2 記号学』勁草書房，1986年

濱野智史『アーキテクチャの生態系』NTT出版，2008年

バルト，ロラン／花輪光訳『明るい部屋』みすず書房，1985年

————————沢崎浩平訳『第三の意味——映像と演劇と音楽と』みすず書房，1984年

————————下澤和義訳『現代社会の神話——1957』みすず書房，2005年

プロップ，ウラジーミル／北岡誠司・福田美智代訳『昔話の形態学』書肆風の薔薇，1987年

ヘブディジ，ディック／山口淑子訳『サブカルチャー——スタイルの意味するもの』未来社，1986年

ベンヤミン，ヴァルター／久保哲司訳「複製技術時代の芸術作品」浅井健二郎編訳『ベンヤミン・コレクション① 近代の意味』ちくま学芸文庫，1995年

ホガート，リチャード／香内三郎訳『読み書き能力の効用（新装版）』晶文社，1986年

ホルクハイマー，マックス　アドルノ，テオドール／徳永恂訳『啓蒙の弁証法——哲学的断想』岩波書店，1990年

マクルーハン，マーシャル／栗原裕・河本仲聖訳『メディア論——人間の拡張の諸相』みすず書房，1987年

宮台真司・石原英樹・大塚明子『増補サブカルチャー神話解体——少女・音楽・マンガ・性の変容と現在』筑摩書房，2007年

メッツ，クリスチャン／浅沼圭司訳『映画における意味作用に関する試論——映画記号学の基本問題』水声社，2005年

森川嘉一郎『趣都の誕生——萌える都市アキハバラ』幻冬舎，2003年

リオタール，ジャン・フランソワ／小林康夫訳『ポスト・モダンの条件——知・社会・言語ゲーム』水声社，1986年

レヴィ=ストロース，クロード／荒川幾男・生松敬三・川田順造・佐々木明・田島節夫訳『構造人類学』みすず書房，1972年

レッシグ，ローレンス／山形浩生・柏木亮二訳『CODE——インターネットの合法・違法・プライバシー』翔泳社，2001年

Gelder, K. (ed.), *The Subcultures Reader: Second Edition*, Routledge, 2005.

Hall, S., "Encoding/ Decoding", *Culture, Media, Language*, 1973.

Hobson, D., *Crossroads: The Drama of a Soap Opera*, Methuen, 1982.

Leavis, F. R. and Thompson, D., *Culture and Environment: The Training of Critical Awareness*, Chatto & Windus, 1933.

McRobbie, A., *Feminism and Youth Culture: From 'Jackie' to 'Just Seventeen'*, Macmillan, 1990.

Morley, D., *The 'Nationwide' Audience*, London, 1980.

————, *Family Television: Cultural Power and Domestic Leisure*, Routledge, 1986.

Williams, R. *The Long Revolution*, Broadview Press, 2001.

おすすめ文献

竹峰義和『アドルノ，複製技術へのまなざし――〈知覚〉のアクチュアリティ』青弓社，2007年
　　レコードやラジオなど「複製技術」への徹底的な批判をした頑迷な学者，というレッテルを
　　（ベンヤミンとの「訣別」もあって）貼り付けられることの多いアドルノだが，複製技術の全
　　否定ではなく，そのアクチュアルな可能性にも十分に目配りしていたことを，21世紀になっ
　　て公開されたテクストから精緻に証明していく労作である。

宮澤淳一『マクルーハンの光景――メディア論がみえる』みすず書房，2008年
　　マクルーハンの呪文のような言葉を丁寧にときほぐし，彼の「メディア論」をとらえ返す一冊。
　　門林岳史『ホワッチャドゥーイン，マーシャル・マクルーハン』（NTT出版，2009年）と一緒
　　に読むと，「メディアはメッセージである」という一言にまとわりついた妖艶な煙はきっと晴
　　れることだろう。

グレアム・ターナー／溝上由紀・毛利嘉孝・鶴本花織・大熊高明・成実弘至・野村明宏・金智子訳
『カルチュラル・スタディーズ入門――理論と英国での発展』作品社，1999年
　　イギリスでのカルチュラル・スタディーズの展開をつかむには最適な一冊。テクスト理論や
　　オーディエンス研究にとどまらず，歴史学やエスノグラフィー，ジェンダー論など「文化を記
　　述することの政治性」への目配りもされている。

佐藤俊樹『社会は情報化の夢を見る――［新世紀版］ノイマンの夢・近代の欲望』河出文庫，2010
年
　　情報技術が社会を変える。SNSが普及する中で，再びこうした物言いがよく聞かれるように
　　なった。しかし，新しいメディアが登場することでバラ色の未来が訪れるわけではない。それ
　　は「社会」の欲望の反映に過ぎないのだ。TwitterやInstagram，あるいはAIやビッグデータ
　　が「社会を変える」と思い込んでいる（思いたい）人には是非とも読んでもらいたい一冊。

メディア・コングロマリットと民主主義のゆくえ

　「ウォルト・ディズニー・カンパニー（The Walt Disney Company）」と聞くと，何を思い浮かべるだろうか。ディズニーパークや映画，アニメーション，あるいはキャラクター・グッズなどを挙げる人が多いかもしれない。しかし実のところ，これらはディズニー社の手がける事業のごく一部にすぎない。ディズニー社は，アメリカ合衆国（以下アメリカ）の３大ネットワークの一つである ABC（The American Broadcasting Company）系列をはじめとする数多くのテレビ局を傘下に持つほか，複数の映画スタジオや映像コンテンツの配給・配信の事業までもカバーする，世界でも有数規模の「メディア・コングロマリット」なのである。

　メディア・コングロマリットとは，新聞，テレビ，ラジオ，出版，映画，インターネット（プロバイダー，コンテンツ配信）など各種マスメディアや多様な関連ビジネスを抱える巨大メディア複合企業のことだ。同業種の中で事業の吸収合併を進める垂直的統合（例えば映画製作ならば，作品の制作から配給，興行，版権ビジネスまで）と，他業種のビジネスを取り込む水平的統合（例えば，通信事業を担っている企業がコンテンツ制作や放送事業を吸収合併するなど）の２つの方法を繰り返すことで巨大化・寡占化する。右の図は，現在世界でトップ５を占めるメディア・コングロマリットが傘下におさめる主な事業をまとめたものである。

　これらの５大コングロマリットはすべてアメリカに本社を置いている。アメリカでは，連邦通信委員会（FCC: Federal Communications Commission）がマスメディア集中排除原則のもと，テレビ・ラジオ局と新聞社など複数の媒体を一つの企業が同一地域で保有することを禁止してきた。しかしこの規制は緩和の傾向にあり，ごく少数のコングロマリットがアメリカ国内のメディア産業をほぼ独占する形になっている。またこれらは多国籍企業であり，世界各地でも情報・エンターテインメントの制作・流通を行っている。

　メディア・コングロマリットは，企業にとっては多くの利点がある。開発から販売まですべて自社系列の会社が担うことでコスト削減をはかり，所有するコンテンツを有効活用しながら効率よく利益を追求することができる。また，グローバル企業としての国際競争力も兼ね備えている。しかしその一方で，コンテンツの種類や内容の多様性が失われ，とりわけ報道においては言論の自由が脅かされるなど，社会にとっては大きなデメリットも見受けられる。膨大な量のコンテンツは一見すると多様な価値観を含んでいるように思われるが，実際には特定の政党や政治家，企業に肩入れした報道を行うなど，偏った内容の情報が取り上げられることや，ローカルなコンテンツが減少し画一化された全国区のニュースや番組が複数の媒体で繰り返し流されることも少なくない。

　民主主義社会においては，マスメディアは市民に代わって権力を監視するという重要な役割を果たすことになっている。しかし少数のメディア・コングロマ

AT&T

①1812億ドル
②CNN, TBS, TNT, HBO, カートゥーン・ネットワークほか
③ワーナー・ブラザーズ・ピクチャーズ, ニューラインシネマほか
④DCコミックスほか
⑤固定電話, 携帯電話, ネーミングライツ, スポーツイベントのスポンサーほか

コムキャスト
Comcast

①1089億ドル
②NBC系列, MSNBC, CNBCほか
③ユニバーサル・ピクチャーズ, ドリームワークス・アニメーションほか
④…
⑤ユニバーサル・スタジオ, リゾート, Xfinity, スカイ(英メディア企業), プロスポーツ・チーム(NHL, フィラデルフィア・フライヤーズ)ほか

ウォルト・ディズニー・カンパニー
The Walt Disney Company

①696億ドル
②ABC系列, ディズニー・チャンネル, ESPN, ナショナル・ジオグラフィックほか
③ウォルト・ディズニー・ピクチャーズ, ウォルト・ディズニー・アニメーション, ピクサー, マーベル・スタジオ, ルーカスフィルム, 20世紀スタジオほか
④マーベル・コミックスほか
⑤ディズニー・パーク, ディズニー・ストア, Hulu(米)ほか

バイアコムCBS
ViacomCBS

①278億ドル
②CBS系列, MTV, ニコロデオン, ショータイム・ネットワークス, コメディー・セントラルほか
③パラマウント・ピクチャーズ系列
④サイモン&シュスターほか
⑤国際ケーブルテレビ, ストリーミングメディアほか

ニューズ・コープ※
News Corp

①101億ドル
②(米)テレビ・ラジオ放送網はフォックス・コーポレーションが所有
③…
④ダウ・ジョーンズ社(ウォール・ストリート・ジャーナルほか), ニューズUK社(タイムズほか), ニューヨーク・ポストなど多数の新聞社, ハーパー・コリンズ出版, ニューズ・コープ・オーストラリアほか

フォックス・コーポレーション※
FOX Corporation

①114億ドル
②FOX系列
③…
④印刷メディアはニューズ・コープが所有

図 ５大メディア・コングロマリット

① 2019年度収益, ②放送, ③映画製作・配給, ④出版, ⑤その他(2020年9月現在)
※ニューズ・コープとフォックス・コーポレーションは, 元々はルパート・マードック(Rupert Murdoch, 1931-)が率いるニューズ・コーポレーション社(News Corporation)の一部であったが, 20世紀フォックスを中心とする部門をディズニーに売却するのに先駆けて2社に再編された。共に現在もマードックとその一族が経営する。

リットが独占する現状では, ジャーナリズムからエンターテインメントまで, ごく一部の大企業が営利目的のために多くのコンテンツを提供する仕組みが出来上がっており, マスメディアの公共性の役割よりも企業の利益追求が優先される。メディアが系列化されている日本も例外ではない。またメディアのデジタル化に伴い, GAFA(Google, Apple, Facebook, Amazon)のような個人データをビジネスに活用するデジタルプラットフォーマーが急速に台頭し, メディア・コングロマリット以上に市場支配力を強めている。誰が, どのような意図をもって収集・制作・発信した情報なのかを常に意識すること, そしてコングロマリットやデジタルプラットフォーマーが強大な力をもつメディアの産業構造をよく理解した上でメディアとどう接するかを自ら決断することも, メディア・リテラシーの重要な実践の一つである。
(浪田陽子)

メディア産業を支える広告費のデータ

　広告とメディア産業には深いつながりがある。新聞，雑誌，ラジオ，テレビといった伝統的メディアにとって広告は主要な収入源の一つであり，とりわけラジオ，テレビは広告収入によってコンテンツを無料で提供しており，広告収入は事業を支える根幹である。インターネットにおいても，各種コンテンツやサービスが無料で提供される理由は，それを可能にする広告収入があるからである。このように，広告費の動向はメディア産業の将来を考えるうえで極めて重要である。

　日本における広告費の主要な統計データとしては，①「日本の広告費」（電通），②「特定サービス産業実態調査」（経済産業省）[注]，③「特定サービス産業動態統計調査」（経済産業省），の３つがある。それぞれの統計データによって，2005年から2019年までの日本の広告費を示したものが図１である。グラフが３つの異なる数値を示していることからわかるように，各統計データは調査の方法や対象，集計方法が異なっている。広告費の統計データとして利用する際には注意が必要である（以下，図１〜４は文中に示す各資料により筆者作成）。

　まず「日本の広告費」は，電通が毎年発表しており，メディアで最もよく取り上げられるデータである。広告費として計上される費用の内訳は広告が掲載される媒体により異なるが，主に広告掲載費と広告制作費であり，テレビとラジオについては電波料と番組制作費も含まれる。公表された数値は，これらの費用が媒体別に独自の方法によって推計されたものであるが，推計方法は公表されていない。対象となる媒体は，マスコミ４媒体（新聞，雑誌，ラジオ，テレビメディア），

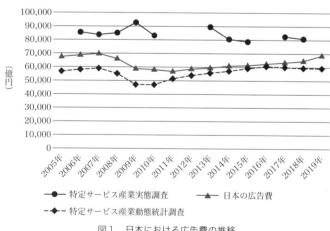

図1　日本における広告費の推移

インターネット，プロモーションメディア（屋外，交通，折込，DM〔ダイレクト・メール〕，フリーペーパー・電話帳，POP，イベント・展示・映像ほか）となっている。

　次に，「特定サービス産業実態調査」は経済産業省による統計調査の結果である。この調査は調査対象業種が必ずしも一定しておらず，広告業が調査されなかった年はデータが空白になっている。調査対象は日本標準産業分類で広告業に属する事業所である。広告業事業所の年間売上高（年間取扱高）が計上されているが，印刷物広告の企画・制作やテレビ番組の制作などは対象外である。データが空白の年があることが欠点であるが，対象事業所は偏りのない方法で抽出されており，誤差も明らかにされているので，方法的には統計的に望ましい手続きで推計されたデータである。

　最後に，「特定サービス産業動態統計調査」は，経済産業省が毎月調査を実施・公表している統計で，景気動向など短期的な状況変化を把握することができる。調査対象は，広告業のなかで売上高上位（上位7割程度まで）の企業・事業所だけを対象としているので，広告業全体を表す数値ではない。また，抽出方法にも偏りがあるので誤差は明らかでない。

　図2と図3は，それぞれ電通「2019年 日本の広告費」と経産省「平成30年特定サービス産業実態調査」から見た広告費の媒体別構成比である。

　電通のデータによれば，シェアの1位・2位はインターネット（30.3%），テレビメディア（26.8%）であるが，経産省のデータではテレビ（24.1%），インターネット（16.2%）であり，順位は入れ替わっている。「日本の広告費」におけるインターネット広告費には，広告掲載費（媒体費）だけでなく広告の制作費やプロモーションに関連する制作費も含まれていることを反映しているものと思われる。電通のデータでは，2019年は初めてインターネットの広告費がテレビメディアの広

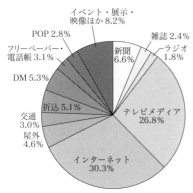

図2　電通「2019年 日本の広告費」から見た媒体別構成比

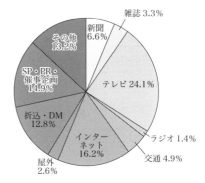

図3　経産省「特定サービス産業実態調査」（2018年）から見た媒体別構成比
SP：Sales Promotion，PR：Public Relations

告費を上回った年となった。

　それでは，将来におけるメディアと広告費の関係はどのようになるであろうか。図4は，電通のデータからマスコミ4媒体とインターネットの広告費の推移（2005〜2019年）を示したものである。一目でわかることは，インターネットの広告費が増加し続けているのに対し，マスコミ4媒体は減少あるいは現状維持で推移しており，特に新聞と雑誌については減少が著しい。マスコミ4媒体でトップのテレビとインターネットについて，直近10年間（2009年〜2019年）の広告費の伸びを比較してみると，テレビ（地上波）は17,139億円から17,345億円でほぼ変わらないのに対し，インターネットは7,069億円から21,048億円へと約3.0倍になっており，年平均伸び率は11.5％となっている。経産省の特定サービス産業実態調査のデータで2009年と2018年を同様に比較すると，テレビは21,729億円から19,519億円へと減少したのに対し，インターネットは6,792億円から13,141億円へと約1.9倍になり，年平均伸び率は7.6％となっている。現状が大きく変わらない限り，経産省のデータにおいても数年内にインターネットはテレビを追い抜くであろう。

　広告媒体としての地盤沈下によって，マスコミ4媒体は従来のビジネスモデルを転換する必要に迫られている。具体的には，新たな収入源を確保して広告費への依存度を低める，あるいはインターネットへの新たな展開などである。しかしながら新たなビジネスモデルの創出は大がかりな事業再編やリストラを伴うものであり，容易なことではない。オールドメディアにとって苦しい模索の時代が続きそうである。

　以上，広告費とメディアの関係を統計から見てきたが，主要な3つの統計データはそれぞれ調査方法が異なるので，利用する際はその点を十分踏まえておくこ

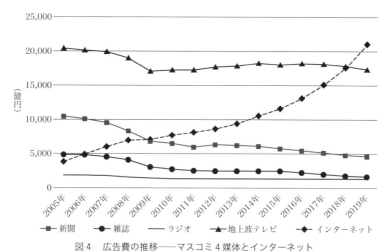

図4　広告費の推移——マスコミ4媒体とインターネット
出所：電通「2019年 日本の広告費」

とが大切である。広告費に限らず，統計データを論文やレポートのエビデンス（根拠資料）として利用する際には，調査方法や推計方法を可能な限り吟味して限界を理解しておくことが必要である。

（長澤克重）

注）
「特定サービス産業実態調査」は 2018 年をもって廃止され，2019 年以降は「経済構造実態調査」（総務省，経済産業省）に統合・再編されている。広告業に対する調査は，同調査の乙調査として実施されている。「特定サービス産業実態調査」と「経済構造実態調査」は，使用する母集団の調査の実施時期等が異なるため，結果を単純に比較することはできない。主な違いについては，総務省・経済産業省「2019 年経済構造実態調査報告書 二次集計結果【乙調査編】広告業」（2020 年 7 月）p.8 を参照のこと。

引用・参照文献／参考 URL
電通『2019 年 日本の広告費』2020 年
　https://www.dentsu.co.jp/news/release/pdf-cms/2020014-0311.pdf（2020 年 9 月 19 日閲覧）
経済産業統計協会編『特定サービス産業実態調査』各年版，経済産業統計協会
経済産業省『特定サービス産業動態統計調査』各年版
　https://www.meti.go.jp/statistics/tyo/tokusabizi/result-2.html（2020 年 9 月 19 日閲覧）
経済産業省 WEB サイト　https://www.meti.go.jp/
e-Stat 政府統計の総合窓口　https://www.e-stat.go.jp/

II

研究テーマの見つけ方

Part 1

ジャーナリズムと広報・広告

第Ⅰ部ではメディア研究の基礎知識を扱ったが，それをふまえて第Ⅱ部では「どのようにメディア研究の知識を「利用」するか」「どのように研究テーマを見つけるか」を考えるべく，その実践例を紹介している。言うなれば，第Ⅰ部が「メディア学（media studies）とは何か」を扱うパートであったとすれば，第Ⅱ部では「"メディア学する"（doing media studies）とは何か」を学ぶこととなる。

　そのうち Part 1 では，おもにジャーナリズムや広報（広告）に関するテーマを扱う。

　ジャーナリズムを考えるうえでは，「報道はいかにあるべきか」という問いは重要である。だが，それを突き詰めていくと，多様な切り口が見えてくるだろう。政治や産業と報道はどうかかわっているのか。何かの出来事について，どのような報道がなされてきたのか。その背後にはいかなる社会的な背景があったのか。ときに人々を楽しませ，興奮させるスポーツ報道についても，メディアとスポーツの複雑な関係性を読み解くことで見えてくるものは大きい。

　また，広く物事を伝えるという点は，広報や広告に通じるところもある。ここでも，「何がよい広報（広告）なのか」という問題意識は重要であろう。だが，それらを展望するためには，「何がどのように広報（広告）されてきたのか」「そのような広報（広告）がなされた背景は何だったのか」等について思考し，多角的・批判的に物事を考えてみることが基礎となる。災害時にはラジオのような音声メディアが威力を発揮するが，今日の音声メディアは過去のそれとどう違うのか，そこにどんな可能性や問題を抱えているのかについても，目配りしておく必要がある。

　これらを念頭に置きながら，以降の「実践例」を読んでもらいたい。

1 戦争の記憶とメディア
—— かつて「8・6」「8・9」はなぜ「祝祭」だったのか

　毎年，8月の終戦シーズンになると，新聞やテレビでは，さかんに戦争が
取り上げられる。「平和への思いを新たにするために，体験を語り継がなけ
ればならない」——こうしたフレーズを耳にすることも多いだろう。しかし，
戦争をめぐる議論のあり方は，過去と現在とではさまざまに異なっていた。
いまとなっては忘れられた問いも決して少なくはない。では，かつて，いか
なる戦争の記憶が論じられていたのか。そのことを振り返ってみるべく，こ
こでは一例として，戦後初期の広島・長崎のメディア言説を跡付けてみたい。

「8・6」の明るさ
　被爆というと，筆舌に尽くせぬ悲惨さが連想されよう。だが，終戦直後の
広島では，それはしばしば明るさをもって語られた。
　1946年8月5日から7日にかけて開かれた広島平和復興祭では，ブラス
バンドや花電車，山車が市内を巡回し，演芸大会が催された。翌年8月6日
の平和祭でも，「広島中心部新天地の娘さんたち70余名」が「あでやかな衣
しょうに花がさをかざ」し，「ピカッと光つた原子のたまにヨイヤサー，飛
んで上がつた平和の鳩よ」（平和音頭）の囃子に合わせて，銀座通りを練り歩
いた［中国新聞社編 1966: 26］。山車や仮装行列も繰り出されたほか，商店街は
「平和ちょうちん」を下げて，福引き付きの「平和大売出し」を行った。
『中国新聞』（1947年8月7日，2面）では，「至るところで盆踊が行われ休みど
ころか徹夜で踊りまくろうと息ま」く人々の姿が報じられていた。
　もっとも，こうした風潮への違和感も垣間見られた。『中国新聞』（1946年
8月6日，1面）のコラム欄「放射線」には，「「まるでお祝ひのやうですね。
死んだ者が一番可哀さうだ」と嘆息する人がある」ことにふれながら，「平

広島平和祭（1947年8月6日）の仮装行列
（中国新聞社編『増補ヒロシマの記録』1986年、66頁）

和を祝ふ前に平和を購つた莫大な生命を想起してほしい」と記されていた。1947年の平和祭の際にも、「あのようなお祭りさわぎをするのはもってのほか」「厳粛な祭典はひとつもみられなかった」という投書が主催団体（広島平和祭協会）によせられたほか、アメリカの『ライフ』誌も「アメリカ南部の未開拓地におけるカーニバルだ」と酷評した［中国新聞社編 1966: 29］。

しかし、翌年や翌々年の平和祭でも、水泳会、ボートレースや音楽会、新音頭発表会といった催しが行われていた。「8・6」は祝祭の色彩をつよく帯びていたのである。

この風潮の背後にあったのは、広島への原爆投下と市民の犠牲が平和を導いたとする認識であった。『中国新聞』（1946年8月6日）では、1面に「けふぞ巡り来ぬ平和の閃光」「広島市の爆撃こそ原子時代の誕生日」という見出しが掲げられ、コラム欄には「広島の市民が犠牲になつたゝめにこの戦争が終つた。よいキツカケになつたことがどれだけ貴い人命を救つたか知れない」と記されていた。1948年8月7日の『中国新聞』（1面）でも、「広島に投下せられた一発の原子爆弾」が「進行しつゝあつた戦争そのものを終息せし」め、「その偉大な破壊力を前にして全人類に改めて永遠の平和への熱望をよびさました」とする広島市長の声明が掲載されていた。

占領下の制約

このような原爆観が語られた背景としては、当時の日本がGHQの占領下にあったことが大きかった。GHQは1945年9月19日にプレス・コードを発表し、日本のメディアに対し、「連合国にたいして、事実に反し、またはその利益に反する批判をしてはならない」「連合国占領軍にたいして、破壊的な批判を加えたり、同軍にたいして、不信や怨恨を招くような事項を掲載

してはならない」といった方針を提示した。戦後の始まりとともに「言論の自由」が保障された印象があるかもしれないが，少なくとも占領下では，それはかなりの程度，抑え込まれていた。原爆被害をめぐる言説も，その制約を受けた。一般市民の大量殺戮の事実が議論されることで米軍批判がつよまることを，GHQ は懸念していた。

　それだけに，広島のメディアには，原爆への言及に慎重さが求められた。『中国新聞』(1946 年 8 月 6 日，2 面) では，広島は「恩讐を越えて再建」すべき「米日合作都市」であることが強調されていた。アメリカは原爆投下責任を問う対象ではなく，逆に日本とともに新しい広島を「合作」してくれる存在と位置づけられていたのである。先の「8・6」をめぐる言説も，その流れのなかで生み出された。広島への原爆投下と市民の犠牲が平和を導いたとする認識は，被爆を肯定的に捉え，アメリカの原爆投下責任を不問に付すことにつながる。「8・6」の祝祭性は，これらの言論状況を反映していた。

「8・9」イベントと広島への劣等感

　では，もうひとつの「被爆都市」である長崎では，どのような議論が展開されたのだろうか。

　終戦直後の長崎でも，原爆被災日は祝祭性を帯びていた。1947 年 8 月 9 日に開催された大供養会 (連合青年団仏教連盟主催・長崎民友新聞社後援) では，花火打ち上げや盆踊りも行われた。翌年 8 月 9 日の復興祭でも，夜には「文化の夕」が催され，「さくら会の舞踊」などが行われた。

　これらに対する長崎市民の強烈な不満も見られた。だが，それは「お祭り騒ぎ」を批判するものではない。むしろ，同時期の広島でのイベントに比べ，規模が小さいことを嘆くものであった。広島では，行政と財界が中心になって広島平和祭協会を設立し，その主催で 50 余りの催しが行われたほか，民間主催の行事も多かった。それに対し，長崎の 1947 年の「大供養会」は，連合青年団仏教連盟の主催，長崎民友新聞社の後援で行われたにすぎず，長

プレス・コード　1945 年 9 月 19 日に GHQ (連合国軍最高司令官総司令部) が新聞各社に向けて発表した綱領 (「日本ノ新聞準則ニ関スル覚書」Memorandum concerning Press Code for Japan)。国家主義的言説や占領軍批判，米軍批判が取締の対象とされた。1948 年までは事前検閲 (刊行前の検閲)，以後は事後検閲となり，1949 年 10 月には検閲自体が廃された。ただし，プレス・コードそのものは，サンフランシスコ講和条約発効 (1952 年 4 月) により占領が終結するまで存続した。第 3 章参照。

崎市はほとんど関与していなかった。

　『長崎民友新聞』(1947年8月8日)には，それへの不満を綴った複数の投書が掲載されていた。そこでは，「広島市では，平和祭を盛大に行い，その実況が電波に乗つて，全世界に送られた。……長崎は九日には何の催し物もなく，淋しい原爆二周年である。平和を信じ昇天した原爆の霊は，さぞかし地下で意気地のない長崎のザマをなげいていることと思う」と綴られていた。

　この種の議論は，投書に限らなかった。当時の長崎主要紙であった長崎民友新聞社社長の西岡竹次郎は，自らこの問題を問う「公開状」を執筆し，1947年8月12・13日の2日にわたって，同紙1面にこれを掲載した。そこでは「国際的行事となつた広島のピカドン」と「遺族の気持如何に淋しい長崎の其日」を対比させ，原爆被災日に「長崎市連合青年団主催，長崎民友新聞特別後援の平和盆踊り大会」以外に何の行事も開かれない長崎市のありようを批判した(『長崎民友新聞』1947年8月12日，1面)。

　このような輿論(public opinion)が積み重なり，それが一気に噴出したのが，1949年の原爆被災日イベントであった。これを大きく後押ししたのが，同年8月9日に公布された長崎国際文化都市建設法である。

「祝祭」の高揚

　長崎国際文化都市建設法は，罹災からの復興のために特別の国庫支出を認めるものであり，広島市に適用される平和記念都市建設法とともに，国会で審議された。衆参両議院ではいずれも満場一致で可決されたが，広島・長崎両市のみを対象とする特別立法であったため，住民投票が実施された。新憲法下初の住民投票ということもあり，長崎市は棄権防止の運動を大々的に展開した。市長の街頭放送や宣伝ビラ配布，啓蒙ポスターの募集・審査のほか，新長崎音頭の歌詞募集も行われた。

　その結果，投票日(7月7日)は雨天であったにもかかわらず，投票率は73.5％，賛成票はそのうち98.6％に達した。それは，投票率64.9％，賛成票91.1％であった広島市を上回るものであった。

　こうした機運のなか，同年の原爆被災日イベントは8月9日をはさみ11日間にわたって開催された。その祝祭的な雰囲気は，従来をはるかに凌ぐものであった。テニスやボクシング，相撲の大会のほか，ダンス・パーティー，のど自慢，ミスコンテスト，ペーロン大会，仮装提灯行列といった遊興行事

が，数多く挙行された。

　かつて長崎は，1947年の広島平和祭の盛り上がりに対し，羨望と劣等感を抱いた。それは，長崎メディアでも大きく扱われた。その屈折した思いが累積した結果，国際文化都市建設法施行も相まって，1949年の祝祭イベントは文字通り飛躍的な盛り上がりを見せたのであった［福間 2015］。

記念日言説の変容

　では，その後，「8・6」「8・9」といった記念日はどう語られてきたのだろうか。結論から言えば，1950年代半ばにもなると，祝祭性は薄れていった。GHQの占領が1952年4月に終結すると，原爆被害の実相が多く論議されるようになり，アメリカの原爆投下に対する批判的な輿論が目立つようになった。さらに，1954年3月の第五福竜丸事件をきっかけに，原水爆禁止運動が急速に高揚すると，かつての祝祭的な原爆被災日を批判する言説はいっそう目立つようになった。

　しかし，祝祭イベントに対する以下のような向き合い方があったことも，見落とすべきではない。

　　　原爆7周年記念日がやつてきます。ご承知のように「地元ヒロシマ」では戦後2，3年目まで，この記念日がくるたびドンチャン空さわぎに明け暮れして心ある人の眉をひそめさせました。近年はさすがに自重しはじめたようです。

　　　しかしこれを原爆体験者の身になつてみれば，あんなイヤなことをいまさら想い出そうより忘れようとしてのドンチャンさわぎ，無理からぬ一種の逃避，いや或意味の心理的な抵抗でさえあつて，とやかく見識ぶつて説教する者こそ，人類史の共同便所の蓋を人まえはばからずあける厚顔な無作法者，あれを体験した者は，あんなけつたいな追憶と真正面から取つ組むことに，今でも何ほどかの心理的な努力がいるんだ，と口

記念日（の構築）　記念日というと，記念すべき過去があるがゆえに記念されているように理解されることが多い。しかし，じっさいには，必ずしもそう言い切れるものではない。たとえば，今日であれば8月15日が「終戦記念日」とみなされているが，GHQ占領期では，8月14日（日本がポツダム宣言を受諾した日）や9月2日（降伏文書に調印した日）が「降伏記念日」として語られることが多かった［佐藤 2014］。その意味で，記念日とは「過去」自体に根差すというよりはむしろ，そのときどきの「現在」の状況にあわせて発見・発明された「過去」とも言える。

をゆがめるでしょう。[金井 1952: 50]

　これは，中国新聞記者・金井利博が広島文芸誌『希望』(1952年7・8月号)
に記した文章の一節である。原爆被災日イベントについては，「あのような
お祭りさわぎをするのはもってのほか」という感情ばかりではなく，「無理
からぬ一種の逃避」「或意味の心理的な抵抗」からその祝祭性を消費するむ
きもあったのである。

「記憶」を読み解く

　今日の目からすれば，戦後初期の「8・6」「8・9」は何とも奇妙に見え
るだろう。だが，そこには，GHQの言論統制の影響があった一方で，「お
祭り騒ぎ」でしか向き合うことのできないほどの体験の重さも垣間見られた。
こうした受け止め方は，昨今の戦争の語り，「広島」「長崎」の語りとは大き
く異なるだろう。しかし，裏を返せば，そこには，戦後70年以上が経過す
るなかで何が見落とされてきたのかが，浮かび上がる[福間2020]。
　かつてのメディアを繙いてみると，思いもよらない戦争の語りに出会うこ
とは少なくない。それはたしかに，「過去」のものではあるかもしれない。
しかし，同時に現在のわれわれの「常識」「あたりまえ」を問い直すもので
もあるのではないだろうか。

引用・参照文献

金井利博「廿世紀の怪談——広島の一市民の述懐」『希望』1952年7・8月号
佐藤卓己『増補 八月十五日の神話——終戦記念日のメディア学』ちくま学芸文庫，2014年
中国新聞社編『ヒロシマの記録』未来社，1966年
福間良明『焦土の記憶——沖縄・広島・長崎に映る戦後』新曜社，2011年
―――『「聖戦」の残像——知とメディアの歴史社会学』人文書院，2015年
―――『戦後日本，記憶の力学——「継承という断絶」と無難さの政治学』作品社，2020年

おすすめ文献

高井昌吏編『「反戦」と「好戦」のポピュラー・カルチャー——メディア／ジェンダー／ツーリズ
　ム』人文書院，2011年
福間良明『「戦跡」の戦後史——せめぎあう遺構とモニュメント』岩波現代全書，2015年
山口誠『グアムと日本人——戦争を埋立てた楽園』岩波新書，2007年
吉田裕『日本人の戦争観——戦後史のなかの変容』岩波現代文庫，2005年

2　民族紛争と国際報道
──イスラエル・パレスチナ紛争とメディア

日高勝之

　イスラエルとパレスチナの紛争は，世界の民族紛争の中でも，長い間，国際報道の対象となり続けている紛争の１つである。それは，和平が容易に達成されないことに加えて，断続的なテロや攻撃が途切れることなく続いてきたからに他ならない。なぜ容易に和平は達成されないのか，なぜ暴力が絶えないのか。実はこうした問題とメディアは無縁ではない。本章では，メディアの国際報道が，その役割を果たす一方で，紛争解決の阻害要因ともなっている点について考える。

20 世紀に表面化した対立
　現在の状況からは想像しにくいが，もともと，イスラム教徒，ユダヤ教徒，キリスト教徒は，中東地域で長い間，共存関係を築いてきた。今に至る対立が表面化してくるのは，20 世紀以降である。第一次世界大戦でオスマン帝国が敗れると，パレスチナはイギリスの委任統治領とされた。一方で，欧米で離散生活をしていたユダヤ人はパレスチナへの入植を始め，特に第二次世界大戦中は，ナチスドイツの反ユダヤ政策のため，入植者は増加の一途を辿り，両者の間で緊張関係が生じることとなる。戦後に成立した国連は，1947年 11 月，パレスチナを分割し，アラブとユダヤの２つの国家を建設する決議を採択し，翌年５月 14 日，イギリスのパレスチナ統治終了の日，ユダヤ人がイスラエルの建国を宣言したため第一次中東戦争が勃発した。その後 1973 年の第四次まで，計４度の大規模な戦争が起きている。この間，アラブ諸国と欧米の様々な思惑から，いくつかのアラブ諸国が親イスラエルの姿勢をみせるようになったため，対立の構図はイスラエル対パレスチナ解放機構（PLO）となり，双方によるテロや武力衝突が絶えないその後の状況が生

み出されたのである。

「平和」と「セキュリティ」

　私は，前職で NHK 報道局のディレクターをしていたとき，2001 年 1 月に行われた 21 世紀最初のイスラエル首相選挙についての，1 時間の長編ドキュメンタリー番組を取材・制作するため，数か月にわたってエルサレムに滞在したことがある。当時，イスラエル，パレスチナ両者の間では，聖地エルサレムの帰属を巡って交渉は決裂しており，そんな中で，イスラエルの右派政党リクードの党首アリエル・シャロンは，エルサレムの「神殿の丘」に足を踏み入れ，パレスチナ人を激怒させた。しかし選挙戦では，穏健派の現職バラク首相より，強硬派のシャロン候補が支持を集めていた。

　私は，シャロン，バラク両候補の選挙戦や，両候補支持者の政治集会を連日追った。同時に，市民へのインタビューを重ねていった。できるだけ多くのイスラエルの一般市民の声を拾いたかったので，マイクを片手に，エルサレム市内でことあるごとに聞いた。研究者，ジャーナリスト，政治家，公務員，建築家，ビジネスマン，市民運動家，主婦，学生，果物屋，シェフから新聞売りの青年まで，その数は数百人に上った。

　そこで興味深いことに気づいた。インタビュアーの私が，質問の中で，「平和」について尋ねるのに対し，彼らは，「平和」という言葉を決して使わないのである。代りに，「セキュリティ」という言葉をよく使う。最もよく聞かれたのは，「誰も争いを好む人間などいない。しかし，私には家族がいるので，セキュリティが最も重要だ」という説明である。これは，日本も含め海外のメディアが，「和平の行方」「和平プロセス」「平和はいつ訪れるのか」等々の表現で，連日報道しているのとは異質な語りのありようである。そこでうかがえるのは，「平和」とは彼らにとって抽象概念に過ぎず，事態の厳しさが，いささか異なる枠組みでの生活を強要せしめている現実である。

　結局，選挙ではシャロン氏が圧勝して首相の座につき，さらに 2003 年も圧倒的な大差で再選された。海外のメディアは，（当時の私も含めてだが），「和平プロセスの崩壊」「暴力の連鎖」を連日，報道し続けたのだが，皮肉なこ

「神殿の丘」　エルサレム旧市街にある，ユダヤ教，イスラム教の聖地。現在は，イスラエルの領土内にあるが，管理はイスラム教指導者によって行われている。

とに，それは一種の「平和ボケ」かもしれず，テロや攻撃を日常の一部として生きざるをえない現地の人々は，そもそも異なる緊張感と現実感覚で生きているのである。

欧米メディアの偏り

　このようなメディアの枠組みと現地の生活者の視点のズレは，イスラエルよりアラブ側においては，もっと切実な形で露呈している。イギリスのグラスゴー大学メディア研究グループのグレッグ・フィロとマイク・ベリーは，著書 *Bad News from Israel* (2004) の中で，イスラエル・パレスチナ紛争をめぐるイギリスの BBC，ITV などのテレビ報道についての大規模な調査を行った。この研究が明らかにしたのは，報道内容は概してイスラエル寄りであり，使われる言葉 (用語)，インタビューの数に大きな違いが見られることである。

　例えば報道では，イスラエルの空爆や武力によるパレスチナ人の犠牲者は，「死者」として中立的に表現される。また，空爆によってパレスチナの一般市民に死者が出ても，その死の偶然性が強調されるという。一方で，パレスチナ人によるイスラエルへのテロについては，「殺人 (murder)」「残虐 (atrocity)」「虐殺 (slaughter)」「残忍な殺人 (brutal murder)」「野蛮に殺された (barbarically killed)」「リンチをする暴徒 (lynch-mob)」といった言葉が選び取られるという。

　また，テレビ報道では，イスラエル側の犠牲者の数は伝えられるのに対し，パレスチナ側の死者の数に触れない傾向があるともしている。実際にはパレスチナ側の死者はイスラエル側より多いのだが，こうした報道のため，逆の印象を視聴者に与えているという。フィロとベリーは，これらの結果をもとに，「私たちは，報道の公平性からの逸脱を多く目撃した。すなわち，イスラエルの見解は支持され，強調されるが，パレスチナ・アラブの観点は軽視され，単に存在しないかのように扱われる」[Philo & Berry 2004: 155-156] と結論づけている。

オリエンタリズムとアラブの表象

　パレスチナ系アメリカ人の，著名な文学者エドワード・サイード (Edward Said, 1935-2003) は，美術史などで東方趣味を意味するものとして用いられて

きた概念「オリエンタリズム」について考察し、「オリエンタリズム」への憧憬と欲望の背後には、実は西洋の非西洋に対する、異質で不気味な「他者」への眼差しがあり、それは非西洋への蔑視と優越感に根底で結びついているとして批判する［サイード 1986］。サイードは、「オリエンタリズム」は、文学、人類学、歴史学などの言説と共に、欧米のメディア報道にも顕著に見られるとして、メディア批判を展開した。

　欧米の報道の言説は、イスラムを、西洋的世界の発展を阻害する未熟で反文明的なものであると前提したうえで書かれているとサイードは述べている。反文明的でしばしば暴力の温床でもあるため、イスラムは問題化される対象としてのみ存在し、そこでの思想や文化、生活の営みは理解する必要もないとされるか、無視されるというのだ。サイードにとって、イスラムは、欧米の言説によるイデオロギー的なレッテルであり、「ともかく文明的で欧米風の合理主義的見地から、ほぼダメだとされることは何でも、「イスラム」が一手に引き受けてくれる」［サイード 1986: 33］のである。

「他者」への理解とメディア

　サイードは、ユダヤ系ピアニストで指揮者の**ダニエル・バレンボイム**(Daniel Barenboim, 1942-) と共に、1999 年に、ユダヤ人とアラブ人双方の若手演奏家で構成されるユニークなオーケストラ、ウェスト＝イースタン・ディヴァン管弦楽団を設立した。この管弦楽団には、イスラエルとパレスチナ、エジプト、イラン、ヨルダン、レバノン、シリアなどの若手演奏家が集まり、イスラエル、パレスチナの両方で演奏会を行う試みをしてきた。その活動の斬新さのみならず、演奏の質の高さにも定評があり、現在では世界中で演奏会を行っている。サイードは、バレンボイムとの対談集で、この楽団の名前の元となった『西東詩集』を書いた文豪ゲーテについて以下のように

エドワード・サイード　パレスチナ系アメリカ人の比較文学者、文学批評家。キリスト教徒のパレスチナ人としてエルサレムに生まれ、アメリカに移住。ハーバード大学で博士号を取得。コロンビア大学で 40 年間、英文学と比較文学の教鞭をとった。『オリエンタリズム』『文化と帝国主義』他多くの著作がある。生前はアラブとパレスチナへのアメリカにおける最大の理解者、擁護者としても知られたが、白血病で長い闘病の末、亡くなった。大江健三郎とも親交があった。
ダニエル・バレンボイム　世界的ピアニスト・指揮者。ロシア出身のユダヤ系移民を両親としてアルゼンチンで生まれる。神童として知られ 7 歳で最初のピアノの公開演奏会を開いた。1952 年に家族と共にイスラエルに移住。ピアニストとして世界的名声を博した後、70 年代から指揮者としても活躍。ウイーン・フィルのニュー・イヤー・コンサートも指揮するなど、現代を代表する指揮者の 1 人。

述べているが，それは図らずもメディア報道の本来あるべき姿勢を示している。

　　彼（ゲーテ）にとって芸術とは，とりもなおさず「他者」へ向かう探検であって，自己に専心することではなかった。そういう立場は今日ではきわめて少数派だ。今日ではもっとアイデンティティの確認に関心が集中されがちだ。ルーツの必要性，自分の文化の価値観や自分の帰属意識に目が向けられている。自己を外側に向けて投影し，より広い見識をもとうとすることはきわめてまれになった。ダニエルのように演奏者として活動したり，僕のように解釈者——文学と文芸批評の解釈者——として活動したりするときには，「他者」を追求するために自分自身のアイデンティティはわきにおくという考えを受け入れなくてはならない。

［バレンボイム／サイード 2004:14-15］

グローバル・メディアとしてのアルジャジーラの可能性

　これまでイスラムやアラブは欧米の視線で描かれるだけで，自らが世界に情報を発信しえない不均衡なメディア情報秩序があることが，さらに問題を難しくしていた。ところが1996年，カタールでは，首長の財政的支援を受けて，24時間ニュースを流す衛星放送テレビ局アルジャジーラが設立された。会長には首長の親戚が就任し，カタール政府を通した経営形態はあるものの編集は独立して行われているため，従来の政府系アラブ・メディアとは一線を画すメディアが誕生したと言える。アルジャジーラの創立チームは，英BBCで長年仕事をしたメンバーが多く，BBCのやり方を参考にして，国家介入を極力排除した報道姿勢やグローバルな視点を重視した。

　アルジャジーラは，2001年の米同時多発テロの後，アルカイダから送られてきたオサマ・ビンラディン容疑者のメッセージの映像を独占的に放送し，イラク戦争では，イラク市民の被害やアメリカ兵の遺体など欧米メディアが忌避した内容を放送したことから注目を集め，「中東のCNN」と呼ばれるまでに存在感を増していった。当初のアラビア語に加え，2006年からは英語でも放送を行い，世界に情報を発信している。

　2011年には，中東や北アフリカ各国の民主化運動を精力的に報道したが，

エジプトでは，当局がアルジャジーラの取材許可を取り消し，カイロ支局長と記者の身柄を拘束する騒ぎも起きた。このことは，アルジャジーラの影響力の高まりを逆に物語っていよう。また，2011年1月には，中東和平交渉に関する1999年から2010年までの1700におよぶ外交機密文書を独自に入手したとして，その一部を公開したが，これなどは，「中東のCNN」のみならず，「中東の**ウィキリークス**」の役割をも果たしつつあることをうかがわせる。

　サイードらの理想は簡単には実現しないが，多彩なメディアによる情報発信と透明化の波は，少なくとも「「他者」へ向かう探検」の道を開く可能性を秘めているだろう。

引用・参照文献
サイード，エドワード／今沢紀子訳『オリエンタリズム』平凡社，1986年
　　　／浅井信雄・佐藤成文訳『イスラム報道　ニュースはいかにつくられるか』みすず書房，1986年
バレンボイム，ダニエル　サイード，エドワード／中野真紀子訳『音楽と社会』みすず書房，2004年
Philo, G and Berry, M. *Bad News from Israel*, Pluto Press, 2004.

おすすめ文献
上の引用・参照文献で挙げたもの以外に，以下の2冊を挙げておく。
ダン・コンシャーボク，ダウド・アラミー／臼杵陽監訳『双方の視点から描くパレスチナ／イスラエル紛争史』岩波書店，2011年
オルファ・ラムルム／藤野邦夫訳『アルジャジーラとはどういうテレビ局か』平凡社，2005年

ウィキリークス（WikiLeaks）　各国政府や大企業などに関する機密情報を公開するウェブサイトの1つで，主要メディアに情報提供も行う。創始者はオーストラリア人ジュリアン・アサンジ（Julian Paul Assange）。2006年12月から1年以内に120万以上とされる機密文書をデータベース化した。2010年7月のアフガニスタン紛争関連資料の公開，同年10月のイラク戦争米軍機密文書の公開，11月のアメリカ外交公電の公開などで世界中を震撼させた。

3　音声メディアを問い直す

坂田謙司

　音声メディアを研究対象とする際に必要な「問い」を見つけ出すためには，まず身近な音声メディアを思い出すことであり，そこにある「あたりまえ」を問い直すことである。なぜそこに音声メディアが存在するのか，なぜ音声メディアでなくてはならないのか，なぜわれわれは音声メディアを必要とするのかを問うのである。本章では，いくつかの事例を使いながら，われわれはなぜ「音声」のメディアを必要とするのか，「音声」のメディアはわれわれとどのような関係を結んでいるのかという問題関心を元に，音声メディアを研究する扉を開けてみたい。

　「OK google」や「Hey Siri」など，音声アシスタントが身近になってきた。スマートフォンやスマートスピーカーといったインターネット接続デバイス（機器）の操作は，これまでのマウスなどのポインティングデバイスや指をスクリーンに接触させるタッチセンサー型とは異なり，人間の肉声によって指示を与える形式に変わりつつある。それは，一種の「声のコミュニケーション」であり，人間と機械との「会話」とも言える。われわれは，これまでさまざまな機械やメディアを生み出してきたが，その操作には原則として身体の一部を用いてきた。手紙は手で文字を書き，楽器は手や口を使って演奏した。グーテンベルクの活版印刷機で印刷された本は，文字を読む目とページをめくる指が用いられている。

　一方，音声による指示はこれまで対人間にしか使うことができず，SF映画に登場するコンピュータや人工知能との間で交わされるコミュニケーションだけが実現させてきた。例えば，スタンリー・キューブリック (Stanley Kubrick, 1928-1999) 監督の『2001 年宇宙の旅 (2001: A Space Odyssey)』に登場する「HAL9000」は，至る所に設置された赤い目のモニターカメラで乗組員の姿を見ながら音声で会話を行っていた。このような声のコミュニケー

ションが実現しつつあるように感じる一方で，そこにはいくつもの「問い」
が潜んでいる。

女性が担う声のメディアの役割

　では，まず「声とジェンダー」について，「あたりまえ」を問い直してみ
よう。先述のような音声アシスタントやカーナビゲーションなど，案内や手
助けを目的とした機械の声は「女性声」であることが多い。設定を変更すれ
ば「男性声」に変更できるが，多くの利用者は初期設定の女性声のまま使っ
ているだろう。われわれは，案内の声を聴いて特定の誰かを思い浮かべるの
ではなく，まず最初に性別を認識する。

　声の性別は，周波数の違いによって生み出される。周波数の低い（音程の
低い）声は男性として，周波数の高い（音程が高い）声は女性として認識され
る。子どもの声にはこのような明確な差はなく，変声期以降に顕著となる。
われわれは，体型，服装，髪型などの視覚情報と共に，音声情報だけでも性
別の判断を日常的に行っている。そこには，性別と職業，性別と役割などを
固定的に結びつけるジェンダーバイアスが存在している。

　2019 年 5 月に，国連教育科学文化機関 (UNESCO) がジェンダーバイアス
に関する報告書 *I'd blush if I could: closing gender divides in digital skills
through education* を提出した。内容は，Siri などの AI テクノロジーを用
いた音声アシスタントに使われている女性声がジェンダーバイアスを助長す
ると警鐘を鳴らしたものだ。I'd blush if I could は「もしできるなら，赤面
しています」という意味で，女性声の音声アシスタント (Siri) に性的な質問
をした際の答えだという。そして，サブタイトルには「教育におけるデジタ
ルスキルを通じて性差が固定化している」と書かれている。

　セクシュアルハラスメントにあたる質問を女性声の音声アシスタントに
行ったとしても，音声アシスタントは強く拒否したりハラスメントを訴えた
りすることはできない。むしろ，どんな要求に対しても，女性声の音声アシ
スタントは従順に対応する。この行為は，音声アシスタントというテクノロ

ジェンダーバイアス（Gender Bias）　男女の社会的役割についての固定的な観念。例えば，女性は家事労働
がむいている，男性は家事労働が苦手，女性は接客が得意，男性は営業が合っているなどである。声の仕事で
言えば，本文でも言及した「観光バスガイド」は，ほとんどが女性の職業と言える。これは案内と接客を行う
という仕事の内容ではなく，仕事の役割とジェンダーが結びついた結果であろう。ちなみに，日本で最初の商
業観光バスガイドは，油屋熊八が 1928 年に大分県別府市の「地獄巡り」用に大型バスに 10 代の少女を乗せた
のが始まりである。

ジーに対してではなく，「女性の声のアシスタント」が従順に対応すること
に対して，日常との重なりを生み出している。そして，音声アシスタントの
多くは「女性声」が初期設定になっており，そのことがAIテクノロジー開
発におけるジェンダー意識を反映していると報告書は指摘しているのである。

　先述のように，このような声とジェンダーバイアスの関係は，われわれの
日常の中でごく自然な振る舞いを見せている。音声メディアとの関係で言え
ば，「電話」という存在があげられるだろう。電話を使ったサービスは多様
だが，そこで働く人びとの性別を思い浮かべるとどちらが多いだろうか。恐
らく，女性の方が多いと思われる。では，なぜ電話というメディアと女性は
結びつくのだろうか。

　電話は1876年にアレキサンダー・グラハム・ベル（Alexander Graham Bell,
1847-1922）によって発明され，日本では1890（明治23）年に東京—横浜間で
電話サービスが始まった。今でこそ相手の電話番号へ直接かけることができ
るが，1970年代末まで一部地域では**電話交換手**を通じて相手に接続する必
要があった。交換手は最初男性の職業であったが，顧客への対応が悪く，次
第に女性へと置き換わっていった。日本も同様で，交換手は最初から女性の
職業ではなかったのである。初期の交換手に求められていた資質は，技術力
ではなく接客力であった。つまり，声による案内やサービスを，主な顧客で
あった男性に提供することだったのである。

　このような声を使った案内やサービスとジェンダーとの結びつきは，観光
バスガイド，バスの停留所案内放送，視覚障害者向けトイレの案内，エスカ
レーターやホームのマナー啓発，自動改札のエラーメッセージ，お風呂が沸
いたお知らせなど，日常生活のあらゆる場面に存在している。これらに共通
するのは「女性の声」であり，身体から切り離されたジェンダー役割だけが
存在している点にある。

過去と現在をつなぐ声のメディア

発明王トーマス・エジソン（Thomas Alva Edison, 1847-1931）は1877年に蓄

電話交換手　電話（固定）による通話を二者間で行うためには，両者の間に通話用の回線を接続する必要があ
る。現在は自動で行われるが，1970年代まで一部の地域では交換手が手動でこの作業を行っていた。本文に
もあるように初期の交換手は10代の男子が担っていたが，顧客との対応面でトラブルが多く，1878年にアメ
リカ・マサチューセッツ州ボストンの電話会社がエナ・マットという女性を試験的に雇ったところ顧客の評判
が良かったことをきっかけに，男性から女性へと置き換わっていった。

音機を発明したが，彼の関心は人びとを声でつなぐことではなく，声を記録することにあった。2015年3月6日のAFP電子版の記事によると，エジソンは「死者の声を聞く機器を制作する構想を練っていた」という。この構想自体は1948年に刊行された手記に「スピリット・フォン（spirit phone）」として登場していたが，その後の刊行物からは削除されていた。そして，2019年にフランス語版が再刊される際に復活すると，同記事は伝えている。

　エジソンは，死後の世界と霊の存在を信じていた。彼が発明した蓄音機は，現在のような複製された音楽を楽しむ装置ではなく，人の声を記録することを目的とした「蓄声」機だったのである。エジソンは電話の発明にも挑んでいたが，開発と特許取得はグラハム・ベルによって先を越され，研究関心は声を記録することに向かった。その結果誕生した蓄音機は当時の人びとには理解しがたく，生きた人間の声を記録できるなら死後に聴くことも可能であり，それは死者の声を聴くことと同じだと噂された［シリング 2018: 151］。

　エジソンのスピリット・フォンは実現しなかったが，過去と現在をつなぐ音声メディアは存在する。それは，失った人びとに語りかける一方通行の電話である。岩手県大槌町の太平洋を望む丘の上に建つ電話ボックスの中には，1台の古い黒電話が置かれている。この電話を使う人はダイヤルを回すことなく受話器を耳にあて，静かに語りかける。しかし，相手の声が聞こえることは決してない。電話機のコードはどこにもつながっておらず，ただ語りかけることだけができる電話なのである。

　「風の電話」と名付けられたこの電話機は，もともと佐々木格氏が自宅敷地内に設置していたものであったが，2011年3月11日の東日本大震災以降，肉親や知人を亡くしたり，行方不明の肉親・知人をもつ多くの人びとが訪れ，電話機を通じて語りかけている［佐々木 2017］。この「風の電話」を音声メディアという視点で見ていくと，なぜ「電話」なのか，なぜダイヤル式の古い黒電話機なのかという疑問がわいてくる。その答えは，「電話でなければならなかった」のであり，「ダイヤル式の黒電話」であることに意味があるのだと気がつく。

　マーシャル・マクルーハン（Marshall McLuhan, 1911-1980）は，メディアは「人間の各器官を拡張する」ものであり，「メディアはメッセージである」と言った。電話はわれわれが発話に使う口と受話に使う耳を拡張し，はるか遠くに存在する人と接続して会話する。そして，個々のメディア利用にはそ

のメディアを選択する理由が存在し，「そのメディアとしての本性において社会に作用」する［吉見 1994: 43］。つまり，同じ「おはよう」であっても，LINE を選ぶのか電話を選ぶのかの時点で，既にメディアで送られる気持ち（メッセージ）の違いが生み出されているのである。

「風の電話」が電話でなければならない理由は，まさにここにある。電話は送話と受話が同時にでき，受話器は口元で自分の声を送る部分と耳に当てて相手の声を聴く部分の両方の機能を併せ持っている。自分が発した声は電気信号に変換されて遙か遠くの相手に届き，同じく電気信号で送られた相手の「声」は送話者の耳へと伝わる。拡張された口と耳を通じて声の交換は行われ，あたかも相手がすぐ隣りにいるような感覚を覚える。送話口に向かって語りかける言葉は相手に届くことを前提としており，受話口からは相手の声が聞こえることが期待される。そして，黒電話は過去を想起させ，現在と過去とを結ぶ装置となる。電話を通じて語りかける相手の存在は電話線という物理的な回路で結ばれるのではなく，電話という声のメディア自身と電話機という存在が結びつけるのだ。このように，「風の電話」は現在と過去に存在した人びとを声でつなぎ，決して聞こえることのない相手の声を受話器から受けとめる音声メディアとなるのである。

音声メディアを研究する扉を開ける

東日本大震災発生後，被災地に臨時災害放送局（以下臨災）が数多く誕生した。臨災は，大規模災害時に設置される臨時の FM ラジオ局で，アナログラジオ受信機を使って聴くことができる。大規模災害時には停電やインターネット接続の困難，通話制限など，多くの通信インフラに長時間の障害が発生する。被災地に的確で正確な情報を伝える手段として力を発揮するのがアナログラジオだ。

防災グッズとしての認知が高いラジオだが，なぜ音声だけのメディアが災害時に人びとを助けるのだろうか。まず，乾電池使用や手回し充電など既存

臨時災害放送局　電波法に規定する「基幹放送局」であって，放送法に規定する「臨時かつ一時の目的のための放送」のうち「暴風，豪雨，洪水，地震，大規模な火事その他による災害が発生した場合に，その被害を軽減するために役立つ」放送を行う放送局である（総務省信越総合通信局『臨時災害放送局 開設・運用の手引き』より。https://www.soumu.go.jp/main_content/000647897.pdf）。臨時災害放送局を開局するためには，電波法に基づく放送局の免許が必要であるが，緊急なので，その免許申請は「臨機の措置」として電話（口頭）によって行うことができる。

のインフラから独立している点。シンプルな声だけの情報が繰り返し発信される点。そして，なによりも生身の人間の声が，聴く側の一人ひとりに語りかけているように感じるラジオの特性がある。テレビは常に観る側と対峙する位置関係にあるが，ラジオは聴く側の求めに応じた位置から声を届けることができる全方位メディアだ。したがって，被災者に寄り添い，応援が必要な人の背中を押す。議論が必要な問題は正面から対話をし，情報を求める人の要望に多言語で応えることができるのである。

　このように，音声メディアはわれわれが何気なく過ごしている日常にも，突然襲ってくる非日常にも，広く深く関わっている。毎日聴いている音楽やコンビニで流れている音声宣伝，バスや鉄道のアナウンスや地元で使う地言葉に至るまで，音声とそれを伝えるメディアはわれわれと切り離すことができない。この音声メディアを研究する際に必要となるのは，第一にその存在に気がつくことだ。そのためには，日常の「あたりまえ」（自明性）を問い直さなければならない。第二に，なぜそのメディアがその場所に存在するのかを考えること。意味もなくメディアが存在することはなく，必ず場所や人びととの関係が社会のなかで生み出されている。最後に，なぜ音声なのかを考える。文字でも画像でもなく，音声という手段とそれを伝えるメディアの関係を説明できることが大切である。

引用・参照文献／参考 URL

大内斎之『臨時災害放送局というメディア』青弓社，2018 年
佐々木格『風の電話──大震災から 6 年，風の電話を通して見えること』風間書房，2017 年
シリング，メリッサ・A.／染田屋茂訳『世界を動かすイノベーターの条件──非常識に発想し，
　　実現できるのはなぜか？』日経 BP 社，2018 年
マクルーハン，マーシャル／栗原裕・河本仲聖訳『メディア論──人間の拡張の諸相』みすず書房，
　　1987 年
吉見俊哉『メディア時代の文化社会学』新曜社，1994 年
吉見俊哉・若林幹夫・水越伸『メディアとしての電話』弘文堂，1992 年
UNESCO, "I'd blush if I could: closing gender divides in digital skills through education"
　　(https://unesdoc.unesco.org/ark:/48223/pf0000367416)
「死者の声聞く「失われた」発明，エジソン著書再版で明るみに」AFP BB News，2015 年 3 月 6
　　日（https://www.afpbb.com/articles/-/3041655）

おすすめ文献

W・J・オング／桜井直文・林正寛・糟谷啓介訳『声の文化と文字の文化』藤原書店，1991 年
林香里編『足をどかしてくれませんか。──メディアは女たちの声を届けているか』亜紀書房，
　　2019 年
吉見俊哉『「声」の資本主義──電話・ラジオ・蓄音機の社会史』河出文庫，2012 年

4 スポーツとメディア
——アメリカ合衆国におけるベースボールとフットボールの発展から考える

川口晋一

スポーツは 20 世紀にメディアとの結び付きによって劇的に変化した。それはメディアと一体となったビジネスとの出会いによるものであったともいえる。それ以前の変化は緩やかに，交流・対抗試合を行うために人々が地域を越えて集まる中で起こっていた。スポーツ自体が媒介（メディア）となって人と人を結び付け，経済活動をも活発化させてきたのである。だが 1920 年前後を境に，放送によって遠隔地のイベントが共有されるようになると，集まる人々の数はそれまでと比べることができないほどに巨大化し，スポーツは消費活動とその広告媒体として位置付くようになった。

現在ではメディアがかかわらないスポーツは存在しないが，そのかかわり方は人気のあるなしによって多様である。むしろ，その人気はメディアがどれだけ当該スポーツの情報を伝えるかにかかっているといった方がよいかもしれない。そして，グローバルなレベルでの消費経済に貢献する人気のあるいくつかのスポーツはメディアとの結び付きをより深め，「地球規模の娯楽」となりつつあるのが実情だ。このような，いわゆるメジャーとなったスポーツは，それを統括する組織（連盟，リーグなど）のメディアに対する考え方および対応・行動によってその発展の方向が決まってきている。ここでは，現在の**観戦型スポーツ**の原型がつくられたアメリカ合衆国（以後，「合衆国」とする）において，アメリカ式**フットボール**がベースボールに取って代わり

フットボール　合衆国で行われていた初期のフットボールは，現在のサッカーに近い，いわゆるキッキング・ゲームが主流であった。しかし，ハーバード大学が行っていた独自（ボールを拾い上げることが許されるボストン式）のフットボールがカナダのマギル大学が採用していたラグビー・フットボールと出会い，改良が進められた。特に，1906 年に前方へのパスが認められるルール改正を行ってから，アメリカ式の特徴である多彩な攻撃とそれに対する守備が生み出された。

「国民的娯楽」になった事例について検討を加えることでスポーツとメディアについて考えていきたい。そこではテレビとの関係における独自な発展・展開と同時に、スポーツとメディアをめぐる重要かつ根本的な問題をも垣間見ることができるだろう。また、その後のベースボールが巻き返す昨今のネット時代の状況についても触れておきたい。

ベースボール――「国民的娯楽」の形成とメディア

　ベースボールは南北戦争後、合衆国の村や町で庶民によって盛んに行われるようになり、19世紀後半に都市が拡大する中で都市の娯楽として発展・確立してきたものである。好んでプレーされるようになったのと同時に、職業としてのベースボールがチームの巡業という見世物興行の形で発達していった。そして都市の規模が拡大すると、チームのオーナーたちはそれぞれの本拠地（都市）の球場で安定した入場料収入を得ることができるようになった。こうして大都市に興行権をもつクラブによってリーグ組織がつくられ、独占的な地位を確立したものが今日のMLB（Major League Baseball＝大リーグ）として生き残ってきた。すでに19世紀後半には電信・電話を利用した試合の速報や「中継」が行われるようになり、1910年代にはMLB人気は広がっていた。そして、消費社会化が急激に進展し、ラジオ放送や広告などが人々の生活を大きく変えた20年代、いわゆる合衆国史における「黄金時代」にMLBを中心としたベースボールの観戦が都市の娯楽文化として定着した。この時期、単なる野球選手の域を越えたベーブ・ルース（George Herman "Babe" Ruth, Jr., 1895-1948）のような国民的スターが誕生したことは、ベースボールが老若男女を問わずメディアによって共有される「国民的娯楽」になっていたことを示していよう。当時、スポーツイベントの興行主たちはラジオ中継が観客動員を減らし減収につながると考えていたが、彼らは入場料と場内での飲食売り上げに相当する額を補填させる契約をラジオ局から取り付け、合衆国で初めて放送権概念が誕生した。

国民的娯楽　合衆国では、この国民的娯楽（national pastime）という言葉がスポーツあるいはゲームなどの文化にかかわってたいへんよく用いられる。国家によって国技が何であるかが定められていないので、人々がもっとも好んで行い、熱中するものは何かという尺度からベースボール、フットボール、バスケットボールが常に話題の中心となっている。プロスポーツのMLB, NFL（National Football League）, NBA（National Basketball Association）の間でも、何が「国民的娯楽」を測る尺度になるか、互いに牽制しあっている。

208

このようにベースボール発展の中心にあった MLB は，時代や世代を超え
て選手のプレーや記録が語り継がれ，長らく合衆国を代表する国民的スポー
ツあるいはゲームといわれてきた。親子の絆を象徴的に表現するキャッチ
ボールの風景や，100 年以上にも渡って現在でも愛され，収集されている
「ベースボールカード」の存在はそれを示している。またこのカードは，祖
父の時代からその子どもの時代へ，また孫の時代へと MLB 選手の名前や記
録を共有するメディアとして存在しており，人々がベースボールというス
ポーツとのかかわりのなかで歴史的につくり上げてきた国民的データベース
と考えることもできるだろう。

　テレビに関しては，1930 年代末に中継が始まってから受像機が大衆に普
及する 50 年代にかけて，興行主たちは徐々に中継の宣伝・増収効果を認め
るようになり，スポーツと商業放送が切っても切れないつながりをもつよう
になった。

カレッジ・フットボールの発展 ──見せるスポーツとしての可能性

　一方，アメリカ式フットボール（以後，合衆国での名称を尊重して，単にフット
ボールとする）は国民的スポーツというよりむしろ学生を中心に行われていた
カレッジ・スポーツに限定される形で始まった。このフットボールは，ひと
ことでいえばルールも含めてイギリス式の曖昧さや遊び的な要素に変更を加
え，アメリカ的な合理主義思想を体現させたものである。それは攻守の機会
を平等化する中で勝負に重きを置くものに変えられていき，結果としてプレ
イヤーだけでなく，それを観る者にとってもわかりやすい，また観るだけで
も面白いスポーツをつくり上げた。このような改良が，後にテレビ向きのス
ポーツとして飛躍する土台をつくることとなった。また，勝利を重んじ，得
点に至る攻撃戦術・パターンが複雑化するとともに，試合が小間切れに行わ
れるようになり，他のスポーツに比べて監督やコーチの役割が選手をコント
ロールする上で重要なものとなった。これは視聴者自らが監督となってテレ
ビ観戦する喜びをベースボール以上にもつようになることを意味していたと
いえよう。逆に，このようなフットボールであるから，ラジオ中継で実況者
が選手とボールの動きを伝え，聴取者がそれを聞いて正確なイメージをもつ
ことに困難が伴っていたことはあえて述べる必要もないだろう。しかし，
1920 年代よりラジオ放送は始まり，徐々に現場の臨場感は遠隔地にも伝え

られるようになり，全国的な聴取者を獲得することで大学と放送局の利益を生み出す方向に進んでいった。

　1930年，このいわゆる「カレッジ・フットボール」は400近い大学で行われるようになっていたが，わずか40校が全体の60％の観客を集めていた。この状況は実力のあるチームに人気が集中し，既に見世物とビジネスの要素が強くなっていたことを示している。当時，MLBには7万人収容規模のスタジアムが2つしかなかったのに比べ，大学にはフットボールのスタジアムが7箇所できていた［レイダー 1987: 43-44］。そして，1940年までに全国の5箇所でポスト・シーズンを飾る主要な**ボウル・ゲーム**が行われるようにまでになり，人気チームのレギュラーシーズンだけでなく，集中的に合衆国全土で楽しまれるイベントに発展した。しかし，フットボールがベースボールと同等あるいはそれ以上の「国民的娯楽」となるには，プロリーグとテレビ双方の発展を待たねばならなかった。

NFL──テレビ以前の準備期

　上述のようにカレッジ・フットボールは早くからさかんであったが，大学のエリート選手が卒業後にプロ入りすることは当初なかった。プロのフットボールは全く別ものとして発展してきたのである。それは，労働者のクラブチームが対抗試合を行う中で，入場料収入の一部が報酬として支払われるという部分的なプロ化から始まった。選手はアフリカ系や白人マイノリティーが多く，土曜の夜に貨物列車で試合会場まで移動し，日曜日に試合を行い，月曜の朝からは出勤という厳しい条件であったが，徐々にフルタイムのプロ選手が増加し，チームを所有しようとするオーナーも少しずつ増加した。ペンシルベニア州のフィラデルフィア市などでは都市内にリーグが存在した時期もあった。そういった地域内のリーグにとどまらない広域のプロリーグが1920年に APFA（American Professional Football Association）として誕生し，2

ボウル・ゲーム（bowl game）　1902年正月，冬場でも温暖な南カリフォルニアの小さな村の花祭りの宣伝イベントの一つとして，東西の強豪チーム対戦のイベントが企画されたのが始まりである。1923年には新設のお椀型巨大スタジアム「ローズボウル」で開催されるようになった。1930年代になって，同じく温暖な気候であるフロリダ，ルイジアナ，テキサス州内の4都市において観光客を呼び込み，入場料収入を稼ぐために人気強豪チームのボウル・ゲームが行われるようになった。そこには大恐慌の中で南部地域の農産物や商業の中心地に注目を集める企画意図もあった。現在に至っては，全米1位を決めるだけでなく，NCAA（全米大学競技協会 National Collegiate Athletic Association）管轄ではない，年末年始の巨大なビジネスとしても位置付いている。

年後の 1922 年に現在の NFL（National Football League）に改称された。しかし，1920 年代から 30 年代の前半にかけては，地元新聞はリーグの活動に全く無関心で，その活動を取り上げることもなく，したがって NFL は労働者を観客として見込みながらも興行としては全くふるわなかった。それでも当時のカレッジ・フットボールのイベントが成功を収めていたことから，NFL は見せるフットボールを目指して改革を進め，ルール改正なども行った。また，2 リーグ制やプレーオフなどの導入によって試合数を増やし，一般の大学チームにとどまらず，大学のオールスター・チームとの対戦を企画するなど，1939 年のテレビでの試験放送開始までに積極的なイベント戦略を展開し，実力と人気を獲得するようになっていた。そして，第二次世界大戦後にはテレビ本放送などによる効果を伴って，NFL は大学のスター選手であった者のほとんどを獲得するまでになり，**リーグ・ビジネス**を拡大した。

　NFL のオーナーとなった人たちは MLB と違い，富豪の集まりというだけでなくマイノリティーの連合体のような性格をもっていた。また，コミッショナーにビジネスの手腕に重きを置いた人物を迎え入れていた。そして，1960 年代から 70 年代のテレビ・スポーツの繁栄期に，その強力なコミッショナーのもとで現在の骨格をつくり，ついには MLB を中心とするベースボール全体の地位を脅かすまでになった。

■NFL とスポーツ放送法──一括パッケージ契約の実現

　NFL はフットボールのプロリーグとして，地元や所属集団のアイデンティティから徐々に離れ，MLB のような大都市を基盤としたビジネスに変化し，新たに参入しようとするチームやリーグとの競争に打ち勝ち，また勝利した相手を吸収して拡大発展するに至った。既に独占的な地位を築き，テレビ向きの競技スポーツとして見せる部分を進化させてきたこともあり，プロリーグとしての地位は確固たるものとなった。しかし，膨大な数のアメリカ人をテレビの前にくぎ付けにし，ベースボールを超えた「国民的娯楽」の地位を得るには，全国ネットのテレビ局と（各チームではなく）NFL そのものが一括契約を結ぶ必要があった。これは通常であれば，新たなチームの参入や，チームやテレビ局の自由な競争を阻害し，合衆国の**反トラスト法**に抵触する，許されざる契約である。一度は反トラスト法違反とされながらも，その後「NFL は社会の公共財である」という主張が認められ，リーグによる

テレビ放映権の一括交渉を反トラスト法の適用から除外する**スポーツ放送法**が 1961 年に制定された。翌 62 年に NFL は CBS 局と**一括放送権契約**を結び，64 年には ABC 局と NBC 局が NFL の放送権獲得に参入，入札競争が激化する中で放送権料が高騰し，最終的には CBS 局がそれを獲得した。チームでなくリーグによってテレビ放送権の交渉が行われるようになって，NFL は合衆国で最も成功したプロスポーツといわれるようにまでなった。このリーグによる放送権の一括交渉にかかわる出来事は，現在のスポーツとメディアの関係を考える上で大変重要である。一括契約のメリットは放送権料を平等に分配し，チーム間の格差をできるだけ小さくし，NFL の試合を拮抗した見応えのあるものにするところにあるだろう。しかし，それは NFL に対する競争相手の参入を事実上遮断する，ネットワーク局との独占的な契約が許されて初めて可能となったことを見落としてはならない。こういった状況の中で，1960 年代から 70 年代にかけて NFL には赤字のチームがほとんどなかった。1966 年に初めてベースボールを抜いてフットボールが国民の最も好きなスポーツとなったという調査結果があるが，67 年から 77 年にかけて NFL の視聴者は 1050 万世帯から 2000 万世帯へと倍加している。テレビの視聴者で見るかぎり，1000 万世帯の MLB をはるかにしのぐ形になった［レイダー 1987: 113］。

　しかし一方，1970 年代になっても NFL は大学のフットボールに比べてドラマチックさに欠けるといわれていた。そこで，この時期においても何度か重大なルール変更を行っている。それは，勝つための手堅い作戦，ディフェンスの徹底的な強化に起因する相対的な攻撃力（得点力）の低下，キックによるフィールドゴールの増加，などに変化をもたらそうとするものだった。

反トラスト法（Antitrust Law）　日本の独占禁止法に該当する。市場における自由かつ公正な競争を促進，また市場における独占を規制する法律である。合衆国ではプロスポーツのリーグ機構が独占的なビジネスを行っており，新しいチームの事業への参入や別リーグの存続にかかわって反トラスト法に抵触しているとして裁判所で争われたケースが多数存在する。実態としてリーグ・スポーツが私的なビジネスの連合体であるにもかかわらず，その活動は公的性格をもち，公共に奉仕する側面をもっているために適用除外を受けるケースが合衆国では多々ある。
スポーツ放送法（Sports Broadcasting Act of 1961）　NFL がリーグ機構として全国ネットテレビの放映権を一括管理するという仕組みについて，連邦地裁は反トラスト法違反とした。NFL はロビー活動を展開し，一括パッケージ契約と反トラスト法の適用除外立法の制定を求め，実現させた。この法の制定によって NFL だけでなく，MLB, NBA, NHL（National Hockey League）の 4 大リーグ・スポーツすべてにおいて放映権の一括管理が反トラスト法の規制対象外となった。また，合衆国のリーグ・スポーツだけにとどまらず，スポーツ中継のメディア価値を大きく高め，現在の放送権料の高騰をもたらしたきわめて重大な意味をもつ立法である。

それらはすべてテレビ映りを意識したものであり，ランニングプレーを増加させ迫力を出す試み，クォーターバックを保護することによりパスが通りやすくなるルール改正など時代を追って変化し，退屈さを払拭し，ゲームをドラマチックなものに改造することにつながった。大部分のチームがチアリーダーを雇用するに至ったのもこの時期の出来事である。

「国民的娯楽」とテレビ放送

　スーパーボウル（Super Bowl）は 1967 年に始まり，現在まで NFL（開始後 2 年間の別リーグとの対戦を除く）の 2 つのカンファレンス（＝競技連盟）の優勝チームがシーズンの頂点を競う合衆国の一大イベントである。そのテレビ視聴率は極めて高く，1972 年（第 6 回）以降 2020 年（第 54 回）まで，1990 年（第 24 回）の 39 ％を除き，40 ％以上（最高値は 1982 年〔第 16 回〕の 49.1 ％）を記録している。この事実が正にフットボールを「国民的娯楽」たらしめる理由であろう。スーパーボウルの開催日を「国民の祭日」にすべきだという声さえ上がっている。もちろんこの高視聴率は通常のリーグ戦でも同様にMLB を大きく上回っており，莫大な収益を上げ，チームの資産価値もメジャースポーツの中で飛び抜けて高くなっている。しかし，これは MLB に比して NFL の試合数が圧倒的に少ないことと関係している。1 チーム当たり MLB が年間 162 試合であるのに対し，NFL はわずか 16 試合である（カレッジ・フットボールの人気とその社会的な位置を考えるならば，この数字をもってフットボールとベースボールを単純に比較できるものではない）。したがって観戦チケットは希少価値をもつようになり，その入手と観戦行為が非日常のお祭り気分を演出することにつながっていく。スタジアムがプラチナチケットを得た観客で満員となれば，テレビ放送の価値も非常に高くなり放送権料も高騰する。スーパーボウルに至っては年に一度のお祭りのような位置付けとなり，動くお金も正に夢のような額であり，ある意味で非現実的なものとなっているといえよう。既にそれはテレビとその破格の広告料によって，スポーツイベントというより国民最大の年中行事・娯楽となっているのである。しかし，視点を変えれば「国民的娯楽」としてのフットボールは，国民一人ひとりが自ら体を動かし，日々の暮らしの中で育むスポーツの文化としてはどのような位置にあるのだろうか。それが観戦・視聴だけでなく，実際に参加することも含めて本当に「国民的スポーツ」の第 1 位なのかどうかは，さらに慎重に

検討する必要がある今後の課題だ。

　一方で「国民的娯楽」としての地位をフットボールに譲り渡した MLB は，1990 年代まで NFL とは対照的に 162 試合の大半をローカル放送で中継し，地元のメディアと一体になってファンを拡大しようとしてきた。しかし，低迷期を経た後，インターネットメディアが発達し**スポーツメディア**をめぐる状況が変化する中で，MLB はファン獲得において再び勢いを取り戻しつつある。スポーツ界の先進的な事例となっているが，リーグ組織自体がその内部にスポーツメディアを抱えること，具体的には MLB アドバンスト・メディアと MLB ネットワーク（MLB 専用のケーブルテレビ）といった傘下の別会社を通じてリーグの経済活動をより有利に展開することによって競争力を強固なものとしているのである。前者はインターネット部門を担うもので，すでに 2000 年に設立され動画ストリーミング（ダウンロードならびに再生）などの制作・ネット配信なども行っている。現在はウォルト・ディズニー・カンパニー傘下となっている ESPN（1979 年にケーブルテレビ Entertainment and Sports Programming Network として開局）などのメディアは，このネット中継の権利も含めて包括的な放映権契約を結ぶようになっている。MLB もよりリーグ・ビジネスを強化し，高度な情報発信を行うことで合衆国全土および日本を含めた諸外国のファンを熱中させるようになっているのである。

■スポーツとメディア──介在する力の分析

　スポーツとメディアの関係を考えるとき，それぞれが互いの利害のもとに結び付いていること，そしてそこには常にビジネスが介在していることを忘れずに研究することが肝要である。スポーツ中継など，メディアがそれを媒介して私たちに伝えている部分は実態の表面に過ぎない。すでにメディアによって伝えられる段階でスポーツはそこに介在する力によって大きく変化しているのである。重要なことは，この変化を経済社会やメディアテクノロジーの進化に起因する当然の結果として捉えてはならないということだ。スポーツ文化の健全な発展を考えるならば，その変化が正しい方向に向かっているのかについて厳しく問う視点をもち，仮に正しくなければ，その根本的な原因にメスを入れることが必要となる。具体的には，介在する力とはいかなるものかについて分析することである。イベントの主催者やクラブのオーナーたちが経済的な成功のために何を行ってきたか（例えばメディアのどのよう

214

な要求を聞き入れ，ルールや運営方法をどのように変化させてきたかなど）を歴史的に位置付けた上で，当該スポーツの現状や変化の質を見極めることが求められる。

引用・参照文献

アメリカ学会編『アメリカ文化事典』丸善出版，2018 年

レイダー，ベンジャミン・G／平井肇訳『スペクテイタースポーツ──20 世紀アメリカスポーツの軌跡』大修館書店，1987 年

Baughman, Judith S., Bondi, Victor, and Layman, Richard (eds.), *American Decades (vol. 3. 1920-1929)*, Gale Research, 1994.

Coombs, Danielle Sarver and Bob Batchelor (eds.), *American history through American sports: from colonial lacrosse to extreme sports* (*vol. 1. creating sports culture: beginnings*), Praeger, 2012.

Cross, Gary S. (ed.), *Encyclopedia of recreation and leisure in America*, Charles Scribner's Sons, 2004.

Curtis, Bryan, "The National Pastime(s)," *The New York Times*, January 31, 2009.

Riggs, Thomas (ed.), *St. James encyclopedia of popular culture*, 2 nd ed., St. James Press, 2013.

おすすめ文献

スティーヴン・アリス／河田芳子訳『スポーツビズ──スポーツ界のマネー事情』ダイヤモンド社，1992 年

グレン・M・ウォン，川井圭司『スポーツビジネスの法と文化──アメリカと日本』成文堂，2012 年

影山健他編著『国民スポーツ文化』大修館書店，1977 年

川口晋一「メディアスポーツ研究の実践的課題──スポーツ中継番組における能動的な「読み手」の形成に関わる一考察」浪田陽子・柳澤伸司・福間良明編著『メディア・リテラシーの諸相──表象・システム・ジャーナリズム』ミネルヴァ書房，2016 年

5 広告に見えない広告
——消費者との絆づくりのための企業の取り組み

小泉秀昭

　「マス広告は終わった，これからは**新しい広告**の時代だ」とさかんにいわれた時期があった。確かに，ここ数年，テレビ，新聞といったマス広告の広告費は下降している。一方インターネットやスマートフォンを中心とした新しいメディアの広告費は着実に伸び続けている。テレビ広告や新聞，そして雑誌広告があと数年でなくなることはないだろうが，その形は確実に変化を遂げようとしている。そして新たな広告メディアの出現とともに企業の広告コミュニケーションも新たな方向へと向かいつつある。その新たな方向性とは，単にテレビや新聞といったメディアからインターネットやスマートフォンといったものへの移行ということだけではない。ここでは，単に広告メディアという形式だけではなく，広告コミュニケーションが今後どのような方向に進んでいくのかを考えていくことにする。

広告の現状

　広告コミュニケーションを考えるうえで重要な2つの要素がある。1つは広告物に描かれる広告表現，そしてもう1つは広告表現を含む広告物を消費者に届けるための広告メディアである。電通によれば，日本の年間広告費は6兆9381万円（2019年，電通「2019年　日本の広告費」2020年）である。2019年初めて，インターネット広告費がテレビメディア広告費（地上波）を抜き

新しい広告　従来の定義では，広告とは，①識別可能な送り手が，②製品だけでなくサービスやアイデアを，③特定の受け手に，④有料で，⑤人づてによらず（非人的／媒体・マスメディア），⑥伝達あるいは説得することといわれてきた。しかし現在では，口コミ広告といわれるように，必ずしも費用が発生するわけではないものなどもあり，その定義がいっそう困難になっている。広告メディアに関しても，ビルの壁面全体を広告にしたものなど多彩である。特に屋外広告は，クリエイティブ・メディアやゲリラ広告ともいわれ，新しいアイデアが数多く生み出されている。

もっとも大きな広告媒体となった。これまでマス4媒体といわれ中心的役割を担ってきたテレビ，ラジオ，新聞，雑誌の広告費は大きく減少している。インターネットを使い，口コミを起こさせる企業活動やドラマ・ゲームのなかに自然な形で広告をとけこませる手法など，これまでの広告の範囲には収まらない広告コミュニケーションなども数多く出現している。従来の広告コミュニケーションはその範囲を拡大し，広告メディアの範囲を規定することがますます難しい状況である。

　一方，広告表現も，新たな広告メディアの出現に伴い，大きくその形を変えつつある。これまでは，新聞や雑誌に掲載されていたような印刷広告と，テレビやラジオで流されていた動画や音声CMがその中心であった。ある意味，1つ1つの広告表現で目標を達成する，完結することができていた。しかしながら現在では，複数のメディアを連動させて有機的なコミュニケーションを展開する**クロスメディア・コミュニケーション**が特に重視されている。これまでデザインやコピーを作成したり，まとめあげたりするのが仕事であったクリエイティブ・ディレクターが今やその仕事の範囲を大きく広げ，コミュニケーションプランナーといわれるようになっている。クリエーターと呼ばれる人々にも，デザインやコピーの知識だけではなく，メディアやスポーツ・音楽イベントなど，より広く新しい知識が求められる時代になっている。

ブランデッド・エンタテインメントの台頭と2つの方向性

　テレビ広告の減少の1つの要因といわれているのが，HDDレコーダーの普及やオンデマンド放送の普及である。リアルタイムでテレビ番組を視聴する必要もなく，ドラマ等は録画してまとめて見る人も多い。またNetflixなど定額制動画配信サービスを利用する人々も増えている。そのような場合，当然ながらCMがカットされたりスキップして視聴するなど，お金を払っても広告を見たくないと考える人もいる。新たな技術の出現とともにますま

クロスメディア・コミュニケーション　従来までのメディアミックスは，共通する広告表現をテレビや新聞など複数の広告媒体に効率を重視して載せることを意味していた。しかしインターネットの普及に伴い，双方向のコミュニケーションを意識し，それぞれのコミュニケーションが有機的に効果を発揮しあうことが考えられるようになってきた。例えば，化粧品のモニターをインターネットで募集し，店頭で試供品を渡し，そのアンケート結果を雑誌で伝えるといったものである。

す視聴者の CM 離れは加速しており，企業としては，何とか自然な形で，自社のブランド・商品を視聴者に伝える手法を模索している。「広告らしくない広告」の追求ともいえよう。そのようななか，近年定着してきたのが，ブランデッド・エンタテインメントという手法である。

　『マーケティング・コミュニケーション大辞典』（宣伝会議編，2005 年）によれば，ブランデッド・エンタテインメントとは「広告主によるメッセージのはいったエンタテイメント作品」であるが欧米流のこのような定義は必ずしも現状のブランデッド・エンタテインメントの全体像を表すものとはいえない。それほど，多岐にわたり多くの分野と連携しながら進化しているのである。

　ブランデッド・エンタテインメントの内容を見ていくと，第 1 に，映画やドラマなどメディアのコンテンツを利用して，そのなかで自社のブランドや商品をコミュニケーションしようとするものがある。2 つ目は自社で作成するショートフィルムのように，コンテンツ自体が楽しく有益で，受け手の興味を引くものがある。これらは**オウンド・エンタテインメント** (owned entertainment) とも呼ばれている。この 2 つに境目を引くことは難しく，またその境目を極力なくす試みがなされているといえよう。

　第 1 の方向性の代表は，**プロダクト・プレイスメント**と呼ばれる手法である。映画やドラマのなかで主人公が飲んでいるジュースのブランド名が妙にはっきり見えるという経験をしたことがあると思う。そこには，商品の認知度や好感度を高めたいという広告戦略があるわけである。かつては，映画の衣装提供といった形で，企業は自社の商品を無料提供するだけで，特に企業側が金銭的な負担をすることはなかった。しかし近年では，企業側が一定の費用を負担してそのコンテンツのなかに自社の製品を登場させてもらう形が

広告らしくない広告　一見，広告とは思えないようなものが実は有効な広告コミュニケーションとなっているものが増えている。よく目にする SNS 上のネイティブ広告は，一見記事と見間違うものも多い。また，その SNS を見ている人の過去のサイトの閲覧情報からどのような分野に興味をもっているかを分析し，その興味に合う製品カテゴリーの広告が送られてくるため，違和感なく広告に接している場合も多い。加えて，新しいテクノロジーを用い，これまでに見たことのない映像や面白いアプリを開発する企業が注目されている。例えば，㈱ワントゥーテンやチームラボ㈱といった企業がその代表である。ワントゥーテンが制作した「渋谷デジタル花火大会」は，渋谷のスクランブル交差点にある商業ビル QFRONT の大型ビジョンにデジタルの花火をあげるというものである。ビルのリニューアルのメインイベントとして，一般の人たちがスマートフォンを操作することで，簡単に大型ビジョン上へ花火を打ち上げることができるという体験をした。単にメッセージを伝えるだけではなく，消費者に役に立つ，価値をもつことも広告コミュニケーションでは重視されている。

プロダクト・プレイスメントをさらに進めたケースとして，アニメ映画『天気の子』では，日清食品の「カップヌードル」が重要な場面で登場している。

増えている。プロダクト・プレイスメント自体がビジネスとなり，ハリウッド映画では億単位の金額が発生するともいわれている。

　プロダクト・プレイスメント以外にも，コンテンツ利用型のコミュニケーションは多く存在する。連動がさほど強くないものとしては，スポーツや音楽コンサートなどの協賛がある。プロ野球の「マイナビオールスターゲーム」のように大会名に企業名が入る場合もあれば，看板等に自社のロゴが協賛企業として書かれるなど，そのレベルはさまざまである。これらを行う企業側のメリットとしては，ターゲットが絞りやすいということがあげられる。

　協賛より少し連動が強くなったものとして，タイアップがある。例えば，映画のワンシーンを自社のCMの表現内容に使用したり，チケットをプレゼントキャンペーンの賞品として用いるといったものがあげられる。

　さらに進んだ段階のプロダクト・プレイスメントとしては，近年ドラマや映画だけではなく，アニメのシーンやゲームの背景に企業のブランドがちりばめられている例も増えている。これにより，コンテンツのイメージダウンになるという意見もあるが，一方，よりリアリティが増すという製作者側のメリットも見受けられる。プロダクト・プレイスメントをさらに進めたケースとして2019年7月に公開された新海誠監督アニメ作品『天気の子』があげられる。同映画では，日清食品などの7社が同映画のスペシャルパートナーとして参加し，同アニメ作品の世界観と各社のテーマを融合させて，本編にリンクするカットを使用したり，新規に描き起こしたCMを制作した。

その CM は同監督のアニメ作品『君の名は。』のテレビ放映中に流され話題となった。それぞれの企業の思いを，巧みに作品と一体化させた効果的な広告キャンペーンであった。

自社メディアの活用

　２つ目の方向性は，オウンド・エンタテインメントと呼ばれるものである。自社で作成したコンテンツ自体が楽しく有益で，受け手の興味を引くものとなっているような広告コミュニケーションである。この代表例が，企業のホームページ上にあるショートフィルムである。自動車メーカーの BMW は，一流の監督や俳優を起用して，劇場用の映画にも引けを取らない，十分に楽しめる内容のショートフィルムを作成し，自社のホームページ上などで視聴できるような仕組みをつくった。日本では，ネスレキットカットが制作した『花とアリス』があげられよう。これをもとに劇場用の映画がつくられるほどのクオリティの高い作品であった。その後，『花とアリス殺人事件』というアニメ作品も劇場公開され，一部同ブランドのサイト上でも公開されている。これらのショートフィルムを見たいがためにホームページを訪れるという消費者も多い。特徴的なこととしては，商業的な意図をもってつくられてはいるが，本編の前後にブランド名の表示があるだけで，本編中には商品（「キットカット」）は登場せず，そのイメージを利用したことである。この

マンダムが自社開発したiPhone 用のアプリ「髪コレ」のトップ画面

コミュニケーションは，グラント・マクラッケン（Grant David McCracken, 1951-）が提示する「意味移転効果」を用いたものと考えられる。すなわち，ショートフィルムにより世界観をつくり出し，それを見た消費者がその世界に夢中になり，そのブランドがその世界観をもつ商品であると判断する，そして最終的には商品を食べている自分自身がそのフィルムの主人公と同じ世界観を味わうことになるのである。

　ショートフィルム以外にもオウンド・エンタテインメントは存在する。例えば，自社が発行する雑誌，ゲームなどである。特に注目したいのが，スマートフォン等で使用するアプリを企業が開発し，消費者

に無料で提供する形であろう。化粧品メーカーであるマンダムは自分の髪型を自由に楽しめるアプリ「髪コレ」をつくり，新しいコミュニケーションを試みている。これらは SNS の利用の増加と相まって急速に広がりつつある。面白いアプリなら，口コミによって急激に広がることが期待でき，これまでのマスメディアを用いた高額な広告に頼らずとも，消費者の心を強く捉えることが可能となっているのである。

広告における絆づくりの必要性

　今後の広告コミュニケーションを考えたとき，そのキーワードは「絆」であると思われる。2011 年に東日本大震災が日本を襲い，多くの犠牲者がでた。この年多くの人が家族や友人そして地域の人々のかかわり，絆を再認識したと思う。広告業界でそれを表す言葉が**エンゲージメント**（engagement）である。これは「（広告などの）ブランド・メッセージを取り巻く文脈への関心を高めることにより，ブランド・アイディアに見込み客の興味を引き付けること」［岸ほか 2017: 253］とあるように，前述したブランデッド・エンタテインメントと重なる部分が多い。ドラマや映画などのコンテンツとブランド・商品とを連関させ，より高いコミュニケーション効果を発揮させることを意図している。企業は消費者の誰もが新しい商品を求め，情報を与えれば買ってもらえるという時代ではないことを認識し始めており，まずは一方的な押し付けではなく消費者との絆をつくり，共存することを考えている。エンゲージメントの別の見方をすれば，**共視性**ということともいえよう。ドラマやスポーツなど広告が置かれているコンテンツを視聴者とともに支え応援する姿勢をもつことによって，本当の意味での絆を視聴者とブランドとの間に結ぶことができる。サッカーのワールドカップで日本中の人々が熱狂し応援するなか，その機会をうまく利用して自社の商品を売りつけようと考えるのではなく，視聴者・消費者と一体となり同じ気持ち，感情をもとうとするのである。広告はかつて一方向のコミュニケーションといわれていた。これ

共視性　心理学者である北山修が中心となり，日本特有の心理行動として提起しているものである。北山は，江戸時代の浮世絵の分析をするなかで，欧米の宗教画には見られない，日本特有の母と子の描かれ方を発見した。母親と子どもが何か第 3 のものに対して，寄り添い同じ方向に視線を傾けるなかで，真のつながりある関係を育むことができていると述べている［北山編 2005: 8 -46］。ここでは，視聴者とブランドがともにコンテンツ（スポーツなど）を楽しく見るという意味で用いている。

からの広告コミュニケーションは，ブランド／商品が視聴者／読者／消費者と本当の絆を築いていくための触媒となることが求められるといえよう。

引用・参照文献

岸志津江・田中洋・嶋村和恵『現代広告論（第 3 版）』有斐閣アルマ，2017 年
北山修編『共視論——母子像の心理学』講談社，2005 年
電通「特集ブランデッド・エンタテインメント」『アドバタイジング』vol. 12，2005 年 5 月号
マクラッケン，グラント／小池和子訳『文化と消費とシンボルと』勁草書房，1990 年

おすすめ文献

岡田庄生『プロが教えるアイデア練習帳』日経文庫，2020 年
フィリップ・コトラー／恩蔵直人監訳『コトラーのマーケティング 4.0』朝日新聞出版，2017 年
武井寿他編著『現代マーケティング論（第 2 版）』実教出版，2018 年
日本広告研究所編『広告ってすごい！がわかる人気講座 vol.2』日本広告研究所，2019 年

6　ジャーナリズム史研究の方法
——戦後日本を中心に

根津朝彦

　メディアとジャーナリズムという言葉はよく使われる。歴史研究でもメディア史とジャーナリズム史という言葉があり，両者は重複する部分があるだけに混同されやすいが，区別が必要である。日本では，映画・ラジオ・広告・テレビ・サブカルチャーなどを扱うメディア史研究が活発な一方，近年ジャーナリズム史研究は盛んではない。メディア史は各メディアの比較や媒体自体の分析に力点がある。対してジャーナリズム史は言論・報道やその思想性を主な対象とする。

　筆者は2019年に出版した『戦後日本ジャーナリズムの思想』で戦後日本ジャーナリズム史研究が少ないことを問題提起した。同書を刊行後に，戦後日本ジャーナリズム史の研究が少ないのは意外だとの反応をもらった。ジャーナリズムの本が世の中にあふれているからそのことに気づきにくいということもあろう。歴史研究に限らず，日本の大学ではメディア学部はあっても，ジャーナリズム学部はない。その違いに自覚的になることが，メディア研究とジャーナリズム研究の双方を考える上で出発点になる。

　ではジャーナリズムとは何なのか。ジャーナリズムとは報道・論評とそれが発表される時事的な言論の場である。ジャーナリズムは，主権者たる人々に必要な事実・情報を伝えることで現実に影響を与える報道活動であり，時代に対する批判的言説を含むものである。

　ここでは学部生がジャーナリズム史に関する卒業論文を書くための研究テーマの探し方や，分析方法の手がかりについて文献情報を示しながら書いていく。筆者の専門から，日本がアジア太平洋戦争に敗戦した1945年以降を中心にする。占領期以降，GHQの検閲を脱して言論の自由が享受されたことが重要である。占領期は研究蓄積があるものの，特に講和条約以降は

ジャーナリズム史の先行研究が乏しく，どの事象を選んでも新しい研究になる魅力的な領域なのである。

入門書と事典類の活用

首都圏の学生ならまず東京の日本プレスセンタービルにある通信社ライブラリーに行くといい。ジャーナリズムに関する代表的な文献が網羅され密度が濃いからである。卒業論文で読むべき文献に必ず遭遇するし，全体的な見取図を知るには絶好の場所である。同じビル内には日本新聞協会や日本記者クラブもある。

基礎的な知識がないと研究テーマも具体的に深めることができないので，有山輝雄・竹山昭子編『メディア史を学ぶ人のために』(世界思想社，2004 年)，大井眞二・田村紀雄・鈴木雄雅編『現代ジャーナリズムを学ぶ人のために第 2 版』(世界思想社，2018 年)，佐藤卓己『現代メディア史　新版』(岩波書店，2018 年) といった入門書を読んでほしい。日本のジャーナリズム史研究・メディア史研究で大きな仕事を成したのは，日本の新聞学を開拓した小野秀雄 (1885-1977) を始め多くの先人がいるが，山本武利 (1940-)，有山輝雄 (1943-)，佐藤卓己 (1960-) の 3 人の研究は必ず押さえなければならない。戦後日本を考察するためには，小熊英二『〈民主〉と〈愛国〉』(新曜社，2002 年)，吉田裕『日本人の戦争観』(岩波現代文庫，2005 年)，福間良明『「戦争体験」の戦後史』(中公新書，2009 年) なども良い導きになる。

主に 2010 年以降，ジャーナリズム史研究にとって明るい材料は，関係する事典・年表類の刊行が続いていることだ。まず事典類では早稲田大学ジャーナリズム教育研究所編『エンサイクロペディア現代ジャーナリズム』(早稲田大学出版部，2013 年)，武田徹・藤田真文・山田健太監修『現代ジャーナリズム事典』(三省堂，2014 年)，山田健太・植村八潮・野口武悟編『マスコミ・ジャーナリズム研究文献要覧——1945 ～ 2014』(日外アソシエーツ，2015 年) が挙げられる。人物関係では，土屋礼子編著『近代日本メディア人物誌——創始者・経営者編』(ミネルヴァ書房，2009 年)，山田健太編『ジャーナリスト人名事典——明治～戦前編』(日外アソシエーツ，2014 年)，「ジャーナリスト人名事典」編集委員会編『ジャーナリスト人名事典——戦後～現代編』(日外アソシエーツ，2014 年)，土屋礼子・井川充雄編著『近代日本メディア人物誌——ジャーナリスト編』(ミネルヴァ書房，2018 年) がある。

これらの事典類は，上述した入門書とあわせて通読することが望ましい。ある程度，本を読んだら，関心を覚えた物事や人物，概念などを書き出して整理するといい。それを眺めて自分がジャーナリズムの何に興味があるか，キーワードの共通点や関連性など研究テーマを模索できるからだ。

　もし興味のあるジャーナリストがいれば，その人の著作を全て読破することも重要である。あるジャーナリストの生涯の仕事を全的に理解することで，自分なりの問題意識や切り口，他のジャーナリストや報道事象と比較できる視野が深まるからだ。何人もの著作を読破するのは難しいにせよ，人物事典も糸口にして，最低でも自分が最も関心を覚えるジャーナリスト1人の全著作を読破することに挑んでほしい。そこから何を分析するのか，どのようにその人物をジャーナリズム史に位置づけるのか，比較対象はあるのか，先行研究との関連の中で研究を始めていくことができる。こうしたプロセスこそがジャーナリズム史に具体的に迫る方法を鍛えていくことになるのである。

博物館に行ってみる

　自分の中で興味あるキーワードを可視化すると，博物館に行っても情報の吸収力が変わってくる。博物館も研究テーマに出会える宝庫だ。おすすめなのは横浜にある日本新聞博物館（ニュースパーク）である。同じ建物内にある放送ライブラリーも過去のテレビ番組を視聴できるので寄ってみよう。新聞博物館なら他にも沖縄の琉球新報新聞博物館，熊本日日新聞社にある新聞博物館，富山の北日本新聞社の創造の森 越中座などがある。放送関係なら東京のNHK放送博物館と，埼玉のNHKアーカイブスなどがある。

　ベトナム戦争の報道写真でも知られる岡村昭彦（1929-1985）の蔵書は，静岡県立大学の岡村昭彦文庫で見ることができる。海外なら韓国ソウルの東亜日報の新聞博物館（Presseum）は訪れる価値がある。海外の博物館に行くと，比較する視点を得やすいだろう。アメリカ合衆国のワシントンD.C.のニュージアム（Newseum）は残念ながら2019年12月31日に閉館した。

　メディア関連の博物館・専門図書館は，東京にある印刷博物館，アドミュージアム東京や大宅壮一文庫があり，京都国際マンガミュージアム，岩波書店の出版物を閲覧できる長野の諏訪市立信州風樹文庫などもある。その他，ジャーナリズム史との接点を考える上では，千葉の国立歴史民俗博物館の近現代史の展示室は見所が多い。そこから近場の成田空港 空と大地の歴

史館を訪ねるのもいい。

　問題意識を育まなければ研究テーマは見えてこない。入門書や事典類を皮切りに土台となる知識を学びながら，博物館へ行くなど足で稼ぐ努力を繰り返すうちに，自分のやりたいテーマが絞られてくるはずだ。

年表の作成

　関心あるテーマが見えてきたら，年表を作成すると自分が研究したいジャーナリズム史の対象時期の流れが整理できる。年表を初めてつくる人は，中村政則・森武麿編『年表昭和・平成史　新版──1926-2019』（岩波ブックレット，2019年）を手に取るといい。薄い冊子の年表なので，興味ある事項を自分なりに年表にまとめ直すと，歴史の流れが明確になるからである。

　次に，日本新聞協会編『戦後新聞年表──1945年-1995年』（日本図書センター，2011年），日外アソシエーツ編集部編『日本ジャーナリズム・報道史事典──トピックス1861-2011』（日外アソシエーツ，2012年），土屋礼子編『日本メディア史年表』（吉川弘文館，2018年）を見よう。ここで例えば1960年代に興味があるとすれば，60年代のジャーナリズム史に関する事項をピックアップして，年表に加筆する。年表をつくることは，自分がどの時期を対象にして分析したいのか絞り込む作業にも通じるのである。

　最終的には年表に載っているジャーナリズム史の事項を深く掘り下げたり，年表にない重要な事項を明らかにしたりすることが研究では求められる。そうした基準を再確認するためにも年表作成が重要なのだ。年表では，『近代日本総合年表　第四版』（岩波書店，2001年）のように各事項の出典を明記している方が，情報源をたどれるだけに信頼性が高いことも付記しておく。

　卒業論文でも時間は有限である。いつまでも勉強することはできない。分析対象を絞り込むためには早い段階から論文の仮目次をつくっていき，分析資料と分析結果の関係から仮目次を常に修正していく。大学図書館，データベース，国立国会図書館や大型書店などの利用方法は紙幅の関係で割愛する。

雑誌の資料総覧

　具体的な分析資料を得るために雑誌の資料総覧をすすめたい。ここまでに準備したテーマ，年表，論文の仮目次を意識した上で，テーマに関する資料や先行研究を雑誌類から収集するのである。学術誌なら『新聞学評論』『マ

ス・コミュニケーション研究』『メディア史研究』『Intelligence』『出版研究』，新聞関係なら『新聞研究』『日本新聞年鑑』『マスコミ市民』『Journalism』，放送関係なら『放送研究と調査』『NHK放送文化研究所年報』などがある。『世界』『中央公論』『文藝春秋』といった総合雑誌も貴重な分析資料になる。図書館に籠もって対象時期の雑誌（新聞縮刷版を含む）の全号全てのページをメモに取りながらめくってみよう。その他，東京大学情報学環の紀要や，日本大学法学部新聞学研究所『ジャーナリズム＆メディア』など大学紀要も参考になる。結果，複写資料は膨大な数になるのが普通である。

　関西の学生ならば，京都で春・夏・秋と年3回の古本まつりが行われるので，そこに行けば新聞社や放送局の社史なども買うことができ，一次資料との出会いもあるので活用してほしい。現代史研究では関係者からの聞書きも有力な方法である。聞書きでは当時の証言だけでなく，自分が知らなかった資料や関係者の紹介を得られる可能性も高いからだ。アポイントの仕方を含めて，まずは指導教員に相談するのが一番である。

　もし筆者が戦後日本ジャーナリズム史の最重要文献は何かと聞かれれば，小和田次郎『デスク日記――マスコミと歴史』全5巻（みすず書房，1965-1969年）を挙げる（2013年に弓立社からダイジェスト版が再刊されたが，研究に使うならみすず書房版にあたること）。これは共同通信社の**原寿雄**（1925-2017）が社会部デスク時代にペンネームで書いたもので，報道現場の内外から及ぶ圧力を克明に記した記録である。自主規制の実態は紙面を見てもわからない。通常の文献では確認しづらい報道現場の圧力や自主規制への感度を培うには最適の資料といえる。さらに『デスク日記』が重要なのは，現場の貴重な記録を提示することで，企業ジャーナリズムへの過大な期待や幻想を戒めたことである。

　資料を収集したら文献リストをつくり，論文の仮目次を見ながら，読む優先順位を考えていく。これまでの日本の学問（だけではないが）は，担い手が男性に偏っていた。ここで筆者が挙げた文献も，著者が男性に偏っていない

原寿雄　共同通信の社会部記者から編集局長・編集主幹などを務めた。同僚の斎藤茂男らと菅生事件の調査報道に携わった。「発表ジャーナリズム」という言葉を提起したことでも知られ，『ジャーナリズムの思想』（岩波新書，1997年）や『ジャーナリズムの可能性』（岩波新書，2009年）など著作も多い。「サラリーマン記者」を乗り越えようとする問題意識を常に抱いていた。原の自伝『ジャーナリズムに生きて』（岩波現代文庫，2011年）も戦後日本ジャーナリズム史をとらえ返す重要な文献である。

かどうか見直してもらいたい。

　最後に，新聞の社説分析は様々な差異に気づく訓練になるので，関心ある
テーマで社説の比較分析をすると役立つはずだ（有山輝雄『戦後史のなかの憲法
とジャーナリズム』柏書房，1998 年も参考になる）。

　ここまで書いてきた順番は流動的なものであり，テーマや準備状況によっ
て各人が取り組めるところから実行すれば問題ない。未開拓な戦後日本
ジャーナリズム史の研究分野にぜひ挑戦していってほしい。

引用・参照文献
根津朝彦『戦後日本ジャーナリズムの思想』東京大学出版会，2019 年
藤田真文編著『メディアの卒論　第 2 版──テーマ・方法・実際』ミネルヴァ書房，2016 年
村上紀夫『歴史学で卒業論文を書くために』創元社，2019 年

おすすめ文献
有山輝雄『近代日本ジャーナリズムの構造──大阪朝日新聞白虹事件前後』東京出版，1995 年
岩間優希『PANA 通信社と戦後日本──汎アジア・メディアを創ったジャーナリストたち』人文書
　　院，2017 年
林香里『マスメディアの周縁，ジャーナリズムの核心』新曜社，2002 年
別府三奈子『ジャーナリズムの起源』世界思想社，2006 年
マイケル・エメリー，エドウィン・エメリー，ナンシー・L・ロバーツ／大井眞二・武市英雄・長
　　谷川倫子・別府三奈子・水野剛也訳『アメリカ報道史──ジャーナリストの視点から観た米国
　　史』松柏社，2016 年

Part 2

ポピュラー・カルチャーを読み解く

マンガ，映画，音楽，インターネット，動画配信サービス——現代のわれわれはさまざまなポピュラー・カルチャーに囲まれ，それらを楽しんでいる。しかし，よく考えてみると，そこには意外なことも少なくない。

　今日，マンガはスマートフォンで読まれることも多いが，その読み方は，紙のマンガ雑誌で読まれることが多かった時代と，何が同じで何が違うのだろうか。たとえば，さほど興味がない作品が視野に入る可能性は，かつてと今とではどちらが多いのだろうか。昭和期では，マンガ雑誌のまわし読みが一般的だったが，それをきっかけに生み出されたコミュニケーションは，今日も変わらず残っているだろうか。

　マンガ以外に目を向けても，同様の疑問を思い浮かべることができるだろう。持ち運びが不可能なレコード・プレーヤーでしか音楽を聴けなかった時代と，現代のようにスマートフォンでいつでもどこでも音楽を聴くことができる時代とでは，音楽への向き合い方はどう変わったのか。実演（コンサート，ライブ，フェス）に接することの意味は，音楽を携帯できる時代とそうでない時代とで，どう異なっているのか。CM・テレビ番組・映画等のなかで，ジェンダーやセクシュアリティ，あるいは「日本人らしさ」はどのように描かれているのか。ソーシャルメディアが普及する前と後とで，われわれのコミュニケーションや観光のあり方はどう変質したのか。

　ポピュラー・カルチャーは「楽しい」ものではある。だが，それを「研究」「考察」するのであれば，「楽しさ」に身をゆだねるだけではなく，その「楽しさ」を多角的・批判的に読み解く必要がある。なぜ，それらは社会的に楽しまれているのか。そこには，どのような可能性や問題性があるのか。これらの考察を通じて，なぜ「あたりまえ」や「常識」が成立しているのかを問い直すことができよう。

　このような営みは「ポピュラー・カルチャー自体を楽しむ」こととは異なる。だが，その作業のなかで，「知的なおもしろさ」や「常識が覆される快感」を楽しむことができるのではないだろうか。Part 2 では，それらの実践例（およびそれに必要なものの見方）を紹介している。ポピュラー・カルチャーを読み解く楽しさを感じとってもらいたい。

1 『少年ジャンプ』のメディア論

瓜生吉則

　「マンガを研究する」と言ったときに真っ先に思い浮かぶ手法は，個々の
マンガ作品の「内容」を，つまり「何が描かれているのか」を分析して「作
者の意図（メッセージ）」を探り出す，といったものだろう。しかし 2010 年代
半ばくらいまで，日本ではマンガの多くは雑誌掲載が初出の形態だった。と
すれば，読者が初めてマンガに出会う場としての雑誌がどんなメディア的特
性を持っているのか，さらにはその特性が個々の作品にどんな影響を与えて
いるのか，について考えておく必要がある。近年では珍しくなくなった
「Web コミック」を研究する場合でも，紙媒体のマンガのありようとの比
較考量が必須となる。ここでは，『週刊少年ジャンプ』（以下『少年ジャンプ』）
という雑誌を例にとりながら，「作者の意図」を超えたところで生産—消費
されるマンガのありようについて考えていきたい。

“アンケート（至上）主義”と「作者の意図」
　『少年ジャンプ』には毎号，「懸賞付きアンケートはがき」が綴じ込まれて
いる。はがきの表側には，面白かった作品や記事を 3 つ，順番に記入する欄
があり，裏側には連載作品や読み切り作品についての感想，イベントの認知
度や読者の興味関心を尋ねる質問項目等が印字されている（質問内容は週ごと
に変わる）。感想については，「（ストーリーが）面白い／つまらない」「（主人公の
性格が）明るい／暗い」など，小学生の読者でも回答しやすいように工夫さ
れている。
　『少年ジャンプ』では，このアンケートはがきが「編集（誌面構成）」の重
要な役割を果たしてきた。元編集長の西村繁男によれば，「連載は十回を目
標に開始される。五回目ぐらいまで読者の支持率が上昇カーブを描いていれ
ば，十回以降の続行を考え始める。下降カーブを描いていれば，十回の完結

231

『少年ジャンプ』綴じ込みのアンケートはがき（2020年24号）

に向けてストーリーをまとめていくことになる。まとめ具合で一，二回の延長はあるが，だらだらと連載がつづくことはない。これが，連載に対するジャンプ特有の方式である」［西村 1994: 136］とのこと。マンガ家や編集者が連載を続けたくても，人気がなければ容赦なく打ち切られてしまう。逆に，話が一区切りついたから連載をやめようと思っても，アンケートの結果が良ければ，無理にでも連載を続けなければならないこともある。『少年ジャンプ』創刊（1968年）間もない時期から看板連載となった「男一匹ガキ大将」（作・本宮ひろ志）は，作者が原稿に「完」の文字を書き入れながら，人気があったために編集者がそれをホワイトで消してまで連載を続行させたというエピソードもある［同 : 201］。

　マンガに限らず，小説や映画の「内容」を分析する際，われわれは「作者の意図」を作品の中に探ろうとする。だが，アンケート結果で連載継続も打ち切りも決定してしまう『少年ジャンプ』の制作システムから考えると，掲載されているマンガが「作者の意図」を100％表しているとは言い切れない。重要なのは，『少年ジャンプ』というメディアにおいて，どのような物語が（「作者の意図」を超えたところで）作られていくのか，あるいは求められているのかということなのである。

「成長」し続ける「永遠の少年」たち

　続けたくても続けられない／終わりたくても終われない『少年ジャンプ』のマンガたち。その特徴を示すために，1960年代の『週刊少年マガジン』（以下『少年マガジン』）を比較対象としてみよう。“団塊の世代”（1947〜49年生まれを中心とした戦後世代）が小学校高学年になっていた1959年に創刊された同誌は，1960年代半ば以降，「劇画」の積極的な取り込みや図解・グラビア特集をふんだんに取り入れたビジュアル路線によって，100万部を超える人気を得ることになった［大野 2009］。高山宏は，「60年代末を青春としてい

る団塊世代はこの『巨人の星』と，そして『あしたのジョー』に添い寝して
もらいながら，自分の生きていくイメージをつくっていたというところがあ
る。描線がどうしたこうしたといった技術論とはてんでちがった次元の，ま
さに添い寝としかいいようのない関係を，生活と少年漫画週刊誌が切り結ん
でいた。一週ごとにともに成長していってくれる，風変わりだが実に教育的
なメディアだった」と当時の『少年マガジン』体験を回想している（［荒俣・
高山 1994: 144］強調は原文）。「巨人の星」（原作・梶原一騎，作画・川崎のぼる）や
「あしたのジョー」（原作・高森朝雄，作画・ちばてつや）を全巻通読してみれば，
最初と最後ではキャラクターの造形が大きく変わっていることは一目瞭然で
ある。梶原原作マンガの**ビルドゥングスロマン**的特性は，こうした『少年マ
ガジン』自体の特徴と個別のマンガとの「共振」が大きく関わっている。

　対して，『少年ジャンプ』に掲載されるマンガには，仲間たちとの「友
情」と自らの「努力」とによって困難や強大なライバルに立ち向かい，たと
え一度は敗れたとしても最終的には「勝利」をおさめる，という筋立てを持
つものが多い。この「友情・努力・勝利」のテーマは『少年ジャンプ』創刊
時から編集方針の中心に据えられており，掲載作には少なくともひとつはそ
の要素を含むことが求められてきた［西村 1994］。では，先に見た「アン
ケート主義」による編集を経た「友情・努力・勝利」の物語を通して，作中
のキャラクターはどうなるのか。

　梶原一騎原作の物語では，「青年」へと向かう過程として「少年」時代が
描かれていた。必殺技を獲得するための過酷な特訓やライバルとの激闘を通
して，作中の「少年」たちは「青年」への階段を一歩ずつ上がっていき，読
者は自身とキャラクターの「成長」とを重ね合わせることができた。一方
『少年ジャンプ』では，「少年」たちは「勝利」を重ねていく（なぜなら，読
者がそれを望むから）。苦闘の末の「勝利」は「少年」の「成長」が確認でき
る機会ではあるが，いつもいつも「勝利」していては「成長」の内実がぼや
けてしまう（「キン肉マン」の"超人強度"や「ドラゴンボール」の"戦闘力"，「ワン

ビルドゥングスロマン (Bildungsroman)　幼年期から青年期にかけての自己の「形成（Bildung）」を描いた
　（長編）小説（Roman），というのが原語（ドイツ語）の意味で，ゲーテの「ヴィルヘルム・マイスターの修
　業時代」やロマン・ロランの「ジャン・クリストフ」などが代表例。日本での訳語「教養小説」は現在では死
　語に近いが，「成長」の物語，と広く解釈すれば，現在でもマンガやゲーム（RPG），そして AKB48 など，
　様々な局面でそのプロットが利用されている。とはいえ，本文にもあるように，その「成長」の後がきちんと
　描き切れない，というのが 21 世紀のビルドゥングスロマンの特徴とも言える（［ひこ・田中 2011］を参照）。

ピース」の"懸賞金"などは，そうした曖昧な「成長」に少しでもリアリティを与えるために採用された数値だと言えよう）。いつ終わるともしれない（終わりを決定するのは読者＝アンケートはがきである）物語において，『少年ジャンプ』の中の「少年」たちは「青年」の一歩手前で闘い続ける。といって，悟空もルフィも「成長」したくないピーター・パンではない。終わりなき「成長」を続ける「永遠の大きな少年」たちなのである。

「完全には閉じられない空間」としての『少年ジャンプ』

　こうした特徴を持つ『少年ジャンプ』では，作者や編集者の思っていた通りのエンディング（大団円）を迎えることが難しい（2020年5月に「鬼滅の刃」がきちんと完結したことが話題となったのも，多くの読者が"ジャンプ・システム"に気付いていたからだろう）。話にケリがつかないまま，無理に終わった（終わらされた）マンガを読まされるのはいやだ，と思う読者も少なからずいるに違いない。しかし次のような意見もある。「完成された佳作か，未完の大作か。モノを作るほうにもそれを読むほうにも，完成度を重視する人と，完成度などたとえ低かろうが，話がブロークンだろうが，次はどうなるとも知れぬ可能性に喜びを見出す人とがいる」[野火 2003: 201]。

　「きちんと終わっていない」ということは，別の見方をすれば「いつかまた始まる」ということでもある。『少年ジャンプ』に連載されていた作品の続編（「キン肉マンⅡ世」「暁!!男塾」「たいようのマキバオー」などの，いわゆる"2世もの"）が1990年代後半から次々と登場したことは，『少年ジャンプ』のマンガが「常時未完成」であるからこそ独特の生命力を宿している，という逆説を一面で照らし出している。さらに，「きちんと終わっていない」ということは，「完全には閉じられていない」ということでもある。**コミックマーケット**に象徴される「二次創作」の隆盛は，原作の「不完全さ」こそが読者（ファン）の想像力に何からの活力を与えていることの証左であろう。

　1980年代半ば以降，コミックマーケットでは『少年ジャンプ』の連載作

コミックマーケット　1975年に第1回が開催された同人誌即売会（参加サークル数は32，参加者は約700人）。現在では基本的に8月中旬と12月下旬に各3日間開催され，サークル数35000（抽選による），参加者50万人以上の日本最大規模のイベントとなっている。主にアマチュアが制作した同人誌（パロディもの，創作もの，評論，データ集など）の即売のほか，コスプレの撮影会場や企業ブースにも多くの人が集い，現在の日本におけるマンガ・アニメ・ゲームの愛好者の裾野の広さを体感できる（と同時に，政府主導の「クールジャパン」政策が，いかにその上澄みしか掬っていないかも非常によくわかる）。

品（「キャプテン翼」や「聖闘士星矢」など）が「二次創作」（アニメ化されてからの
ものが多いことから「アニパロ」とも呼ばれた）の対象となることが多くなった。
西村マリによれば，「作品に登場するキャラの間に強い絆があること，ス
ポーツの試合から戦闘まで，対立の構図があること。その構図は主人公側が
子供世界，敵側は大人世界と解釈できる場合も多い。そして世間から，親か
ら隔絶した舞台があること」［西村 2002: 75］がアニパロにしやすい原作の三
大条件だという。読者（ファン）たちは，原作のキャラクターや舞台設定を
借りて別のエピソードを綴っていくわけだが，これらの条件は，「友情・努
力・勝利」の『少年ジャンプ』マンガにはふんだんに含まれている。さらに，
少年マンガではあまり踏み込んで描かれていない人間関係やキャラクターの
内面を，少女マンガ的な視線で想像（妄想）する［東 2010］際にも，『少年
ジャンプ』は格好のネタになる。
　こうした「二次創作」も，また作者自身による続編や出版社主導の別作者
による外伝（これらは「公式の二次創作」とも言える）も，原作のマンガがなにも
のをも寄せ付けない完成度を持っていては不可能である。「常時未完成」な
マンガを毎週掲載する（ほかない）という，『少年ジャンプ』の「完全には閉
じられない」性格こそがマンガ家や読者（ファン）の想像（妄想）を活性化さ
せ，マンガ（特に雑誌）不況の中でも少年向けマンガ雑誌の王者の座を保た
せてきたのだろう。「N次創作」（「二次創作」の連鎖）を当たり前の風景として
いる［濱野 2008］現在のわれわれの想像力のありかを探る上でも，『少年ジャ
ンプ』のメディア特性は，いろいろなことを示唆してくれるはずである。

マンガのメディア論へ

　コミュニケーションの「なかだち」をしているもの＝メディアとして『少
年ジャンプ』に注目してみると，個々の掲載作品の「内容」を分析するだけ
では見えてこない，マンガという表現様態の不思議なありようが浮かび上
がってくる。「作者の意図」を探り出すことは必ずしもマンガ研究の唯一の
目標ではない。「メディアはメッセージである」［マクルーハン 1987］とするな
らば，マンガの「内容」について分析するだけでなく，そのマンガが読者の
もとに届けられるコミュニケーションの「形式」，つまりマンガが「何を」
表しているのかだけでなく，「どのように」伝わっているのか，「どのよう
に」消費されているのかについての分析もまた，「マンガとは何か？」とい

う大きな問いに答えるために必要不可欠なものなのである。

引用・参照文献

東園子「妄想の共同体──「やおい」コミュニティにおける恋愛コードの機能」東浩紀・北田暁大
　　編『思想地図 vol. 5 』NHK 出版，2010 年
荒俣宏・高山宏『荒俣宏の少年マガジン大博覧会』講談社，1994 年
大野茂『サンデーとマガジン』光文社，2009 年
西村繁男『さらばわが青春の『少年ジャンプ』』飛鳥新社，1994 年
西村マリ『アニパロとヤオイ』太田出版，2002 年
野火ノビタ『大人は判ってくれない』日本評論社，2003 年
濱野智史『アーキテクチャの生態系』NTT 出版，2008 年
ひこ・田中『ふしぎなふしぎな子どもの物語』光文社新書，2011 年
マクルーハン，マーシャル／栗原裕・河本仲聖訳『メディア論──人間の拡張の諸相』みすず書房，
　　1987 年

おすすめ文献

大塚英志『定本 物語消費論』角川文庫，2001 年
夏目房之介・竹内オサム編『マンガ学入門』ミネルヴァ書房，2009 年
三ツ谷誠『「少年ジャンプ」資本主義』NTT 出版，2009 年

2 雑誌と本の社会的機能
—— 『はだしのゲン』『きけわだつみのこえ』の正典化

福間良明

　電子書籍や電子ジャーナルが広がりつつあるとはいえ，書店に足を運んで
みると，棚には無数の本や雑誌があふれている。テーマや内容は多岐にわた
るだけに，雑誌や本の文化は捉えどころがない。だが，その社会的な「機
能」に注目してみると，どうだろうか。雑誌や本は，どのような読者にいか
なる働きかけをしているのか。そこから，どんな社会意識が作られているの
か。これらについて考えるべく，ここでは，原爆マンガ『はだしのゲン』と
戦没学徒遺稿集『きけわだつみのこえ』を事例に論じてみたい。

成人マンガ誌と創作実験
　『はだしのゲン』は，中沢啓治が自らの被爆体験を交えながら描いた作品
である。1973年に雑誌連載が始まり，2年後には全4巻の単行本として刊行
された。その後も描き継がれ，1987年刊の第10巻で完結している。
　だが，当初，中沢啓治が原爆を扱うマンガを発表することは容易ではな
かった。中沢が最初に手がけた原爆マンガ作品は，1968年の「黒い雨にう
たれて」である。これは，広島出身の殺し屋を主人公にしたハードボイルド
調のフィクションではあったが，原爆投下への憤りや主人公・近親者の被爆
体験が物語の基調をなしていた。
　中沢は被爆後遺症に長年苦しんだ母親の死をきっかけに，この作品を描い
たわけだが，掲載誌はなかなか見つからなかった。中沢は中高生に広く読ま
れることを狙って，大手マンガ誌の編集部に原稿を持ち込んだ。中沢はすで
にいくつかの読み切りマンガを発表していたが，このマンガについては，
「内容はいいけど，チョットどぎついね……」と断られるばかりだった［中
沢 1994: 195］。

中沢は「激しいセリフでの政治批判と原爆の重い告発テーマは，一般商業誌では無理」と判断し，「三流や四流と言われる雑誌」での掲載に方向を転じた。そして，この作品は，芳文社の『漫画パンチ』(1968年5月29日号)で連載が始まった。『漫画パンチ』は，『週刊少年サンデー』『週刊少年マガジン』『週刊少年ジャンプ』等とは異なり，成人層を主要ターゲットにしていた。エロティシズムや暴力の描写も多く，「低俗」イメージがつよい雑誌だった。こうした雑誌に，なぜ，このマンガが掲載されたのか。

　成人マンガ誌は，実は創作実験を可能にするメディアであった。大手少年マンガ誌であれば，発行部数が多いだけに，広く読者に認められるものでなければならず，したがって，表現やテーマは多くの人々に受け入れ可能なものにならざるをえない。主要読者が児童・生徒層であったことを考えれば，なおさらであった。しかし，「低俗」な成人マンガ誌は，部数は大手少年マンガ誌ほどではないものの，その分，性や暴力，悪について，斬新多様な描写が許容される。むしろ，それを「売り」にするのが，成人マンガ誌であった。『漫画パンチ』のような成人マンガ誌が，こうした創作実験を可能にしていたがゆえに，中沢の原爆マンガは世に出ることができたのであった。そこで「黒い雨にうたれて」は，一種の「残酷マンガ」として掲載されたわけだが，逆にいえば，成人マンガ誌は「原爆」をマンガ誌で扱うという実験を可能にするメディアでもあったのである［福間 2015］。

1970年代前半の『少年ジャンプ』

　『漫画パンチ』に掲載された「黒い雨にうたれて」は，一定の反響を呼び，中沢のもとにも知人から好意的な感想が多く寄せられた。それを受けて，自伝的な要素を多く盛り込みながら描かれたのが，『はだしのゲン』である。これは，1973年6月から約1年にわたり，『週刊少年ジャンプ』(集英社)に連載された。

　いまから見れば，被爆の惨状や戦争批判，天皇批判を多く盛り込んだこのマンガ作品が，『週刊少年ジャンプ』に連載されたことは，やや奇異にも見えよう。それよりも，「低俗」な成人マンガ誌にしか掲載されなかった原爆マンガが，なぜ，大手少年マンガ誌に掲載されたのか。そこには，今日とは異なる『週刊少年ジャンプ』の位置づけが関わっていた。

　少年向けのマンガ雑誌は，団塊の世代（1940年代末生まれのベビーブーム世

238

代）の成長に合わせて，部数を伸ばしてきた［中野 2004］。彼らが 10 代初めであった 1960 年には，小学館の学年誌や『少年画報』（少年画報社）など，児童向けマンガ誌がピークを迎えていた。彼らが中高生になると，少年マンガ誌が発行部数を伸ばし，1967 年には『週刊少年マガジン』（講談社）が 100 万部を突破した。こうしたなか，1968 年 8 月，『少年ジャンプ』は隔週刊で創刊され，1969 年 11 月に週刊となった。

だが，そのことは言いかえれば，当時の少年マンガ誌の世界のなかで，『少年ジャンプ』があくまで後発誌にすぎないことを意味していた。講談社の『週刊少年マガジン』，小学館の『週刊少年サンデー』はともに，1959 年に創刊されており，『少年ジャンプ』とは 10 年の開きがあった。両誌はすでに著名なマンガ家を押さえており，『少年ジャンプ』の創刊の動きが業界内に知られるようになると，常連マンガ家の囲い込みにいっそう神経を尖らせるようになった。そうなると，『少年ジャンプ』は大家と目されるマンガ家の作品を掲載することが難しくなってしまう。こうしたこともあり，同誌は若手・新人作家に積極的に書く場を与えた。そのことは斬新な作風を許容することにもつながった。中沢啓治の「はだしのゲン」も，こうした後発少年誌であったがゆえ，発表できたのであった。

単行本というメディア

ただ，『はだしのゲン』が読み継がれるうえで大きかったのは，その書籍化である。『はだしのゲン』は，1975 年に汐文社から単行本として出版された。『週刊少年ジャンプ』連載時は必ずしも人気マンガではなかったので，当初は売れ行きが期待されたわけではなかった。だが，結果的には，刊行 1 年で 64 万部，1980 年には 100 万部に達するベストセラーとなった。

しかし，その売れ行きよりも，書籍化によって初めて学校図書室や学級文庫に置かれるようになったことが重要である。このマンガが『週刊少年ジャンプ』に連載されただけであれば，図書室に入ることはありえない。図書室が，本来，「よい本」を生徒たちに読ませる場である以上，「はだしのゲン」だけではなく，「読ませたくないマンガ」も載っている『週刊少年ジャンプ』が図書室に置かれることはない。単行本化されることによって初めて，このマンガが学校図書室に置かれるようになったのである。

このことは，数十年にわたってこのマンガの読者を生み出すことにつな

がった。書店であれば，刊行後しばらくは棚に配置されるが，売れ行きが下がってくると出版社に返品され，書店からは姿を消してしまう。しかし，図書室の場合，一度，配架されると，数年，数十年にわたって置かれることになる。つまり，書店では刊行後間もない時期でなければ手に取ることができない本が，図書館ではいつでも読むことができるのである。

　しかも，「活字の本」であふれる図書室において，『はだしのゲン』は例外的な「マンガ」であった。生徒たちには，それだけで魅力的に思えた。他の多くのマンガも置かれている書店では『はだしのゲン』を手にする児童は限られようが，図書室であれば，生徒たちはこのマンガを競って手にした。それゆえに，第1巻から順に読むことは難しく，借りられていない巻から手当たり次第に読むしかなかった。当然，物語の記憶も曖昧であることが多かった。だが，逆にいえば，このマンガが単行本になったがゆえに，図書室に入ることが可能になり，そのことが結果的に，刊行後50年近くが経過しても，生徒たちの読者を生み出し続けることになったのである［福間 2015］。

書籍のなかの機能差

　もっとも，本のなかにも多様な種類がある。通常の単行本のほか，文庫や新書といったものもある。読者や社会に対する働きかけもさまざまに異なる。では，そこにどのような相違があるのか。それについて，『きけわだつみのこえ』を事例に考えてみたい。

　戦没学生の遺稿集であるこの書物は，現在，岩波文庫に収められている。戦没者の遺稿集は，戦後多くのものが出されているが，群を抜いて著名なものが，この書である。岩波文庫は，旧制高校や大学で**教養主義**が盛り上がっていた1927年に創刊され，「いやしくも万人の必読すべき真に古典的価値ある書」の普及をめざした叢書である（第3章参照）。戦没者の遺稿集には多くのものがあるが，プラトン『国家』，カント『純粋理性批判』，J・S・ミル『大学教育について』等，古典的名著を収めたこのシリーズに置かれている

教養主義　哲学・歴史・文学の古典を読むことで，人格を陶冶しようとする文化。明治後期から1960年代にかけて，日本の大学（および旧制高等学校）で広く見られた。それらは学校の正規カリキュラムとして位置づけられていたわけではないが，試験勉強や就職対策といった実利を離れ，あくまで自己を磨くために読書をしなければならないという規範が存在した。もっとも，その規範の延長で，学生たちに古典（およびそれに通じた年長知識人）への跪拝を強いる側面もあり，世代間の軋轢もしばしば見られた。こうした点も含め，教養主義文化の変容・盛衰については，竹内［2003］に詳しい。

のは，唯一『きけわだつみのこえ』のみである。

　しかし，たとえ戦没者が書き遺した記述であったとしても，大学在学中か卒業後間もない若者の手紙・日記の文章が，古今東西の文人・哲人と同列に扱われるのは，考えてみれば奇妙なことではある。実際，この本は当初から「古典」として位置づけられていたわけではなかった。

　『きけわだつみのこえ』は，1949年10月に東京大学協同組合出版部（現・東京大学出版会）から発行され，ベストセラーになった。それを受けて，この本の編者たち（日本戦没学生記念会）は，1959年，岩波文庫への収載をめざして，岩波書店に働きかけた。しかし，岩波文庫編集部はその企画を受けなかった。「まだ文庫にするのは早すぎるのでは……」というのがその理由だった［福間 2009: 128］。つまり，この時点では，この遺稿集は，「万人の必読すべき真に古典的価値ある書」とはみなされていなかったのである。

　その代わり，この遺稿集は光文社のカッパ・ブックスという新書のシリーズに収められた。カッパ・ブックスは岩波文庫のような純粋な古典志向やアカデミズム志向とは距離をとり，多くの大衆・庶民が親しめるものを目指した叢書であった。1955年には年間ベストセラー上位20点のなかに6冊のカッパ・ブックスが食い込み，1962年には年間ベストセラー上位10点のうち5点をカッパ・ブックスが占めるなど，1950年代・60年代の大衆的な出版文化を牽引したのが，このシリーズであった［福間 2006］。

　『きけわだつみのこえ』は，このカッパ・ブックスに収められることで，以後，30年にわたり，年に1〜2万部のペースで売れていった。一般の単行本とは違って，新書や文庫であれば，書店の専用コーナーに，何年にもわたって置かれることになる。この本は，岩波的な「古典」というよりも，むしろカッパ・ブックスにふさわしい庶民的な叢書のラインナップとして位置づけられた。だが，そのことによって，初刊刊行後10年余が経過し，一時は絶版状態になっていたこの本をロングセラーにし，継続的に読者を掘り起こしていったのである。

　そして，1982年にこの本は岩波文庫に収められた。そこにはさまざまな要因があったが，少なくとも一つには，カッパ・ブックスという新書がこの遺稿集の読者を継続的に掘り起こし，それによって，世評が積み重ねられたことが大きかった。だが一方で，岩波文庫が，もともと庶民的な書物でしかなかった『きけわだつみのこえ』を「万人の必読すべき真に古典的価値ある

書」に変換した側面も見落とせない。今日，この遺稿集は「戦争体験の古典」として広く知られている。だが，こうした社会的認知が戦後70年以上を経た現在でも生み出されているのは，この書物の「内容」もさることながら，岩波文庫という「メディア＝器」の機能も大きかった。

雑誌・本の「機能」の今後

　今ではスマートフォンやタブレットで「本」「論文」「雑誌」を読むことも珍しくはない。こうした状況を考えると，いずれ「紙」はそのまま「電子」に移行するようにも思えるのかもしれない。しかし，雑誌や本の内容はさておき，その機能を考えると，「電子」は「紙」を完全に置き換えられるものでもない。図書館のなかで『はだしのゲン』を偶然（もしくは面白半分で）手に取ったり，『きけわだつみのこえ』が岩波文庫に収められることで「古典」「正典」となるような状況は，電子書籍や電子ジャーナルでは考えにくいのではないだろうか。

　むろん，インターネット経由で「本」「雑誌」が読めることの利便性は大きい。2020年春には，新型コロナウイルス感染症が広がりを見せ，多く人々が「外出自粛」を強いられたが，こうした状況での電子書籍や電子ジャーナルの有用性は大きかった。ただ，そうだとしても，「紙」は「電子」に完全に置き換わるものでもない。「紙」であれ「電子」であれ，内容が同一であったとしても，その「メディア＝器」の機能は決して同じではない。メディアを問うことは，その「内容」だけではなく，「機能」を問うことでもなければならない。

引用・参照文献
竹内洋『教養主義の没落──変わりゆくエリート学生文化』中公新書，2003年
中沢啓治『はだしのゲン自伝』教育史料出版会，1994年
中野晴行『マンガ産業論』筑摩書房，2004年
福間良明『「反戦」のメディア史』世界思想社，2006年
────『「戦争体験」の戦後史──世代・教養・イデオロギー』中公新書，2009年
────『「聖戦」の残像──知とメディアの歴史社会学』人文書院，2015年

おすすめ文献
佐藤卓己『「キング」の時代』岩波現代文庫，2020年

3　少女マンガで語られた「戦争」
——花と夢だけではない少女マンガの世界

増田幸子

　少女マンガといえば，花を背景に大きな瞳の少女が登場し，恋愛を中心と
した少女の理想の世界が描かれると考える人が多いだろう。だが，**少女マン
ガ雑誌**の草創期，大手出版社が発行した『りぼん』『なかよし』(1955 年創
刊) や『週刊少女フレンド』(1962 年創刊)『週刊マーガレット』(1963 年創刊)
には，少女の夢の世界を描いた作品以外にもホラーや社会派ドラマのような
作品も掲載されていた。本章では，これら少女マンガ雑誌の登場から約 20
年間に注目し，「戦争」を扱った作品に焦点を当てる。そして，映画研究に
おける**メロドラマ**研究のアプローチをとりながら，少女マンガにおいて「戦
争」がどのように語られていたのか，当時の社会的文脈との関わりも視野に
入れながら考えてみたい。

少女マンガ雑誌草創期の傾向

　まず，現代マンガ図書館による戦後の戦争マンガのリスト［日本マンガ学
会 2005: 90-108］をもとに，大手出版社 2 社（集英社と講談社）の少女マンガ雑
誌に掲載された「戦争」を扱った作品を見てみよう。以下の作品一覧表には
参考として，背景／舞台設定と主人公の行方も付している。

少女マンガ雑誌　少女マンガを「明確に「少女」を対象とした雑誌に掲載されたマンガとその単行本」［藤本
2009: 35］とすると，少女マンガ雑誌とはそのような少女が読むマンガ雑誌と定義できる。少女を対象とした
雑誌には戦前から挿絵と読み物を掲載したものがあったが，戦後マンガが主に掲載されるようになった。たと
えば，1923 年創刊の『少女倶楽部』は，1946 年に『少女クラブ』と改名し，後に『週刊少女フレンド』へと
発展した。
メロドラマ（melodrama）　元来 19 世紀の欧米で流行した演劇のスタイルのひとつだが，現在ではしばしば
文学や映画，テレビドラマのジャンルとして言及される。たとえば，映画におけるメロドラマの特性としては，
一人の女性が物語の基調をなすことが多く，道徳的な葛藤を主要なテーマとしながら被害者の視点を物語るが，
カメラの視点は一人の登場人物に限らず，多くの視点をとるといった全知の語り口形式である［バックラン
ド 2007: 145-146］。

作品一覧表

西暦	作家名	タイトル（＊連載）	背景・舞台	主人公の死●
1965	樹村みのり	雨の中のさけび	ナチス支配下のポーランド	♂
1966	里中満智子	あの星はきえても	ナチス支配下,収容所	● ♥
1967	鈴原研一郎	ママの日記帳	現在⇒回想：昭和19年神戸→広島	
1967	鈴原研一郎	ああ！ひめゆりの塔	昭和19年神戸→沖縄	● ♥
1967	大和和紀	草原にバラのさく日	現在⇒回想：1945年頃のヨーロッパ	●
1967	飛鳥幸子	フレデリカの朝	1943年ロンドン	
1967	大岡まち子	フランチェスカの長い道＊	1943年ポーランド～1944年収容所	
1968	鈴原研一郎	愛は死をこえて	ベトナム戦争時のベトナム	● ♥
1968	わたなべまさこ	蝶はここには住めない！	現在⇒回想：1945年頃のテレジーン収容所	●
1968	里中満智子	ふたりの大空	昭和19年	♥
1968	わたなべまさこ	この愛 戦火をこえて＊	ナチス支配下の北フランス	●
1968	丘けい子	戦場の白いバラ	第二次大戦下フランスの町	●
1969	吉森みきを	ほたるの墓	現在⇒回想：昭和19年頃神戸	●
1969	鈴原研一郎	ああ広島に花さけど	昭和44年夏広島⇒回想：昭和19年	♥
1970	大島弓子	戦争は終った＊	太平洋戦争末期の沖縄	● ♥
1970	鈴原研一郎	またあう日まで	昭和20年宝塚→四国の陸軍病院→沖縄	● ♥
1970	里中満智子	わが愛の記録	太平洋戦争中→戦後	●
1970	樹村みのり	海へ…	ベトナム戦争下の村	●
1971	池田理代子	真理子	現在の秋⇒回想：4年前の秋	♥
1971	鈴原研一郎	勇気ある怒り	現在日本⇒回想：30年前ドイツ→収容所病院	● ♥ ♂
1971	鈴原研一郎	炎のサンゴ礁	昭和20年沖縄	● ♥
1971	巴里夫	愛と炎	昭和48年⇒回想：昭和20年冬	♥
1972	木内千鶴子	ああ沖縄!!〔前編〕	現在⇒回想：昭和18年	♥
1972	巴里夫	赤いリュックサック	現在⇒昭和20年8月満州	
1972	里中満智子	あした輝く＊	終戦直前の満州→戦後日本	● ♥
1972	里中満智子	水色の雲	ベトナム戦争中のアメリカ	♥
1973	木原敏江	愛は不死鳥のように	1944年フランス	♂
1973	巴里夫	疎開っ子数え唄	昭和19～20年東京→長野	
1974	巴里夫	石の戦場	昭和20年大分県宇佐海軍航空隊	♂
1975	木内千鶴子	ああ七島灘に眠る友よ！	昭和19年5～10月那覇	●

戦後の少女マンガのなかに「戦争」を扱った作品が登場するのは、「雨の中のさけび」（樹村みのり、『りぼん』1965 年）からであり、ベトナム戦争終結の1975 年までには 30 作品が掲載されている。扱われている戦争は、数の多い順に、アジア太平洋戦争、第二次世界大戦、そしてベトナム戦争である。

　ちなみに、直接的に戦争を扱った作品は 1985 年以降少女マンガ雑誌には掲載されなくなり、青年漫画雑誌で発表されるようになっている。マンガ雑誌における「戦争もの」の傾向としては、**貸本マンガ**や大手出版社の少年マンガ雑誌では、1950 年代末から 10 年間ほどは零戦パイロットを主人公とする「戦記もの」がブームであったが、少女マンガには、これより 7、8 年遅れて 1960 年代後半から 1970 年代初頭に集中して登場しているのである。

少女たちと「戦争」

　では、少女マンガのなかの少女たちは「戦争」とどのように関わって描かれているのだろうか。第二次世界大戦のヨーロッパが舞台の作品では、すべてがポーランドなどのナチス支配下の国や町に設定され、その 8 割がユダヤ人迫害をテーマにしており、ユダヤ人である主人公の少女が最後に死んでしまうものがもっとも多い。少女たちは収容所のガス室で最期を迎えたり、連合軍の勝利を導くために自らが犠牲となったりするが、過酷な状況下でもつねに健気で純粋に生きていこうとする人物であり、結末の死は悲劇的な様相を呈している。このような運命に翻弄される「かわいそうで悲しい」メロドラマ的なストーリー展開の作品は、1966 年から 1968 年の 2 年間に集中している。

　一方、アジア太平洋戦争を扱った作品では、沖縄や広島をはじめ多様な場所が舞台となるが、沖縄は地上戦、旧満州は引揚げ、広島は原爆、東京と神戸は大空襲、長野は学童疎開、大分は学徒勤労動員／特攻というテーマと結びついており、どの作品にも戦時下の銃後の生活が描かれながら、そこには反戦のメッセージが色濃く表れている。これは、実際に戦争を体験した世代

貸本マンガ　料金を取って本を貸し出す貸本屋は江戸時代から存在していたが、マンガが多く扱われだしたのは戦後のことである。貸本マンガは 1960 年をはさむ 10 年間に隆盛を極め、マンガを主力商品とする貸本屋は1950 年代末には全国で 3 万店あったとされる。戦後復興期を支えた勤労青年たちを主な読者層としたことで、マンガ読者の年齢層を引き上げることになり、物語をリアルに描こうとする劇画と呼ばれる新しい表現方法を生み出した［呉 2009: 27-33］。

の漫画家による作品が存在するという理由とともに，異国の戦争より身近な戦争が扱われているためと考えられる。

テーマ別に見ると，沖縄戦がもっとも多く，次に特攻，原爆と続いている。沖縄戦を扱った作品では，疎開船の撃沈や従軍看護婦としての最期，自決など，主人公の痛ましい死で物語が終わる（生き残るのは「ああ沖縄!!」の1例のみ）が，悲惨な戦争の表現を含みつつも，そのストーリー展開は「かわいそうで悲しい」少女マンガのジャンルのなかに収まるものばかりである。さらに，原爆をテーマにした作品においては，ヒロインたちは胎内被爆者や被爆2世であり，主人公自身は死なないが，若い世代に苦難がふりかかるという設定で，ここにも戦争の被害者としての視点が際立っている。また，特攻が取り上げられている作品では，主人公は特攻隊員の恋人という設定がもっとも多く，前線としての特攻は描かれず，少女たちはつねに銃後に位置している。特に，里中満智子の作品では，特攻で恋人を失ったり，復員を信じて待つなど，戦争が若い恋人たちを引き裂くというように，戦争そのものよりも恋愛に焦点が当てられ，メロドラマ的なものとなっている。

数は少ないが，ベトナム戦争を扱った作品にも少しふれておこう。舞台はベトナムやアメリカで，主人公たちは戦場における被害者のベトナム村民，米軍カメラマンの恋人として設定される。ストーリーはさまざまだが，ベトナム戦争という当時の現在進行形の戦争を扱っている点（特に，「愛は死をこえて」と「水色の雲」ではコマの背景に当時の実際の新聞記事を使用）が特徴的であり，戦争の無意味さを主張しているところに共通点がある。

結末に現れる語り

以上，この時期の「戦争」を扱った作品が従来の少女マンガの「かわいそうで悲しいお話」の枠を守りながらも，そこに反戦メッセージが込められるものがあることを見てきた。この異質に見えるものが同居しているような状況は，作品最後の語りの部分（映画やドラマのナレーション，マンガでは吹き出しのせりふ以外の地の文に当たるところ）に明白に現れているので，ヨーロッパと日本が舞台の2つの作品（「またあう日まで」と「蝶はここには住めない!」）を取り上げ，典型的な最後のコマの例を紹介する。

246

予科練として
　　大空に青春をちらせた若わかしい少年たち
　　従軍看護婦として
　　戦場にちっていった数多くの人たち
　　その中には　みずから志願した女学生など
　　10代の少女たちがたくさんいた
　　ひたすら国をまもろうとする情熱で
　　じぶんの命をすてていったのである
　　いつ死ぬかわからぬ　おそろしい戦争……
　　だからこそ彼女たちは
　　みじかい命を力いっぱい　生きようとした
　　あまりにもいたましく　かなしい青春であった
　　この事実が　伝説となっていいのだろうか…
　　わたしたちは　平和ないまの世を　そしてまた青春を
　　もっともっと　たいせつにしなければ
　　いけないのではないだろうか…　［鈴原 1983: 61］

　前掲の作品一覧表でもっとも多くの作品を収録している鈴原研一郎は，被爆し障害者となっても愛を貫いたヒロインの両親，少女歌劇団出身の従軍看護婦と予科練生との恋と死など，戦争を背景にした愛と涙の少女の物語を数多く描いてきた作家である。上述の語りには「戦争を伝説化させてはならない」という主張が明確に表れているのがわかるが，鈴原以外の作品（池田理代子「真理子」，巴里夫「石の戦場」，木内千鶴子「ああ沖縄!!」「ああ七島灘に眠る友よ!」）でも，「戦争を二度と繰り返してはならない」「忘れてはならない」などの教訓的な語りはアジア太平洋戦争を舞台にした作品の冒頭と結末によく見られる。

　これに対して，ヨーロッパを舞台にした作品には漫画家本人の反戦メッセージが直接反映されるというより，悲しい少女の物語としてやや感傷的に締めくくられるものが多い。

　　あの日から……26年の歳月が　流れさりました
　　でも……　世界は戦火のしずまりをしりません…

いまも…世界のどこかで

　　ソーニャとヘレナとおなじ

　　運命に　泣くこどもたちが

　　いないとは　いえないのです

　　テレジーンの収容所は

　　夏空の下に　いまもたっています

　　でも　蝶は…このテレジーンには

　　いまもって　とんでこないと　いわれています

　　蝶は知っているのでしょうか…

　　悲劇の場所を…

　　このかなしい

　　うらみの出来事を…　［わたなべ 1992: 400］

　この違いは，アジア太平洋戦争と第二次世界大戦に対する，当時の漫画家や読者の認識の距離感から生まれたものだといってよいだろう。興味深いのは，このような語りにおいてもメロドラマ的な要素が強いヨーロッパを舞台とした作品が，現在の私たちから見れば戦争の記憶がいまだ生々しいと思われる戦後 20 年余りの時期に，少女マンガ雑誌に掲載されていたということである。

メロドラマ的要素と反戦

　以上，限られた事例からではあるが，「戦争」を扱った作品がメロドラマというジャンルに属するという前提のもと，少女マンガのなかで，「戦争」がメロドラマ的な要素と反戦のメッセージを同居させながら語られるということを見てきた。

　本章では，作品掲載の頻度から 1975 年を区切りとして分析対象作品を選んだが，これを政治の季節といわれた 1968 年を頂点とした時代性と関連させながら，掲載の動向をまとめることもできるだろう。つまり，ヨーロッパを舞台にした作品が 1968 年までに集中しているのは，生々しい戦争の記憶が残っている時期に，「戦争」が少女マンガのなかで「異国で起こった悲しい少女のお話」として遠いところに設置されたということ，一方で身近な体験だったアジア太平洋戦争は，終始被害者の視点（加害を扱う作品は男性医師が

主人公の「勇気ある怒り」のみ）を保ちつつも，反戦のメッセージを伝えるものとして語られたということである。

　また，世界的な反戦運動が展開した 1968 年前後，少女マンガがこの頃すでに泥沼化していたベトナム戦争を取り上げたということは，当時の社会的文化的文脈のなかで，少女マンガがそれを「現在」の「戦争」として何の違和感もなくテーマ化できたからだと考えられる。

　やがて，少女マンガは，花の 24 年組と呼ばれる作家たちの登場によって，本章で見たようなメロドラマ的な要素を排しつつ，花と夢の少女マンガの世界をしだいに変貌させていくことになる。この 24 年組の本格的な活躍が 1973 年以降あたりからだと考えれば，本章で議論の対象とした作品群は，メロドラマ性と政治性との関係の中で揺れていた時期の少女マンガであったということもできるし，あるいは，この時期が現在の少女マンガに続く過渡期だったと換言できるだろう。

引用・参照文献
呉智英「貸本マンガ・劇画」夏目房之介・竹内オサム編『マンガ学入門』ミネルヴァ書房，2009 年
鈴原研一郎「またあう日まで」『ほるぷ平和漫画シリーズ 7　またあう日まで』ほるぷ出版，1983 年
日本マンガ学会『マンガ研究 vol. 8』2005 年
バックランド，ウォーレン／前田茂ほか訳『フィルムスタディーズ入門——映画を学ぶ楽しみ』晃洋書房，2007 年
藤本由香里「少女マンガ」夏目・竹内編［2009］
わたなべまさこ「蝶はここには住めない！」『わたなべまさこ名作集 青い空 白鳩はとぶ！』集英社，1992 年
『別冊太陽 こどもの昭和史 少女マンガの世界 II』平凡社，1991 年

おすすめ文献
石子順『漫画は戦争を忘れない』新日本出版社，2016 年
竹内オサム・西原麻里編著『マンガ文化 55 のキーワード』ミネルヴァ書房，2016 年
山田奨治編著『マンガ・アニメで論文・レポートを書く』ミネルヴァ書房，2017 年
米沢嘉博『戦後少女マンガ史』ちくま文庫，2007 年

「勇気ある怒り」　1971 年の『週刊セブンティーン』に掲載された鈴原研一郎の作品で，主人公は少女ではなく，初老の男性医師藤川である。第二次世界大戦中，ドイツで医学生だった藤川はユダヤ人女性と結婚するが，妻とともに収容所に連行され，妻を助けるために，収容所の病院で生体解剖や人体実験などを行ったというもので，物語は藤川の 30 年前の回想を中心に展開している。
花の 24 年組　それまでの少女マンガへの社会的評価を大きく変える契機となり，その後の少女マンガ界を牽引してきた昭和 24 年（前後）生まれの新進気鋭の女性漫画家たちのこと。代表的な作家として竹宮惠子・萩尾望都・大島弓子らがいる。『別冊太陽 こどもの昭和史 少女マンガの世界 II』（平凡社，1991 年）の目次「少女マンガ全盛期 昭和 48 年〜 53 年」には「24 年組が華々しく活躍し，陽の当る場へと進出していった時代」とサブタイトルがついている。

4 アート・観光・メディア
—— 廃墟はいかに見られたか

　テレビや新聞・雑誌などのマスメディアは，世界のものごとを切り取り私たちの前に差し出す。一方，絵画や写真，映画などのアートも，私たちに世界の新しい見方を提示する。マスメディアやアートは，私たちが世界のどのようなものごとに注目をするか，どのような意味でものごとを理解するかに対してのひとつの指標を与える。それによって私たちは，ものごとに目を向けたり，ものごとから目を背けたりする。時には，目を向けるだけでなく，触れようとすることもある。たとえば今日，観光はメディアによる世界の見せ方と切っても切れない関係にある。他方でマスメディアもアートも，社会の価値観やひとびとの意識のありかたと密接である。それゆえ私たちに求められるのは，どのような社会意識や価値観のもとでメディアは世界のものごとを見せるのかを読み解く技法だ。たとえば日本の現代的な**廃墟**は，ある時期を境に注目を集め始めるが，その背景にはアート界における新しい価値観，そしてアートやマスメディアにおけるその共有と流布がかかわる。このような具体的な事例を通じて，私たちによる世界のものごとの見方にいかにメディアがかかわっているのかを示してみたい。

廃墟の出現

　建築文化の点からいえば，そもそも日本に廃墟は存在しなかった。石造が主流の西欧では建築が物理的に残ったが，木造が主な日本では建築は朽ちるかその痕跡がわずかに残るのみだった。それが明治以来の都市化・産業化に

廃墟　それ自体は古今東西の文化で存在するが，ここでは特に明治以降の近代化の過程や第二次世界大戦以降に造られた建築やものが，老朽化したあるいはその所有者が経済的に破綻したなどの理由で，放置・廃棄・解体されたものを指す。

伴って，鉄やコンクリートによる建築が徐々に増え，さらに**都市**の新陳代謝により建築の機能が停止されることで，ようやく日本においても廃墟が現れる［谷川 2003］。

　しかし，突如として現れた廃墟に対する一般的な関心は低かった。社会学者・加藤秀俊（1930-）は，『朝日新聞』（1974 年 4 月 27 日）に建設からわずか 10 年で「現代の廃墟」と化した東京・代々木の国立競技場について寄稿している。加藤は，維持管理の手が行き届かずシミや錆などが目立つ現代の廃墟よりも，ギリシア・ローマの大浴場遺跡の方がよほど風情を感じると評した。実際にはまだ機能する建築を廃墟とみなす，やや極端な例だが，加藤が西欧の廃墟のように悠久の時を想起させるでもない日本の廃墟に趣を見出していないことが理解できる。

　他方，そのような現代的な廃墟にいち早く反応し表現したのが若い写真家たちだった［住田 2020］。廃墟となった長崎の**軍艦島**を撮影し続ける雑賀雄二（1951-）は，1974 年の大学生の時，明治期から稼動する炭鉱の閉山を伝えるテレビニュースを見て，島に渡り撮影を始めた。その後，廃墟となった軍艦島の写真をまとめた写真集を 1986 年に出版した。また廃棄された客車や線路跡など鉄道系廃墟を中心に撮影する丸田祥三（1964-）が廃墟に目を向けたきっかけは，70 年代の幼少時に経験した都電の廃止だった。さらに廃墟となり解体される建築を撮影する宮本隆司（1947-）は，元々建築写真家として著名だったが，1983 年に東京・中野にある大正期建造の刑務所が取り壊される様を見て撮影に至っている。彼らは，70 年代から 80 年代にかけての社会・文化的な変化を背景に現れた廃墟を目前にして，廃墟への関心を深めていった。

　また『朝日新聞』（1986 年 6 月 5 日）は，写真のみならずマンガやアニメ，ゲームなど若者文化でも廃墟が登場すると伝えている。前出の写真家・宮本は，朝日新聞の取材に対し「無意識のうちになぜかひかれる。僕らの世代には一種の廃墟感覚があるのかもしれない」と廃墟への関心の拠り所を若さに求めている。とはいえ写真家たちの語る言葉をさらにたどると，若さだけに由来しない廃墟の見方が浮かび上がる。

軍艦島　正式名称・端島。石炭を採掘するための人工島として存在した。1916 年に日本初の鉄筋コンクリート造集合住宅が建造されたことを皮切りに，面積 0.06 平方キロメートルの狭小の土地に高層集合住宅が次々と建ち並び，その姿がまるで軍艦だと形容された。1974 年に炭鉱が閉山され，島は無人となり廃墟となった。

無用なものへの注目

　たとえば雑賀は廃墟となった軍艦島を次のように見る。「ものがみすぼら
しく形を失ってゆき，ものがものでなくなろうとする過程が風化であるはず
であった。ところが僕の前にあるものは，近寄り難い存在感をもって自らを
主張しているように見えたのだった」［雑賀 1986: 116］。

　また丸田は次のように廃墟を見る。「自らの架空の原風景を追想するため
に，私は廃墟への旅をはじめました。……まだ 70 年代後半には，これら
「棄て去られたものたち」が，わずかながら風景のなかに残されていました。
／しかし，当時の一般認識では，それらは「無価値な存在」でした」［丸
田 1993: 5 - 6］。雑賀も丸田も，用途をなくし棄てられた廃墟に積極的な価
値を見出す。

　こうした現代の都市空間に現れたいわば無用なものへのまなざしは，70
年代初頭からの日本のアート界に先鋭的に見られる［渡辺 2017］。たとえば
前衛芸術家の赤瀬川原平（1937-2014）は，不動産に付随しながら役に立たな
い無用の長物「**超芸術トマソン**」を都市空間に発見する活動を 1971 年から
行った。この活動は，80 年代の「路上観察学会」へとつながる。赤瀬川と
建築家・藤森照信（1946-），イラストレーター・南信坊（1947-）らが立ち上
げた同学会は，都市空間を歩きながら実用的，商用的な機能をもたず，ひと
びとに意識されなかったものを観察する。彼らは，そうしたものを生み出す
現代の都市のありかたを否定することはなく，放置され忘れられたものやそ
の裏にある事件に目を向ける。また，同時期に開始された日本建築学会の活
動も興味深い。1968 年は明治元年から数えて 100 年に当たる年であり，こ
れを受けて同学会は 1970 年から明治期建築の調査とその保存に向けた事業
を立ち上げる。事業はその後，調査・保存対象を大正期および昭和戦前期の
建築に拡大し，1980 年に調査結果をまとめた『日本近代建築総覧』を刊行
した。日本建築学会の活動は，それまでは注目されないままに放置され時に
は失われていった明治以降の建築に光を当てた。

　加えていえば，1970 年は旧国鉄による「ディスカバー・ジャパン」キャ

超芸術トマソン　トマソンは元大リーガーで後に読売ジャイアンツに入団した野球選手。高給で迎えられなが
らも実力を発揮できず，「野球には使いようがなくてベンチにはりついていた」［赤瀬川 1987: 10］。そのよう
な役に立たないが建築などの不動産に幽霊のように付随する物件をこのように呼ぶ。1972 年に発見された東
京四谷の旅館に付随する純粋に昇降する機能のみをもつ「四谷階段（純粋階段）」が物件第一号とされる。

252

ンペーンが開始された年でもある。東京五輪（1964年），大阪万博（1970年）以後の旅客誘致計画として画策されたキャンペーンは，テレビ CM やポスター広告を通じて，日常に埋没した**景観**を懐かしくも新しい**風景**として発見することをひとびとに推進した。

　このように，写真家たちの廃墟への関心は，70 年代初頭に芽生えた無用なものあるいは忘れられ失われていくものに対する新しい認識と価値観の下にあったといえる。そしてそこから生まれた廃墟の写真がひとびとに提示されるなかで，廃墟は見るまたは見られるものとして位置づけられていく。

見て歩く廃墟

　廃墟を見るものとして意識させるかのように，90 年代になると廃墟写真集が続々と出版される。さらに 90 年代末に廃墟を特集する**ムック**が登場し，2000 年代初頭には日本全国の廃墟を観光地のように紹介するガイド本も出版された［住田 2016］。

　なかでも小林伸一郎（1956-）の写真集『廃墟遊戯　DEATHTOPIA』（1998年）とムック『懐古文化綜合誌　萬』（1999 年）は，美しい廃墟へひとびとを誘う。前者は，主に鉱山系廃墟の写真で構成され，廃墟写真集としては初の全ページカラーで光に満ちた廃墟を見せている。幼少時に遊んだ廃工場の記憶を想起しながら廃墟をめぐるという写真家の語りも特徴的だ。また後者は，見て美しくかつ「実際に出向くことの出来る（見ることの出来る）廃墟をガイド的に紹介」［ゆとり文化研究所愚童学舎編 1999: 17］する。

　さらに，廃墟の美しさのみならず廃墟の多様な見方を案内したのが，廃墟ガイド本である。栗原亨（1966-）の『廃墟の歩き方』（2002 年）は，ホームページ「廃墟 Explorer」の内容を書籍化したもので，「探索時の危機管理」「探索のテクニック」「全日本廃墟ガイド」の 3 章構成になっている。同書で紹介される廃墟は，それぞれ①保存状態，②危険度，③廃墟年齢，④ジャ

「ディスカバー・ジャパン」キャンペーン　同キャンペーンは，電通の藤岡加賀夫プロデュースのもと，それまで団体旅行が主だった旅の仕方を個人旅行に仕向けるきっかけとなった。特に若い女性をターゲットに，新しい日本と自分自身を探そうというテーマで推進された。広告用ポスターでは，DISCOVER JAPAN のロゴ，テーマである「美しい日本と私」の文字，地名の明記されない風景写真が示され，日常の何気ない景観を新しい風景として見せる仕掛けが含まれていた［加藤 2000: 183］。
ムック（mook）　雑誌（magazine）と書籍（book）の特徴をもつ出版メディアで，雑誌のように写真や挿絵などビジュアル重視の大判かつ書籍のようにあるテーマで編集される。

ンルで分類・評価された。また中田薫（1968-）らの『廃墟探訪』（2002年）は，ミリオン出版の『GON！』誌上での連載記事を書籍化したもので，中田による「まえがきにかえて　妖しの廃墟を訪ねて」では怖ろしさや妖しさ，美しさといった廃墟の魅力が語られた。栗原，中田のいずれも，歩いたり探索したりすることで見えてくる廃墟をさまざまに紹介する。

廃墟と遺産

　以上概観したように，日本の廃墟は70年代から80年代に写真家の関心を集め始め，90年代には写真集およびムックでその美しさが，2000年代のガイド本ではそのさまざまな見方が提示された。こうして廃墟は見るものとして定着するようになるが，このことをひとつの要因としながら，廃墟は次第に遺産化されていく。

　廃墟の遺産化の最たる例が，軍艦島を保存・活用する動きである。2001年11月，長崎県高島町が三菱マテリアルから軍艦島の管理を譲り受けることが報道された（『朝日新聞』2001年11月26日）。記事では，写真集やテレビなどでの島の紹介によって無断上陸が増えたため，島への上陸を規制するとともに産業遺産として島を保存し観光資源として活用することが伝えられた。その後軍艦島の遺産化への動きは活発化し，『朝日新聞』（2002年11月29日）では島の世界遺産登録を目指す坂本道徳の活動を紹介している。記事によれば，坂本は小6から高校まで島で過ごすも大学入学を機に長崎市へ転居した後は島と関わることはなかったが，1999年に同窓生とともに島を訪れ故郷を残したいと感じたという。その後も彼は島を訪れさらに次のような価値を見出す。「炭鉱は日本の産業を支えてきた一方で，戦時中の中国・朝鮮人の強制労働という歴史も持つ。日本近代化の明暗を併せ持つ歴史遺産としての価値がある」。坂本は2003年3月NPO法人「軍艦島を世界遺産にする会」を専門家協力の元に発足させ活動を継続し，2015年軍艦島は正式に世界遺産登録が決定した。

産業遺産（industrial heritage）　産業考古学の用語で，多くの場合近代の産業革命に寄与した工業施設や機械・器具で現在遺されているものを指す。西欧では1950年ごろから，日本でも1990年代後半から2000年代にかけて，その保存の機運が高まる。
世界遺産（world heritage）　1972年第17回UNESCO（国際連合教育科学文化機関）総会で採択された世界遺産条約に基づき，世界の人々に共通に受け継がれるべき遺産を指す。有形の不動産がその対象で，文化遺産，自然遺産，複合遺産の3種類がある。

2000年代の廃墟ブームを促した一人である栗原は，廃墟の遺産化を評価しながらも遺産となった廃墟はもはや廃墟ではないという。「廃墟というのは，自分としては意味を失った建物というふうに解釈しているんですよ。残すと決まって，自治体の管理が入って，観光資源にするといった時点で別の意味を持ってしまう」［酒井編 2008: 29］。他方，かつて栗原同様に廃墟探訪のさまざまな魅力を紹介した中田は，廃墟の遺産としての価値づけにかかわる。2011年の東日本大震災と福島第一原発事故をきっかけに，日本では戦争や災害などの悲しみの記憶をたどる新たな観光のかたち――ダークツーリズム――が積極的に紹介され始めるが，中田もその紹介者の一人に名を連ねる。2015年にムック『ダークツーリズム・ジャパン』を創刊し，産業遺産となった廃墟の光のみならず影の側面を取り上げた。

　今日，廃墟の遺産化はなお進んでいる。その是非はともかく，そのような廃墟の見方が当たり前ではないことは上述の通りである。さらにいえば，もともと廃墟は日本において注目の対象ではなかった。アートやマスメディアを通じて流布され共有された社会の意識や価値観によって，廃墟は私たちに見られる世界のものごととなったといえる。写真集やガイド本，ムックや雑誌，新聞に加えて，インターネットのホームページやSNSのひとつInstagramでも廃墟が見せられる。しかしながら，どれほどメディアが多様化しようとも，その背後にはひとびとに共有される意識や価値観の存在がある。メディアが見せる世界の姿とその意味を社会意識や価値観を含めて考えることは，今日なおも私たちに求められている。

引用・参照文献／おすすめ文献
赤瀬川原平『超芸術トマソン』ちくま文庫，1987年
井出明『ダークツーリズム拡張――近代の再構築』美術出版社，2018年
加藤典洋『日本風景論』講談社文芸文庫，2000年
栗原亨監修『廃墟の歩き方　探索篇』イースト・プレス，2002年
小林伸一郎『廃墟遊戯　DEATHTOPIA』メディアファクトリー，1998年
雑賀雄二『軍艦島――棄てられた島の風景』新潮社，1986年
酒井竜次編『廃墟という名の産業遺産』インディヴィジョン，2008年
住田翔子「風景化する廃墟――1980年代以降の日本における廃墟へのまなざしに関する一考察」
　　『民族藝術』第32号，2016年
――――「都市へのノスタルジア――1980年代以降の日本における廃墟写真をめぐって」仲間裕

ダークツーリズム（dark tourism）　1990年代のイギリスで提唱され始め，2000年にその名を冠した初めての学術書が登場した。特に近代社会の発展の影に隠れた構造的矛盾によって生じた苦しみや悲しみの記憶をたどる身振りを指す［井出 2018］。

子・竹中悠美編『風景の人間学』三元社，2020 年

谷川渥『廃墟の美学』集英社新書，2003 年

中田薫・関根虎洸・中筋純『廃墟探訪』二見書房，2002 年

丸田祥三『棄景（Hidden memories）——廃墟への旅』宝島社，1993 年

ゆとり文化研究所愚童学舎編『懐古文化綜合誌　萬　臨時増刊号　廃墟の魔力』ゆとり文化研究所
　　愚童学舎，1999 年

渡辺裕『感性文化論——〈終わり〉と〈はじまり〉の戦後昭和史』春秋社，2017 年

5　グローバル化とメディア表象
——日韓映画の現在から考える

日高勝之

　韓国のテレビドラマや映画が世界的に人気を博するようになったことは，コリアン・ウェーブもしくは韓流ブームと呼ばれ，日本でもたびたびブームが起きてきた。2003 年に NHK の衛星放送で，ドラマ『冬のソナタ』が高視聴率を獲得し，多くの中高年女性が韓国のロケ地をツアーで巡ったことなどが報道を賑わせ，社会現象化した第 1 次韓流ブーム。2010 年頃に東方神起，少女時代，KARA などの K-POP が人気を博し，若者たちの間で火がついた第 2 次ブーム。2017 年頃からの BTS，TWICE など，新たな K-POP スターの人気による第 3 次ブーム。そして 2020 年には，映画『パラサイト　半地下の家族』，ドラマ『愛の不時着』『梨泰院クラス』が大ヒットし，第 4 次韓流ブームと呼ぶべき事態が進行してきた。こうして今では，「韓流」は日本の日常生活に溶け込んでいると言えよう。だが，その背後には日韓のメディアや文化間の相互交流，相互影響の活性化の歴史があり，それはグローバル化と密接な関係がある。本章では，日韓の映画の現在をグローバル化との関連から考えていく。

『冬のソナタ』と『LOVE LETTER』

　日本では，映画『シュリ』が 2000 年 1 月に公開され，18 億円の興行収入をあげるヒットとなり，11 本の韓国映画が公開されるなどしたことから，2000 年は「韓流元年」［クォン 2010: 74］と呼ばれた。そして，2003 年には，NHK 衛星，翌年には NHK 地上波でドラマ『冬のソナタ』が放送され，社会現象化するほどの人気を呼んだことから，「韓流ブーム」として，韓国の映画やドラマは日本で広く知られることとなった。

　『冬のソナタ』は，本国ではさほど話題にならず，中国や台湾でもっと人

気を呼んだ韓流作品は他にいくらもある。ではなぜ『冬のソナタ』は，かくも日本で人気を呼んだのだろうか。それはその内容が，「韓国らしさ」ゆえでなく，むしろ他ならぬ『冬ソナ』を消費する日本との関係の上で喚起するものがあったからである。林香里は，日本人は，『冬ソナ』を通して，日本と韓国の近代化の度合いを比べ，「韓国の中にモダニズムに侵犯されていない，より土着的で根源的な道徳のユートピアを発見しようとする」［林 2005: 140］と述べる。一方，四方田犬彦は，チュンサンのみならず，『冬ソナ』の登場人物全員が，韓国現代史をめぐって記憶喪失に罹っているため，矛盾をはらんだ歴史性が剥奪され，日本，韓国，中国，台湾，香港などにある程度，共通するコスモポリタンな感傷性を醸成していると指摘する［四方田 2005: 213］。

　しかしながら一方で，記憶喪失は，その記憶が失われていると表象されるがゆえに，逆説的にその記憶と時間の重みを想起させうる。また，『冬のソナタ』には，記憶を喪失した主人公を，いくつかの偶然から既に死んだと勘違いさせられ，ずっと思い続ける女主人公（ユジン）がいることを忘れてはならない。つまり，記憶を喪失した者の一方には，記憶を永遠に引きずる相手が登場させられているのである。実はこれらの点が，日本のオーディエンスにある種の親密さを与えたと思われるのだが，それは日本のメディア表象の既視感から来るものと無縁ではないだろう。

　『冬のソナタ』は，1970 年代の山口百恵主演のテレビドラマ「赤い」シリーズをまず想起させる。このシリーズでは，不治の病，愛する者の死，引きずる過去と記憶，出生の秘密など，『冬ソナ』との共通点を容易に見つけることができる。岩井俊二監督，中山美穂主演の映画『Love Letter』（1995年）は，さらに似た雰囲気を備えている。冬山を舞台に静かな音楽が流れる

『冬のソナタ』　2002 年に韓国 KBS で放送された連続テレビドラマ。全 20 回。監督はユン・ソクホ。ヒロインのユジンが，交通事故で亡くなった恋人とそっくりなミニョンに出会い，彼とフィアンセのサンヒョクとの間で心を揺り動かす恋愛物語。2 人の主演俳優ペ・ヨンジュン，チェ・ジウはそれぞれ日本でも人気となり，特に中高年女性の間でのペ・ヨンジュンの人気ぶりはメディアで盛んに報道された。
「赤い」シリーズ　TBS で 1974 年『赤い迷路』から 1980 年『赤い死線』まで放送された 10 作の連続テレビドラマのシリーズ。その多くは当時人気絶頂のアイドル歌手の山口百恵が主演し，様々な困難を乗り越え，懸命に生きる若い女性を描き，高い視聴率を獲得した。
『Love Letter』　1995 年に公開された日本映画。岩井俊二監督の劇場用長編映画第 1 作。中山美穂，豊川悦司主演。誤って配達されたラブレターをめぐる，小樽と神戸を舞台にした恋愛物語。韓国や台湾でも公開され，特に韓国では今も最も知られる人気の日本映画の 1 つ。関連映画『ラストレター』が 2020 年 1 月に公開された。

中で物語が展開するのはもちろん、あるきっかけから3年前に山で遭難死した婚約者の男性の生前の住所に手紙を送ったところ、なぜか来るはずのない返事が来たため、驚いた女主人公が事情を探し求める旅に出るのは、物語の類似性を否が応でも感じさせる。

　実は『Love Letter』は、1990年代の後半の、キム・デジュン大統領政権時の**韓国政府による日本文化開放政策**の流れの中で、1999年に韓国で公開された。この作品は韓国では日本以上に大ヒットを記録し、映画の中のセリフ「お元気ですか？」という言葉が流行語になるなど社会現象化した。当時、映画の舞台となった北海道・小樽には、大勢の韓国人観光客が押し掛けたが、これなどは、『冬ソナ』の痕跡を求めて多くの日本人が韓国を訪れたことを髣髴とさせる。日本での韓流『冬ソナ』ブームのわずか4，5年前に、韓国で日流（日本の大衆文化）『Love Letter』ブームがあったのである。韓流ブームの背後には、韓流の一大消費国である日本の大衆文化による影響があったことは見逃してはならないだろう。

終わることのない「喪」と死者との「交流」

　『Love Letter』と、その7年後に制作された『冬のソナタ』は共に、忘れえぬ死者（または死んだと思った者）への、終わることのない心的な喪の途上を描いている点で共通点がある。注目すべきは、その後の韓流ブームを支えてきた主な映画やドラマも、愛する者の死や弔い、記憶の喪失、死者との「交流」がテーマになっているものが少なくないことである。

　『私の頭の中の消しゴム』（2004年）では、社長令嬢の主人公が若年性アルツハイマー病を発病したため記憶障害が進行し、愛する夫のことさえ記憶から消えていくのだが、夫は献身的に妻を支え、ある試みを思いつく。最も異色の物語は、『冬ソナ』の監督ユン・ソクホによるドラマ『夏の香り』（2003年）だろう。かつて愛する恋人を亡くした男性ミヌ（ソン・スンホン）は、ある女性に惹きつけられる。女性の方もミヌに惹きつけられて愛しあうようになるのだが、女性は、実はミヌの死んだ恋人から心臓移植を受けていたので

韓国政府による日本文化開放政策　キム・デジュン政権時の1998年から始まった、韓国政府による日本文化流入制限の段階的な緩和措置。映画については98年10月から、日韓共同制作作品、4大国際映画祭（カンヌ、ベニス、ベルリン、アカデミー）受賞作品を開放。99年9月から、劇場用アニメを除く多くの映画が開放された。その後2004年1月にはすべての劇映画が開放され、2006年には劇場用アニメもすべて開放された。

ある。ここでは，臓器移植で，ドナーの記憶の一部が受給者に移る記憶転移という科学的には解明できないテーマが導入されることで，記憶，「喪」，死者との「交流」，新たな恋人の4つが魔術的に同居している。

　興味深いことに，このような異色の純愛作品は，日本でも，『冬ソナ』が放送されたころから，活発に制作されている。『冬ソナ』ブームに沸く2004年に公開された『世界の中心で愛を叫ぶ』では，主人公の朔太郎（大沢たかお）が，10数年前に亡くなった高校時代の恋人アキ（長澤まさみ）がカセットテープに残した遺言の録音を聞いて過去を偲び，最後に遺言通りにオーストラリアに遺灰を蒔く旅に出る物語だ。過去に愛した忘れえない死者への終わることのない弔い，さらには永遠に弔うための「喪」の儀式を描いたこの「暗い」映画は，620万人の記録的な観客動員をした。

　同年の『いま，会いにゆきます』では，主人公の巧（中村獅童）は，1年前に愛する妻の澪（竹内結子）を亡くし，1人息子と慎ましく暮らしていたのだが，雨の季節にまた戻ってくるからという澪が遺した言葉通り，死後1年後に澪は2人の前に現れる。アカデミー外国語映画賞を受賞した2008年の『おくりびと』も，納棺師による死者の身体への真摯な向き合い方が描かれていることから，最近の日本映画では，「喪」と死者との「交流」は，一種の定番となっているとも言えなくもない。2万人近い死者と行方不明者が出た2011年3月の東日本大震災後，その傾向は，一段と顕著になっているように思われる。このようなテーマの映画は『ツナグ』(2012年)，『遺体 明日への十日間』(2013年)，『岸辺の旅』(2015年) をはじめ，枚挙に暇がないと言ってよいだろう。

グローバル化と「文化的近似性」，「中心化」

　ではなぜ，このような異色のテーマの作品群が21世紀初頭の韓国と日本で量産され，支持を集めてきたのだろうか。岩渕功一は，東アジアの国々は，「長い間，理想化された"西洋"に照射されたタイムラグとしての自らの"近代"の位置，距離を判断することを強いられてきた」が，グローバル化によって，西洋，非西洋の境界線が無意味になり，その結果，日本にとっては，「歴史上初めて"近代化された隣人"としてアジア諸国と遭遇する契機として，都市の消費文化・メディア文化」を共有することになったと述べ，同時代における文化的近似性が世界的に見られると主張する [岩渕 2016: 136]。

文化的近似性を共有しはじめた日韓で，『Love Letter』や『冬のソナタ』の系譜の作品が短期間に相互影響を与えながら，ジャンルに近いものを形成してきたとも考えられる。

　だが，近年の日韓映画の動向を見れば，「喪」や「死」のみならず，富裕層と貧困層の格差などの社会的なテーマと内容の共通性も顕著になってきている。是枝裕和監督の映画『万引き家族』(2018年) は，東京の下町で高齢女性の年金を当てにして暮らす疑似家族の生活が描かれていた。彼らは年金で足りない生活費を万引きで捻出するという，特異な下層階級の人々である。ポン・ジュノ監督の映画『パラサイト　半地下の家族』(2019年) は，やはり貧しい一家が豊かな一家に寄生しながら生き抜こうとする姿が斬新に描かれていた。『万引き家族』と『パラサイト』は共にカンヌ映画祭の最高賞（パルム・ドール）を受賞したことで，2年連続で日韓の映画が世界的な映画祭を制覇したことになる。『パラサイト』は，米アカデミー賞作品賞を外国語映画として初めて受賞するという快挙まで成し遂げた。

　マックグリューは，グローバル化には「中心化 (centralisation)」と「脱中心化 (decentralisation)」などの対立するダイナミズムがあると述べている [McGrew 1992]。「中心化」は，権力，知識，情報，富，および意思決定の権威の集中を促進する動きであり，「脱中心化」はそれとは逆に，それらを分散する動きである。『万引き家族』と『パラサイト』の内容と高評価は，こうしたグローバル化の動きと複雑な関係があると思われる。まず，これら日韓の映画が，富の集中による格差の拡大という厳しい社会的現実を共に描くことは，両国での主に経済面での「中心化」の強まりを象徴的に映し出している。だが一方で，アメリカに代表される欧米作品が主流の映画界でのこれらの東アジア映画の世界的な高評価は，映画界という観点で見れば，その「脱中心化」の動向を映し出していると見ることができる。

　しかしながら，見逃せないのは，『万引き家族』『パラサイト』が共に，映画の物語構造においては，ハリウッド映画と類似である点である。ハン・トンヒョンは，『パラサイト』を評価しながらも，現代の家族はしばしば構成員同士の力関係が抑圧的に働くなど，家族そのものが問題や矛盾を抱えるにもかかわらず，この映画の家族がみな「とても仲良し」であることを「古い」と批判する [ハン 2020]。『パラサイト』は経済格差の厳しさを情け容赦なく描く一方で，家族描写は牧歌的でリアリティがないというのである。換

言すれば，そこでの家族像は，（最近は多様化してはいるが）ハリウッド映画の原型とも言える調和的物語構造の影響がいかに世界的に根深いものかを示しており，前述したことと合わせ，グローバル化における「中心化」の複合的な現在形を映し出していると言えよう。

引用・参照文献

岩渕功一『トランスナショナル・ジャパン——ポピュラー文化がアジアをひらく』岩波現代文庫，2016 年

キム・ヒョンミ「'韓流' と親密性の政治学——アジアの近代性とジェンダー」徐勝・黄盛彬・庵逧由香編『「韓流」のうち外』御茶の水書房，2007 年

クォン・ヨンソク『「韓流」と「日流」——文化から読み解く日韓新時代』NHK 出版，2010 年

林香里『「冬ソナ」にはまった私たち』文春新書，2005 年

ハン・トンヒョン「『砦』のような家族像 幻想」，『朝日新聞』2020 年 2 月 26 日

四方田犬彦「「ヨン様」とは何か——『冬のソナタ』覚書」『新潮』2005 年 7 月号

McGrew, A., "Global Society?" Hall, S., Held, D. & McGrew, T. (eds.), *Modernity and Its Futures,* Polity Press, 1992.

おすすめ文献

上の引用・参照文献の他に，以下をあげておく。

奥野昌宏・中江桂子編『メディアと文化の日韓関係——相互理解の深化のために』新曜社，2016 年

毛利嘉孝編『日式韓流——『冬のソナタ』と日韓大衆文化の現在』せりか書房，2004 年

6　はじめてのソーシャルメディア研究
――マスメディアとの共振作用

飯田　豊

　私たちは Twitter を利用することで，新聞社や通信社が配信している記事をチェックすることもできれば，家でテレビを観ながら，番組の感想を投稿することもできる。また，YouTube でゲーム実況を視聴していた次の瞬間，たまたま見つけた懐かしいテレビ番組に夢中になることがあるかもしれない。Instagram ではメイクやコーディネートの参考になりそうな写真を探すこともできれば，友だちが投稿した料理の写真にコメントを書き込み，他愛もないやりとりに興じることもできる。

　「ソーシャルメディア」と総称されるこれらのウェブサービスを，私たちは日々どのように利用しているのだろうか。新聞を読む，テレビを観る，写真を撮るといったメディア経験に比べて，それぞれの動機や意味を正確に振り返り，他人に説明することは容易でない。それにもかかわらず，ソーシャルメディアの存在が，日常生活のなかで大きな位置を占めているという自覚があるという人は多いのではないだろうか。

　そしてソーシャルメディアに媒介された情報伝達や世論形成が，政治や経済の動向，ポピュラー・カルチャーのあり方などに深く影響していることも間違いない。Twitter や Instagram を通じて「バズる（特定の話題が一気に拡散する）」ことと，それが騒動や炎上に発展することは紙一重――「祭り」と

ソーシャルメディア　ソーシャルメディアというのは実にあいまいで，厄介な概念である。本書の随所で述べられているように，そもそも社会との関わりなくしてメディアは成立せず，ソーシャルでないメディアなど存在しないからである。ただし一般的には，マスメディアのように送り手と受け手が区別されておらず，誰でも知識や情報を発信し，表現を生産できるウェブサービス全般のことを指す。たとえば，1990 年代の末から2000 年代のなかばにかけて，「2 ちゃんねる」に代表された電子掲示板（BBS），次いでブログや SNS，さらに YouTube や「ニコニコ動画」に代表される動画共有サイトなど，さまざまなウェブサービスが相次いで登場した。

「血祭り」——の関係にある。ソーシャルメディアが政治運動や社会運動の手段として活用されている反面，**フェイクニュースやインフォデミック**，あるいは個人に対する誹謗中傷や名誉毀損などが，大きな社会問題になっている。

　それではいったい，このような現象はどのようなメカニズムで生じ，現代の文化あるいは社会といかに関わっているのだろうか。そこで本章では，ソーシャルメディアについて調査し，分析や考察をおこなううえで，従来のメディア研究の知見がどのように援用できるのかを考えてみたい。

インターネットの社会心理学

　Twitter は原理的に，個々の利用者が誰とつながっているかによって，その様相が大きく異なる。膨大なフォロワーを抱えていれば，不特定多数を対象としたマスメディアに匹敵する影響力を行使できる反面，いわゆる鍵垢（鍵付きアカウント：非公開ツイート）やダイレクトメッセージなどの機能を利用すれば，メールや LINE と同様，特定個人を対象としたパーソナルメディアにもなる。このような伸縮性が，ソーシャルメディアの大きな特徴である。

　実のところ，これまでインターネット利用の効果や影響を明らかにするメディア研究にも，大きくふたつの方向性があった。

　そのひとつは，マスメディアを通じた情報接触とインターネットを通じた情報接触には，いったいどのような違いがあるのかを問うアプローチである。インターネットがある意味，マスメディアの機能を代替しているという前提に立てば，本書の第 I 部第 4 章で解説されている効果研究の考え方は，依然として有効である。統計調査の科学的信頼性に担保された実証研究が，アメリカの社会心理学的なマス・コミュニケーション研究の大きな特徴だったが，その方法論を批判的に継承しながら，インターネットにおける情報伝達や世論形成の過程を分析することが試みられてきた。

　かつてウォルター・リップマン（Walter Lippmann, 1889-1974）が論じたような，あいまいな「イメージ」や「**ステレオタイプ**」にもとづく現実理解や価値判断（第 1, 2 章を参照）は，いまやマスメディアだけではなく，ソーシャ

インフォデミック　情報（information）と伝染（epidemic）を組み合わせた言葉。2020 年，新型コロナウイルス（COVID-19）の世界的な感染拡大に先立って，その予防策や治療法などに関わる有害な流言がソーシャルメディアを介して急速に拡散した。

ルメディアによって補強されることもある。逆にマスメディアによって強化されている理解や価値観とは別の見方が，ソーシャルメディアによって促されることもあるだろう。また，ポール・ラザースフェルド（Paul Felix Lazarsfeld, 1901-1976）たちは「コミュニケーションの二段の流れ」仮説（第4章を参照）において，いわゆる「オピニオン・リーダー」が果たす機能に着目したが，近年では「インフルエンサー」と呼ばれる人びとが，いわゆるネット世論やネット流言を形成するうえで，重要な役割を担ってきたと考えることができる。

　もうひとつのアプローチは，対人コミュニケーションのためのメディアとしてインターネットの働きを捉えるという考え方である。コミュニケーションには従来，ある情報を伝えるという「道具的 (instrumental)」な働きと，おしゃべり自体を楽しむような「自己充足的 (consummatory)」な働きがあり，これらを区別する必要があると考えられてきた。

　ソーシャルメディアが普及し始めると，こうした考え方を踏まえて，若者のコミュニケーション欲求の背後にあるのは，何か具体的なメッセージを伝えようとする「意味伝達指向」ではなく，つながりやふれあい自体を目的とする「接続指向」であると指摘されるようになった［土井 2008］。また，インターネットを通じた自己開示や承認欲求などに着目した研究もある。

　私たちはソーシャルメディアを用いて，独自の情報ネットワークを形成することも，対人交流ネットワークを形成することもできる。そこで，利用者の動機や充足からメディア利用のあり方を分析するのに適した方法として，「利用と満足」研究がある。これはもともと，マスメディアの能動的な受け手に着目するものであったため，利用の選択肢が多いメディアの社会的機能に接近するのに適した手段で，かつてはパソコン通信や初期インターネットのオンラインコミュニティ，最近ではソーシャルメディアの利用動機などを明らかにするうえで，重要な役割を果たしている［北村・佐々木・河井 2016］。

「自己充足的」な働き　たとえば，人びとのあいだでうわさが広がっていく過程に注目した研究は，送り手から受け手に一方向的に情報が伝達されていくという見方が当初は主流だったが，都市伝説や学校の怪談のように，うわさには人と人をつなぐ社交としての役割もある［松田 2014］。
インターネットを通じた自己開示　今ではすっかり死語になってしまったが，ソーシャルメディアが普及する以前，2000年前後には「ウェブ日記」や「テキストサイト」といった言葉が広く使われていた。日々の生活のなかで特筆すべきことがなくても，誰でも日々，手軽にサイトを更新することができるのが，日記というフォーマットだった。それは無論，従来の日記（や交換日記）とは，大きく性格が異なるものだった。

　もっとも，ソーシャルメディアが普及した現在，マスメディアとの区別は次第に意味をなさなくなっている。YouTube や Twitter などが普及するまでは，インターネットでは個人による情報発信に大きな価値が置かれていて，マスメディアと対立的に論じられることが多かった。しかし本来，双方は重層的な関係にある。たとえば，現在では多くの政治家や企業家が，Twitter や Instagram などを通じてみずから情報を発信し，新聞やテレビなどがそれを後追いで報じるようになった。テレビで活躍する芸能人にとっても，ソーシャルメディアはファンと交流するための大事な手段となっている。

　その反面，双方のあいだでさまざまな軋轢も生じている。たとえば，テレビで人気のある**リアリティ番組**の出演者が，Twitter や Instagram で誹謗中傷の集中砲火を浴び，自ら命を絶つという痛ましい出来事が，世界各地で相次いでいる。出演者たちは番組がしつらえた空間に集められ，日常とはまったく異なる環境でカメラが回る。たとえ台本はなくても，出演者は期待される役割を果たそうと，制作現場の空気を読んだ言動を，すすんで選択することもある。現実をそのまま投影しているわけではないが，だからといって虚構と割り切ることもできないという点で，リアリティ番組とソーシャルメディアはよく似た関係にある。

　著名人だけの問題ではない。Twitter では 2010 年代，外食チェーンやコンビニなどの従業員による不適切な投稿が相次ぎ，たびたび社会問題化した。近年では，Instagram や TikTok などに投稿された不適切動画をめぐる報道が相次いでいる。例を挙げればきりがないが，ゴミ箱に捨てた魚の切り身をまな板に戻そうとしたり，口に含んだおでんを吐き出したりと，食品の不適切な扱いに関する動画が多い。食品衛生や交通法規などに関わる不祥事は，多くの視聴者が関心を寄せることもあり，テレビで取り上げられやすい。と

リアリティ番組　日本では 2000 年代以降，一般人が大きな役割を担うリアリティ番組よりも，お笑い芸人を中心とする「ドキュメントバラエティ」（ドキュバラ）が多く制作されてきたという経緯がある。インターネットの普及にともない，テレビに対する敵意が可視化され，「やらせ疑惑」が生じやすくなったことに加えて，番組に出演した一般人，ロケの協力者や目撃者などによって，制作の手の内が露呈しやすくなったという理由もある。「ドキュメンタリー」と「バラエティ」は現在，芸人たちの「コミュニケーション能力」や「空気を読む力」——その無双ぶりを社会学者の太田省一は「芸人万能社会」と呼んでいる——に支えられ，より自然で，安全なかたちで結びついているといえるだろう［太田 2016］。裏を返せば，芸人たちの「空気を読む力」や「ソツのなさ」が卓越しているからこそ，いつしかそれに番組制作者が甘えてしまっていた恐れがある。ソーシャルメディア上で暴走する悪意に歯止めが利かないなかで，その標的となるリスクから出演者を守るための配慮が，これまで不足していたのかもしれない。

はいえ，問題の動画自体を繰り返し放送していることからして，人びとの関心に応えるというよりも，不快感や嫌悪感を闇雲に誘引しているというほうが正確かもしれない。

　このような問題を考察するためには，特定のメディアによるコミュニケーションの効果や影響に焦点を絞る社会心理学的なアプローチだけでは不十分で，メディア横断的な影響関係に着目することが欠かせない。

　ネット炎上に関する調査によれば，炎上はネットのなかだけで完結している現象ではないことが，はっきりと裏付けられている。たとえ火種はソーシャルメディアの投稿であっても，新聞やテレビの報道によって深刻な大炎上をもたらし，社会問題として広く認知されるようになる。そしてマスメディアで報道されたという事実が，ネットニュースを介してソーシャルメディアに還流し，さらに再燃していく。火に油を注ぐという喩えが最適だろう。ソーシャルメディアでの動画投稿が隆盛している近年，テレビとネットの共振作用はますます大きくなっている。ネットニュースについては千差万別だが，テレビ番組内での出演者のコメントを紹介しているだけという記事も多い。とりわけ情報番組のキャスターやコメンテーターの発言が，テレビの視聴者のみならず，ネット利用者の感情と同調し，拡散されることは珍しくない。逆にテレビでの不適切な発言が，炎上の火種になることもある。また，著名人がソーシャルメディアに投稿した文章，写真，動画がテレビ番組で紹介されるのも，今ではすっかり見慣れた光景になっている。**著名人に関するニュース**は，紛争地域に特派員を派遣するよりも安価に生産でき，ソーシャルメディアを含めた複数のプラットフォームを横断して流通する。

　イギリスのメディア研究者ロジャー・シルバーストーン (Roger Silverstone, 1945-2006) は 1990 年代，テレビのニュースが「周期的な現象」だからこそ，不安の創造と解消という物語が視聴者のあいだに共有されていることを指摘した [Silverstone 1994]。それに対して，土橋臣吾の言葉を借りれば，個人の

著名人に関するニュース　イギリスのメディア研究者ニック・クドリーによれば，そもそもリアリティ番組とは，テレビのなかにあるものを，その範囲から欠落したもの（＝日常生活）よりも優れたものとみなす価値によって支えられていて，この境界こそがマスメディアとしての正統性を担保してきたという [Couldry 2003]。クドリーは後年，ネットの普及にともなってマスメディアが脱中心化しつつあるにもかかわらず，ソーシャルメディアを介して，セレブリティ文化に人びとの関心が集中し続けている背景を考察している。セレブリティ文化というカテゴリーは今なお，私たちの日常生活や社会規範のなかに深く浸透し，絶え間なく再生産されているのである [クドリー 2018]。

関心が突出するネットでは，モバイルメディアの普及も相まって，こうした周期性や共同性から離脱した「断片化したニュース経験」が定着している。ただし，それでも何かしらの「まとまりの感覚」を与えてくれる場が必要とされている［土橋 2015］。

　テレビでおなじみのキャスターやコメンテーターは従来，番組の周期的な視聴を担保するために欠かせない存在だった。しかし今では，ネット世論に「まとまりの感覚」を与える役割も兼ねているといえるだろう。テレビの影響力が依然として大きいという見方もできるが，ソーシャルメディアとの共振によって創造された不安や憎悪は，果たしてどのように解消されるのだろうか。ネット炎上をめぐる過剰な報道は，まるでテレビの自家中毒のようでもあり，これからのジャーナリズムのあり方（第2章を参照）に大きな課題を投げかけている。

ソーシャルメディアの物質性

　そして最後に，ソーシャルメディアのあり方を考察するうえで，メディアの物質性という視点（第6章を参照）を導入しておきたい。いうまでもなく，ソーシャルメディアという概念は，デジタル化，ネットワーク化，モバイル化といった技術革新が，幾重にも折り重なった末に成立しているからだ。

　とはいえ，これは厄介な作業である。たとえば，スマートフォンをメディアと捉えるならば，メニュー画面に並んでいるアプリは，そのひとつひとつがコンテンツに相当する。ところが，「電話」「メール」「カメラ」「時計」といった基本アプリは，スマートフォンというメディアにとってのコンテンツであると同時に，それぞれが既存のメディアを模倣した**ソフトウェア**でもある。

　そもそも「テレビ」という概念が，「受像機」を指すこともあれば（＝「テレビを買う」），別の文脈では「番組」を意味することもある（＝「テレビを観

ソフトウェア　レフ・マノヴィッチは，現代の文化産業は完全にソフトウェア化しているといい，従来のメディアとの非連続性に目を向けている。文化的なソフトウェアは，コンピュータをただの道具から，「メタメディウム」──そのコンテンツがすでに存在する，あるいはまだ発明されていないメディア──に変えた。ソフトウェア化したコンテンツが，既存のものと同じように見えたとしても，そのような相似性に目を奪われてはならない，とマノヴィッチは警告する。本当に新しいのはコンテンツそのものではなく，それを制作し，編集し，閲覧し，配布し，共有するために使われるソフトウェアなのである［Manovich 2013］。さまざまなメディアがコンテンツ（＝アプリ）として組み込まれているスマートフォンも，メタメディウムということになるだろう。

る」）ように，ソーシャルメディアもまた，情報や表現を生産ないし消費するソフトウェアとして捉えることもできれば，それらを拡散するプラットフォームとして捉えるほうが見通しがよくなる場合もあるだろう。そこで2000年代以降，まるでメディア研究に取って代わるかのように，「ソフトウェア・スタディーズ」や「プラットフォーム・スタディーズ」といった新しい研究領域が開拓されており，これまでのメディア・リテラシー教育（第1章を参照）の限界を指摘する声も強まっている。

　しかし，本当にそうなのだろうか。ソーシャルメディアの新しさを深く追究しようと思えば，古いものとの比較を避けて通ることができず，メディア史研究の視座（第3章を参照）は依然として有効である。実際，ソフトウェア・スタディーズやプラットフォーム・スタディーズにおいても，歴史的アプローチを採用している研究は少なくない。ソーシャルメディアには既に，相当に長い歴史がある［佐々木 2018］。ソーシャルメディアに関するリテラシーをはぐくむには，目まぐるしく変容するウェブの潮流を無闇に後追いする前に，歴史的知見の豊穣さに目を向けることが望ましいだろう。

引用・参照文献

太田省一『芸人最強社会ニッポン』朝日新書，2016年
北村智・佐々木裕一・河井大介『ツイッターの心理学――情報環境と利用者行動』誠信書房，2016年
クドリー，ニック／山腰修三監訳『メディア・社会・世界――デジタルメディアと社会理論』慶應義塾大学出版会，2018年（= Couldry, N., *Media, Society, World: Social Theory and Digital Media Practice*, Polity Press, 2012.）
佐々木裕一『ソーシャルメディア四半世紀――情報資本主義に飲み込まれる時間とコンテンツ』日本経済新聞出版社，2018年
土井隆義『友だち地獄――「空気を読む」世代のサバイバル』ちくま新書，2008年
土橋臣吾「断片化するニュース経験――ウェブ／モバイル的なニュースの存在様式とその受容」伊藤守・岡井崇之編『ニュース空間の社会学――不安と危機をめぐる現代メディア論』世界思想社，2015年
松田美佐『うわさとは何か』中公新書，2014年
Couldry, N., *Media Rituals : A Critical Approach,* Routledge, 2003.
Manovich, L., *Software Takes Command*, Bloomsbury USA Academic, 2013.
Silverstone, R., *Television and Everyday Life*, Routledge, 1994.

おすすめ文献

天野彬『SNS変遷史――「いいね！」でつながる社会のゆくえ』イースト新書，2019年
藤代裕之編著『ソーシャルメディア論――つながりを再設計する（改訂版）』青弓社，2019年

索　引

■人　名

■事　項

執筆者紹介 （執筆順，＊は編者）

＊浪田陽子 （なみた・ようこ） ／I–第1章，Column 1
立命館大学産業社会学部教授
ブリティッシュ・コロンビア大学大学院カリキュラム研究科博士課程修了。Ph.D.
専門はメディア・リテラシー，メディア教育。主著に「カナダのメディア・リテラシー」（飯野正子・竹中豊編『現代カナダを知るための57章』明石書店，2010年），『メディア・リテラシーの諸相——表象・システム・ジャーナリズム』（共編著，ミネルヴァ書房，2016年）など。

柳澤伸司 （やなぎさわ・しんじ） ／I–第2章
立命館大学産業社会学部教授
創価大学大学院文学研究科博士後期課程単位取得退学。博士（社会学・立命館大学）。
専門はジャーナリズム論。主著に『新聞教育の原点——幕末・明治〜占領期日本のジャーナリズムと教育』（世界思想社，2009年），『はじめて学ぶ学校教育と新聞活用——考え方から実践方法までの基礎知識』（共著，ミネルヴァ書房，2013年），『メディア・リテラシーの諸相——表象・システム・ジャーナリズム』（共編著，ミネルヴァ書房，2016年），「なぜ「新聞・紙」なのか——ジャーナリズム・リテラシーへの視点」（『日本NIE学会誌』第15号，2020年）など。

＊福間良明 （ふくま・よしあき） ／I–第3章，II–Part 1 - 1・Part 2 - 2
立命館大学産業社会学部教授
京都大学大学院人間・環境学研究科博士課程修了。博士（人間・環境学）。
専門はメディア史，歴史社会学。主著に『「戦争体験」の戦後史——世代・教養・イデオロギー』（中公新書，2009年），『「働く青年」と教養の戦後史——「人生雑誌」と読者のゆくえ』（筑摩選書，2017年，サントリー学芸賞受賞），『「勤労青年」の教養文化史』（岩波新書，2020年），『戦後日本，記憶の力学——「継承という断絶」と無難さの政治学』（作品社，2020年）など。

筒井淳也 （つつい・じゅんや） ／I–第4章
立命館大学産業社会学部教授
一橋大学大学院社会学研究科博士課程後期課程満期退学。博士（社会学・一橋大学）。
専門は社会学，計量社会学。主著に『社会学入門——社会とのかかわり方』（共著，有斐閣，2017年），『社会を知るためには』（ちくまプリマー新書，2020年）など。

高橋顕也（たかはし・あきなり）／I-第5章
立命館大学産業社会学部准教授
京都大学大学院人間・環境学研究科博士後期課程修了。博士（人間・環境学）。
専門は理論社会学。主著に『社会システムとメディア——理論社会学における総合の試み』（ナカニシヤ出版，2016年）。"Mita's Four Ideal Types of Time Revisited: Axiomatization of Sociological Concepts of Time（1）"（*Ritsumeikan Social Sciences Review*, 55(3), 2020）など。

瓜生吉則（うりゅう・よしみつ）／I-第6章，II-Part 2 - 1
立命館大学産業社会学部教授
東京大学大学院人文社会系研究科博士課程単位取得退学。博士（社会情報学）。
専門はメディア論，文化社会学。主著に『マンガの居場所』（共著，NTT出版，2003年），「〈少年—マンガ—雑誌〉という文化」（井上俊編『全訂新版 現代文化を学ぶ人のために』世界思想社，2014年），「「名馬」を必要とする社会——競馬をめぐる〈夢〉の遠近法」（日本記号学会編『賭博の記号論——賭ける・読む・考える』新曜社，2018年）など。

長澤克重（ながさわ・かつしげ）／Column 2
立命館大学産業社会学部教授
京都大学大学院経済学研究科博士後期課程学修。経済学修士。
専門は経済統計学，情報経済論。主著に「メディア・リテラシーから統計リテラシーを考える」（浪田陽子・柳澤伸司・福間良明編著『メディア・リテラシーの諸相——表象・システム・ジャーナリズム』ミネルヴァ書房，2016年），金子治平・上藤一郎編著『よくわかる統計学I 基礎編 第2版』（分担執筆，ミネルヴァ書房，2011年），御園兼吉・良永康平編著『よくわかる統計学II 経済統計編 第2版』（分担執筆，ミネルヴァ書房，2011年）

日高勝之（ひだか・かつゆき）／II-Part 1 - 2・Part 2 - 5
立命館大学産業社会学部教授
ロンドン大学東洋アフリカ研究学院大学院メディア学研究科博士後期課程修了。Ph.D.〔博士〕（メディア学）。
専門はメディア学，メディア・ジャーナリズム研究。主著に『昭和ノスタルジアとは何か——記憶とラディカル・デモクラシーのメディア学』（世界思想社，2014年，2015年度日本コミュニケーション学会・学会賞受賞），『反原発のメディア・言説史』（岩波書店，2021年），*Japanese Media at the Beginning of the Twenty-first Century: Consuming the Past*（Routledge, 2017）など。

坂田謙司（さかた・けんじ）／II-Part 1 - 3
立命館大学産業社会学部教授
中京大学大学院社会学研究科博士後期課程修了　博士（社会学）。
専門は音声メディアの社会史研究。特に，日本の有線放送・有線放送電話，街頭宣伝放送の社会史やコミュニティFMの現状についての研究を行っている。主著に『「声」の有線メディア史——共同聴取から有線放送電話を巡る〈メディアの生涯〉』世界思想社，2005年），「地域の人びとの欲求がメディアを作る」（『地域づくり』2019年12月号）など。

川口晋一（かわぐち・しんいち）／II-Part 1 - 4
立命館大学産業社会学部教授
筑波大学大学院博士課程体育科学研究科単位取得退学。
専門はスポーツ・レジャー社会学，レクリエーション史。主著に「都市設計とスポーツ・レクリエーションの公共性」（棚山研・市井吉興・山下高行編『変容するスポーツ政策と対抗点——新自由主義国家とスポーツ』創文企画，2020年），「合衆国における公的レクリエーション運動とその主体」（有賀郁敏・山下高行編著『現代スポーツ論の射程——歴史・理論・科学』文理閣，2011年），「シカゴ市公園研究の問題と視角」（『立命館産業社会論集』第43巻4号，2008年）など。

小泉秀昭（こいずみ・ひであき）／II -Part 1 - 5
立命館大学名誉教授
青山学院大学大学院経営学研究科博士後期課程単位取得退学。外資系広告会社のストラテジック・プランニング ディレクターを経て立命館大学産業社会学部特任教授。
専門は広告論（広告取引，質的メディアプランニング）。主著に『広告会社への報酬制度——フェアな取引に向けて』（監修，日経広告研究所，2003年），『現代マーケティング論 第2版』（武井寿・小泉秀昭他編著，実教出版，2018年）など。

根津朝彦（ねづ・ともひこ）／II-Part 1 - 6
立命館大学産業社会学部教授
総合研究大学院大学文化科学研究科日本歴史研究専攻博士後期課程修了。博士（文学）。
専門は戦後日本のジャーナリズム史。主著に『戦後『中央公論』と「風流夢譚」事件——「論壇」・編集者の思想史』（日本経済評論社，2013年），『戦後日本ジャーナリズムの思想』（東京大学出版会，2019年），「東大闘争の専従記者から見た「1968年」報道——『毎日新聞』の内藤国夫を中心に」（『国立歴史民俗博物館研究報告』第216集，2019年）など。

増田幸子（ますだ・さちこ）／ II-Part 2 - 3
立命館大学産業社会学部教授
大阪大学大学院言語文化研究科博士後期課程修了。博士（言語文化学）。
専門は言語文化学。主著に『アメリカ映画に現れた「日本」イメージの変遷』（大阪大学出版会，2004年），「終戦記念番組としてのテレビドラマ」（浪田陽子・柳澤伸司・福間良明編著『メディア・リテラシーの諸相——表象・システム・ジャーナリズム』ミネルヴァ書房，2016年），"The War's end: 15 August 1945 in NHK's Morning Dramas from 1966 to 2019" (*East Asian Journal of Popular Culture* 5 (2), 2019) など。

住田翔子（すみだ・しょうこ）／ II-Part 2 - 4
立命館大学産業社会学部准教授
立命館大学大学院社会学研究科応用社会学専攻博士課程後期課程修了。博士（社会学）。
専門は視覚文化論。主著に「都市へのノスタルジア——一九八〇年代以降の日本における廃墟写真をめぐって」（仲間裕子・竹中悠美編『風景の人間学——自然と都市，そして記憶の表象』三元社，2020年）など。

飯田　豊（いいだ・ゆたか）／ II-Part 2 - 6
立命館大学産業社会学部教授
東京大学大学院学際情報学府博士課程単位取得退学。修士（学際情報学）。
専門はメディア論，メディア技術史，文化社会学。主著に『テレビが見世物だったころ——初期テレビジョンの考古学』（青弓社，2016年），『メディア論の地層——1970大阪万博から2020東京五輪まで』（勁草書房，2020年）など

はじめてのメディア研究〔第2版〕
——「基礎知識」から「テーマの見つけ方」まで——

2021 年 2 月 10 日　第 1 刷発行　　　定価はカバーに
2023 年 3 月 10 日　第 2 刷発行　　　表示しています

編　者　　浪　田　陽　子
　　　　　福　間　良　明
発行者　　上　原　寿　明

世界思想社

京都市左京区岩倉南桑原町 56　〒 606-0031
電話　075(721)6500
振替　01000-6-2908
http://sekaishisosha.jp/

© 2021　Y. NAMITA　Y. FUKUMA　Printed in Japan
（印刷　太洋社）

ISBN978-4-7907-1747-8